SUSTAINABLE DEVELOPMENT REPORT
OF CHENZHOU (2023)

郴州市可持续发展报告

（2023）

邵超峰　主编

社会科学文献出版社
SOCIAL SCIENCES ACADEMIC PRESS (CHINA)

郴州市可持续发展报告（2023）
编写工作组

顾　　问
　　周海林

组　长 / 主　编
　　邵超峰

副组长 / 副主编
　　刘　扬　贺　瑜　杨　岭　陈思含

成　　员 / 编写组（按姓氏拼音排序）：
　　陈肖胤　董锐煜　李大正　廖志明　芦志睿　钱炳宏
　　王　芳　辛姝琪　张　阳　赵　润　赵宇飞

主编简介

邵超峰，博士，南开大学环境科学与工程学院教授、博士生导师，兼任中国可持续发展研究会理事、天津市可持续发展研究会秘书长，科技部国家可持续发展议程创新示范区工作组专家，联合国开发计划署可持续发展伞形项目专家，湖南省、内蒙古自治区及山东枣庄市、河北承德市、青海海南藏族自治州等省份或城市可持续发展专家顾问。主要研究领域：全球可持续发展目标本地化理论与技术、生态环境规划及环境影响评价、生态环境政策及地方可持续发展规划与行动。

主持开展国家重点研发计划专项课题、国家自然科学基金课题、天津市科技支撑重点项目、天津市科技发展战略研究计划、天津市哲学社会科学规划基金重大委托项目等国家级和省部级科研课题 20 余项，完成广西、天津、新疆、河南、河北、山西等省份地方咨询项目或委托课题 100 余项。主编出版《全球可持续发展目标本地化实践及进展评估》《中国落实 2030 年可持续发展议程目标 11 评估报告：中国城市人居蓝皮书》《大柳树生态经济区农牧业路径及生态效益》《环境学基础（第三版）》《港口环境保护与绿色港口建设》等著作 12 部；参与完成国家标准 2 项、行业标准 2 项，主持完成团体标准 6 项，以第一作者或通讯作者发表科研论文 100 余篇，撰写的决策咨询报告获省部级人民政府批复或省部级领导批示、采纳应用 10 余项。

前　言

　　自然力与人力的相互消长在工业化以来的近 300 年时间里表现得极其明显，自然力对人类某些不合理发展的限制正在日益凸显，地球生态系统向人类提供有限服务的能力和人类社会经济发展对自然无限需求之间的矛盾日益加重。人类既不可能从自然环境中抽离出来，也不可能退回到原始境况下的生存阶段，因此必须在发展中寻找人与自然和谐相处的新路径，全球的"发展观"经历了从"增长理论"到"发展理论"再到"可持续发展理论"，人类的认识在逐渐深化。自 20 世纪 60 年代《寂静的春天》发表以来，大自然的声音被越来越多的人听到，也有越来越多的先知先觉者以及对自然有关爱心的人开始重新思考、实践人与自然的和谐关系，可持续发展成为近代人类经历人口膨胀、资源危机、生态环境恶化等严重影响社会发展的问题之后，经过反复思考和探索逐渐形成的一种新思想、新发展观。2015 年 9 月，联合国 193 个成员国在举行的历史性首脑会议——联合国可持续发展峰会上一致通过了《变革我们的世界：2030 年可持续发展议程》（以下简称《2030 年议程》），此前世界各国领导人从未在如此广泛而普遍的政策议程中承诺采取共同行动，这是联合国继制定 21 世纪议程、千年发展目标之后，又一具有里程碑意义的重要行动，因此受到国际社会的广泛关注。《2030 年议程》以《联合国宪章》的宗旨和原则为指导，以《世界人权宣言》为基础，面向所有发达国家和发展中国家，以全球环境安全、经济持续繁荣、社会公正和谐及提升伙伴关系为宗旨，以人为中心，明确了由 17 项目标和 169 项具体目标组成的全球可持续发展目标（SDGs）体系，这是到 2030 年实现全球可持续发展的路线图，于 2016 年 1 月 1 日正式实施。

　　中国高度重视《2030 年议程》的落实，2016 年 4 月发布《落实 2030 年可持续发展议程中方立场文件》，2016 年 9 月制定发布《中国落实 2030 年可持续发展议程国别方案》，明确了中国推进落实工作的指导思想、总体原则和实施路径，并详细阐述了中国未来一段时间落实《2030 年议程》中 17 项可持续发展目标和 169 项具体目标的具体方案。2016 年 12 月，国务院印发《中国落实 2030 年可持续发展议程创新示范区建设方案》，正式启动国家可持续发展议程创新示范区（以下简称"创新示范区"）创建工作，以地方试点示范推进《2030 年议程》的落实。在国内发展进入新时代、国际发展面临百年未有之大变局的新形势下，建设创新示范区是党中央、国务院统筹国际国内两个大局做出的重大部署，是落实"五位一体"整体布局和"四个全面"战略布局、践行"五大发展理念"的重要平台，是推进创新驱动可持续发展的重要举措，是落实联合国《2030 年议程》、参与全球治理的务实行动。

2017 年，科学技术部启动创新示范区建设申报工作，湖南省积极响应，郴州市依托全国 13 家之一、湖南省唯一的国家可持续发展先进示范区——资兴市积极主动申报，经广泛的调研和专家咨询论证编制完成《郴州市可持续发展规划（2018–2030 年）》和《郴州市国家可持续发展议程创新示范区建设方案（2018–2020 年）》。2019 年 5 月，国务院正式批复同意郴州市以"水资源可持续利用与绿色发展"为主题建设创新示范区，要求重点针对水资源利用效率低、重金属污染等问题，集成应用水污染源阻断、重金属污染修复与治理等技术，实施水源地生态环境保护、重金属污染及源头综合治理、城镇污水处理提质增效、生态产业发展、节水型社会和节水型城市建设、科技创新支撑等行动，统筹各类创新资源，深化体制机制改革，探索适用技术路线和系统解决方案，形成可操作、可复制、可推广的有效模式，为推动长江经济带生态优先、绿色发展发挥示范效应，为落实《2030 年议程》提供实践经验。

《郴州市可持续发展规划（2018–2030 年）》分别明确了近期（2018 ～ 2020 年）、中期（2021 ～ 2025 年）和远期（2026 ～ 2030 年）三个阶段建设目标和任务，锚定了"绿水青山样板区""绿色转型示范区""普惠发展先行区"战略定位，勾画了"生态、实力、人本、创新、开放"郴州的蓝图。《郴州市国家可持续发展议程创新示范区建设方案（2018–2020 年）》为创新示范区建设第一阶段行动指南，重点围绕"水资源高效利用不足、绿色转型任务重""生态环境保护压力大、水污染防治任务重"两大瓶颈问题，以水环境有效保护、水生态原位修复、水资源高效利用、绿色产业高端发展、生态文化特色鲜明为发展目标，通过健全生态保护体制机制、优化人才服务体制机制、创新投融资体制机制、完善公共参与体制机制等举措，实施水源地生态环境保护、重金属污染及源头综合治理、生态产业和节水型社会建设、科技创新支撑等四大重点行动和东江湖水环境保护、重点流域重金属污染治理、公众可持续发展素养提升、创新企业培育等重点工程，着力持续提升水生态功能价值，构建水环境保护与生态产业绿色发展的协同体系，探寻"在保护中发展、在发展中保护"的绿色发展新路径，实现更高质量、更有效率、更加公平、更可持续的发展。

湖南省委、省政府高度重视创新示范区建设工作，主要领导多次批示部署，创新示范区建设写入省第十二次党代会报告，省政府主要领导 4 次主持召开创新示范区建设协调会议进行研究部署，并 3 次到郴州市专题调研示范区工作。省委、省政府将示范区建设列入全省绩效考核之中，省政府出台新老"湘十条"支持政策，每年安排 1.4 亿元专项资金支持创新示范区建设，逐年制定重点任务及责任分工。郴州市全面对标落实，多年来以水为媒、以可持续发展为目标，坚持护水、治水、用水、节水"四水联动"，推进水安全、水生态、水环境、水资源、水产业、水科技、水文化、水管理"八水共治"，完成首个三年行动任务，初步构建了郴州"水立方"模式。为进一步梳理总结郴州市多年来的可持续发展行动及成效，为下一阶段更好推进郴州市创新示范区建设工作提供依据，并在当前国内发展进入新时代、国际发展面临百年未有之大变局的新形势下，向国内和国际社会分享郴州经验，为全球更好落实《2030 年议程》、最终实现可持续发展目标探索有效途径提供中国经验和中国智慧，依托前期研究和工作基础，以三个相关研究课题组成员为基础成立郴州市可持续发展报告编写工作组，拟定期向公众和社会展示郴州市可持续发展工作成效，接受更广泛的舆论监督，汇集更广泛的智慧和资源，讲好郴州可持续发展故事。郴州市可持续发展报告编写工作组的主要成员邵超峰、周海林被湖南省国家可持续发展议程创新示范区建设协调推进小组聘请为湖南（郴州）国家可持续发展议程创新示范区建设专家咨询指导委员会专家；编写工作组长期动态跟踪并服务于郴州市创新示范区建设，2017～2019 年牵头参与编制《郴州市可持续发展规划（2018–2030 年）》并于 2022 年完成修编，2018～2019 年编制《郴州市国家可持续发展议程创新示范区建设方案（2018–2020 年）》，2020～2021 年编制《郴州市国家可持续发展议程创新示范区建设"十四五"专项规划》，2021 年、2022 年参编《郴州市建设国家可持续发展议程创新示范区三年行动计划（2021–2023 年）》和《郴州市建设国家可持续发展议程创新示范区新三年行动计划（2023–

2025 年)》，2019 ～ 2022 年组织撰写了《郴州国家可持续发展议程创新示范区建设年度工作报告》和《郴州市国家可持续发展议程创新示范区建设自评估报告（第一阶段）》；2019 ～ 2022 年，编写工作组廖志明和邵超峰分别主持开展了湖南省科技创新计划项目"面向 SDGs 的郴州市可持续发展基线调查及进展评估"（编号：No.2019sfq06）、"郴州国家可持续发展议程创新示范区建设绩效及评价模式"（编号：No.2021sfq12）。2022 年 10 月，编写工作组邵超峰作为第二课题负责人参与的国家重点研发计划项目"城镇可持续发展评估与决策支持关键技术"也将郴州市作为项目的三个研究对象和成果试点城市之一。为推动项目和课题的研究，第二课题也进行了较为系统的郴州市可持续发展行动及成效调查研究。

　　"无法测量则无法管理"，科学地监测和评估可持续发展目标的进展是确保实现 SDGs 的关键，也是精准策划可持续发展行动面临的重大困难和挑战。借鉴联合国经济及社会理事会、联合国可持续发展解决方案网络等国际机构开展的可持续发展目标评估成果以及美国洛杉矶市、日本东京市、中国德清县等典型城市开展的地方自愿审查探索经验，建立了郴州市 SDGs 评估指标体系，并利用目标指标指示板评估技术，完成了郴州市创新示范区第一阶段（至 2020 年末）的 SDGs 进展评估。基于可持续发展理论与实践的长期研究和上述工作基础，郴州市可持续发展报告编写工作组进一步开展了郴州市可持续发展典型案例的调研、相关部门的访谈，补充了自 2021 年以来的最新行动，在此基础上完成了《郴州市可持续发展报告（2023）》。报告是编写工作组多年来跟踪郴州市创新示范区创建和推进行动成果的体现，更是集体智慧的结晶，也是国家重点研发计划课题"城镇可持续发展问题诊断与提升路径研究"（编号：2022YFC3802902）和湖南省科技创新计划项目"郴州国家可持续发展议程创新示范区建设绩效及评价模式"（编号：No.2021sfq12）的研究成果。

　　《郴州市可持续发展报告（2023）》的撰写得到了郴州市人民政府及各职能部门、各区县人民政府的大力支持，郴州市科学技术局和郴州市可持续发展促进中心等相关部门为编写工作组的现场调研、座谈交流提供了充分的条件和翔实的资料，尤其是郴州市可持续发展促进中心为报告的出版提供了大量清晰的图片和照片，在此向为报告提供帮助的可持续发展一线工作者和专家致以诚挚的谢意。报告撰写过程中也得到了社会科学文献出版社的大力支持，高效的编辑工作为报告的顺利出版提供了有力保障。这是第一个以某一个特定城市为对象的可持续发展报告，在行动梳理、评估方法、成效分析、案例撰写等方面还处于探索阶段。欢迎社会各界对报告编制工作和郴州市可持续发展行动提出意见和建议，以便更好地推进创新示范区建设和后续报告的撰写。

目 录
CONTENTS

第一章　全球与中国可持续发展行动		**001**
一	全球可持续发展历程	003
二	全球可持续发展目标实施进展	008
三	中国可持续发展战略历程	019
四	中国可持续发展实践行动	027
五	中国 SDGs 评估探索	033
第二章　郴州市情		**047**
一	城市概况	049
二	资源禀赋概况	055
三	经济社会发展概况	066
第三章　郴州市可持续发展实践		**073**
一	郴州市可持续发展背景	075
二	郴州市可持续发展总体设计	080
三	创新示范区建设推进行动	091
四	创新示范区建设阶段性成效	103
第四章　郴州市 SDGs 进展评估		**111**
一	SDGs 进展评估方法	113
二	郴州市 SDGs 指标进展（单项指数）评估	118

三　郴州市 SDGs 目标进展（综合指数）评估　　165

第五章　郴州可持续发展愿景：绿水青山样板　　173

一　"绿水青山样板"进展评估　　175

二　"绿水青山"之"水碧"：东江湖　　188

三　"绿水青山"之"山青"：仰天湖高山草原　　191

四　"绿水青山"之"景秀"：西河风光带　　195

第六章　郴州可持续发展愿景：绿色转型示范　　201

一　"绿色转型示范"进展评估　　203

二　"绿色转型"之东江湖冷水资源可持续利用　　213

三　"绿色转型"之三十六湾矿区生态修复与产业化　　220

第七章　郴州可持续发展愿景：普惠发展先行　　229

一　"普惠发展先行"进展评估　　231

二　"普惠发展"之嘉禾城乡供水一体化　　238

三　"普惠发展"之汝城辣椒产业　　243

第八章　总结与展望　　251

一　总体结论　　253

二　未来展望　　264

附　录　　271

参考文献　　286

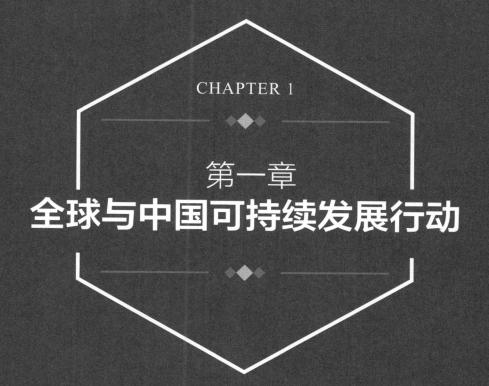

CHAPTER 1

第一章
全球与中国可持续发展行动

当今世界正经历百年未有之大变局，中国发展面临的国内外环境正发生深刻复杂的变化，"世界怎么了，世界向何处去"这个问题正在考验全人类的智慧。面对未来的不确定性，经济增长乏力，保护主义、单边主义、民粹主义不断抬头，战乱恐袭、极端自然灾害此伏彼现，世界面临着生态赤字、信任赤字、和平赤字、发展赤字等严峻挑战，国际社会迫切需要一个系统解决方案，以共同谋划人类共同的未来。落实《变革我们的世界：2030 年可持续发展议程》是多极化世界中构建形成的普遍共识，G20 大阪峰会重申共同落实《变革我们的世界：2030 年可持续发展议程》充分体现了这一点。2019 年 6 月，在圣彼得堡国际经济论坛全会上，习近平主席发表题为"坚持可持续发展　共创繁荣美好世界"的致辞，深刻阐释可持续发展的重要意义，指出"可持续发展是破解当前全球性问题的'金钥匙'，同构建人类命运共同体目标相近、理念相通，都将造福全人类、惠及全世界"，明确"可持续发展是利益的最大契合点和合作的最佳切入点"。

一　全球可持续发展历程

历史的长河从来不是一帆风顺、一往直前的，人类社会的进步也一直经历着风风雨雨、起起落落的不同发展阶段。每一个发展阶段都有着自身的历史背景和现实的迫切要求，只有顺应历史潮流和社会发展规律，准确把握当下的客观现实，方能引领人类社会走出困境、向前迈进。世界 200 多年的工业化历程，使不到 10 亿人口的发达国家实现了现代化，资源和生态环境却为此付出了沉重的代价。可持续发展的理念及内涵在 20 世纪末期取得了全球性共识，并成为世界各国努力的方向（见图 1-1）。整个 20 世纪的 100 年，全球的"发展观"经历了重大变革。从"增长理论"到"发展理论"再到"可持续发展理论"，人类的认识在逐渐深化。历史经验表明：发展中国家要实现现代化，不能延续传统的经济增长方式和发展模式。可持续发展成为经历人口膨胀、资源危机、生态环境恶化等严重影响社会发展的问题之后，近代人类经过反复思考和探索逐渐形成的一种新思想、新的自然经济观，其理论的产生为人类世界的发展指出了一条环境与发展相结合的道路，为环境保护与人类社会的协调发展提供了一个全新的模式。

1662/2/16，英国伦敦
可持续发展的雏形：可持续森林管理思想
对森林的破坏性过度开发导致木材资源出现枯
竭的趋势，英国让土地所有者承担种植树木的
强制性责任，以减缓这一趋势

1972/3/13，美国
《增长的极限》出版，描绘了一
种理想中的全球平衡状态："一
个不存在突然和不受控的崩溃，
并且能够满足所有人基本物质需
求的可持续世界体系"

1962

1662

1972

1962/9/27，美国
蕾切尔·卡森的《寂静的春天》出版，引起
了全球对于环境退化和经济发展关系的重新
思考，强调人与自然之间必须建立起"合作
的协调"的关系，近代环保运动也因此逐渐
兴起

1972/6/5～6/16，瑞典斯德哥尔摩
联合国人类环境会议
与会各国在"保持和改善人类环境方面"
取得了共同的看法，制定了共同的原则，
各国政府和公众的环境意识在广度上和
深度上都大大进步

（一）可持续发展理念产生阶段（17 世纪至 1991 年）

可持续发展最早可追溯到 17～18 世纪欧洲兴起的可持续森林管理思想。1662 年，约翰·伊夫林认为，英国对森林的破坏性过度开发已经导致木材资源出现枯竭的趋势，而阻止这一切的方法就是让土地所有者承担种植树木的强制性责任。此后，来自英国、法国、美国的数位学者和政客先后进行了有关森林管理和持续产量的研究，可持续森林管理思想逐渐建立，这也是可持续发展的雏形。1962 年，蕾切尔·卡森的《寂静的春天》一经出版，便引起了全球对于环境退化和经济发展关系的重新思考。它通过总结污染物在自然界中的迁移转化规律，揭示了环境污染对地球生态的深远影响，强调人与自然之间必须建立起"合作的协调"的关系，近代环保运动也因此逐渐兴起。

1972 年，罗马俱乐部出版报告《增长的极限》，警告人类地球潜伏着危机、发展面临着困境，并描绘了一种理想中的全球平衡状态："一个不存在突然和不受控的崩溃，并且能够满足所有人基本物质需求的可持续世界体系"，这是现代意义上的可持续发展观念首次在学术文献中出现。同年 6 月，在联合国人类环境会议上通过了《联合国人类环境会议宣言》，该宣言阐明了参会国家和国际组织所取得的 7 点共同看法和 26 项原则，标志着与会各国已经在"保持和改善人

1980《世界自然资源保护大纲》
引入了可持续发展的理念，并首次
将"可持续发展"确定为全球优先
事项之一

1992/6/3 ~ 6/14，巴西里约热内卢
联合国环境与发展大会
可持续发展的概念已经超越了最初的代
际框架，更加注重"社会包容性和环境
可持续的经济增长"的目标

1987
1980
1992
2000
2015

1987/6/8 ~ 6/19，肯尼亚内罗毕
联合国世界环境与发展委员会
《布伦特兰报告》引入可持续发展
的定义：能满足当代人的需要，又
不对后代人满足其需要的能力构
成危害的发展

2000/9/6 ~ 9/8，美国纽约
联合国千年首脑会议
千年发展目标（MDGs）

2015/9/25 ~ 9/27，美国纽约
联合国可持续发展峰会
可持续发展目标（SDGs）

图 1-1　可持续发展理念的产生演变

类环境方面"取得共识，并制定了"共同的原则"，使各国政府和公众的环境意识在广度和深度上都有了较大的提升。1980 年，世界自然保护联盟、联合国环境规划署、野生生物基金会（现在更名为世界自然基金会，WWF）联合发表了《世界自然资源保护大纲》。大纲引入了可持续发展的理念，并首次将可持续发展确定为"全球优先事项"之一。

1987 年，联合国世界环境与发展委员会发布了《我们共同的未来》报告（即《布伦特兰报告》），正式引入了可持续发展的定义，并做出了系统性的说明和阐述。在该报告中，可持续发展被定义为"能满足当代人的需要，又不对后代人满足其需要的能力构成危害的发展"，这一定义目前受到最广泛的认可，并对全球的可持续发展进程产生深远影响。随着《我们共同的未来》的发布和可持续发展概念的提出，一条新的发展道路出现在人类面前，并引起了世界各国和国际社会的重视与关注。

（二）可持续发展共识形成与探索阶段（1992 ～ 2015 年）

1992 年，联合国环境与发展大会发表了《里约环境与发展宣言》《21 世纪议程》等文件。《里约环境与发展宣言》概述了在 21 世纪建立公正、可持续、和平的全球社会的观点。《21 世纪议程》则是联合国关于可持续发展的一项不具约束力的行动计划，强调了信息化、跨部门一体化和公众广泛参与在可持续发展中的关键作用。从消除贫困、促进健康和决策中的可持续解决，发展资源的养护和管理，加强主要群体的作用，相关实施手段四部分展开行动。

进入 21 世纪以来，尽管全球化为世界发展带来了新的机遇，但各方的付出和收益并未做到公平和均等，世界范围内的社会贫富差距进一步扩大。因此，消除贫困成为人类面临的极为迫切的任务。2000 年 9 月，在联合国首脑会议上，189 个国家签署了《联合国千年宣言》，承诺要让每个人享有发展的权利、不再受基本需求的困扰。世界各国领导人就消除贫穷、饥饿、文盲、疾病、环境恶化和对妇女的歧视达成一致意见，这一广泛的愿景随后转化成为联合国千年发展目标（MDGs）。MDGs 共包括 8 项总目标和 21 项具体目标，每一项目标都以 2015 年为完成时限。

在 2000～2015 年的 15 年间，千年发展目标不仅是衡量全球发展进程的首要标准和进行国际合作的重要框架，也为各国实际行动提供了有力指导。2002 年 8 月 26 日至 9 月 4 日在南非约翰内斯堡召开的第一届可持续发展世界首脑会议，成为继 1992 年联合国环境与发展大会之后，全面审查和评价《21 世纪议程》执行情况、重振全球可持续发展伙伴关系的重要会议。会议正式将消除贫困列为可持续发展的基本原则，就形成面向行动的战略与措施、积极推进全球的可持续发展进行了深入的讨论。2012 年 6 月，在巴西里约热内卢举办了联合国可持续发展大会（又称"里约 +20"峰会），讨论了"在可持续发展和消除贫困的背景下发展绿色经济"和"关于可持续政治治理与制度框架"两大主题。2013 年，联合国授权成立可持续发展目标开放工作组，拟订新的全球可持续发展目标。2015 年 7 月，在千年发展目标的完成期限前夕，联合国经济和社会事务部发布了《千年发展目标报告 2015》，对千年发展目标进展情况进行全面的评估。通过全球各国的努力和协作，千年发展目标让更多人的生活得到改善，促成了新型的创新性伙伴关系，通过以人为本的原则，改变了发达国家和发展中国家的决策制定。但千年发展目标取得的成绩是不均衡的，最贫穷和最弱势的群体发展仍然落后。

（三）可持续发展目标实施阶段（2016 年至今）

为解决"千年发展目标"执行期满后全球可持续发展目标和议程的制定问题，2015 年 9 月，联合国 193 个成员国的领导人齐聚纽约可持续发展峰会，审议通过了《变革我们的世界：2030 年可持续发展议程》（以下简称《2030 年议程》），针对各个地区和国家千年发展目标进展不均衡的问题，确定了"不让任何一个人掉队"的核心转型承诺。可持续发展目标（SDGs）体系是《2030 年议程》的核心内容，包括 17 项目标和 169 项具体目标。《21 世纪议程》、MDGs 和 SDGs 都是国际社会致力于解决全球问题、实现可持续发展的重要工具，在一定程度上相互衔接并逐步演进发展。SDGs 汲取并融合了《21 世纪议程》设定的所有目标，将其作为可持续发展的坚实基础；SDGs 通常被视为对 MDGs 的深化和扩展，进一步强调了可持续性的概念，加强了对经济、社会和环境可持续性的关注。SDGs 是在 MDGs 的基础上发展起来的（见图 1–2），但与 MDGs 相比，SDGs 在目标设定、适用范围、制定过程以及执行手段等具体方面又有明显不同（见表 1–1）。

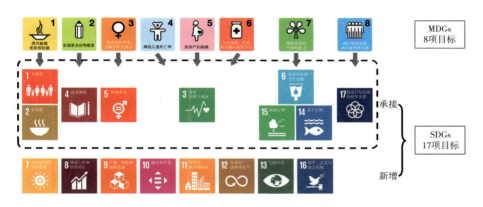

图 1–2　SDGs 与 MDGs 承接对应

表 1–1　SDGs 和 MDGs 的联系与区别

全球发展计划	千年发展目标（MDGs）	可持续发展目标（SDGs）
目标设定	8 项目标和 21 项具体目标，主要围绕社会问题，简洁清晰	17 项目标和 169 项具体目标，涵盖经济、社会、环境 3 个维度，全面综合，相互关联
适用范围	主要发展中国家	全球所有国家
制定过程	由联合国秘书处协调专家确定	由联合国成员国谈判达成
执行手段	仅部分目标涉及执行手段	提出筹资、技术、能力建设、贸易和伙伴关系等手段，强调政府、私营部门等利益攸关方协作

全球可持续发展目标的制定，标志着国际社会对于世界发展转型已经达成两点共识。第一，传统工业化发展模式必须向新的可持续发展模式转变。在日趋严峻的地球资源和环境约束条件下，人类社会必须采取新的方案以实现人类共同发展。当前，世界已经进入实质性推进可持续发展的进程。第二，现有的国际话语体系与世界秩序正在发生重大转变，全球治理的议程设置也随之发生变革，需要构建与之相适应的新全球治理体系。新兴国家和发展中国家所关注的经济、社会、环境协调发展成为新的国际社会共识。因此，SDGs 的制定对于全球发展和治理具有里程碑式的意义。

二　全球可持续发展目标实施进展

《2030 年议程》是全球各国达成的关于全球可持续发展最重要的安排和共识，包括联合国在内的各大国际组织都致力于推动全球范围内可持续发展目标的实现，探索促进包容性的全球化及可持续的解决方案。可持续发展目标的后续落实需要对统计指标进行具体量化，并需要监测全球实现这些目标所取得的进展情况。为此，联合国统计委员会专门组织成立了可持续发展目标各项指标机构间专家组（IAEG-SDGs），其主要任务是审议确定全球监测指标框架和统计方法。2017 年 3 月，IAEG-SDGs 最终提出了可持续发展目标全球指标框架，并经联合国统计委员会第 48 届会议和联合国第 71 届大会审议通过，全球指标框架以《2030 年议程》确定的 17 项目标、169 项具体目标以及 232 个指标为基本框架。在第 51 届联合国统计委员会上，IAEG-SDGs 提交了包含 36 处指标变化的提案，完成了对指标框架的修改，形成了 2020 年全面回顾下的新指标框架，在替代、修改、增加以及删减指标的基础上，全球指标框架的指标数量最终更新为 231 个。以全球指标框架为基础，诸多组织机构对全球可持续发展目标进展情况进行跟踪，形成的主要成果见表 1-2。

为保障《2030 年议程》的推进与落实，联合国大会实施了一系列后续行动并搭建了审查机制，设计了相对全面的评估指标和统计数据框架。由联合国经济和社会事务部编写的《可持续发展目标报告》以全球指标框架为基础，对《2030 年议程》涵盖的 17 个可持续发展目标的落实进展情况进行评估，同时提供可持续发展目标及选定指标的最新数据、分析结果和全球现状。目前，联合国已经在

表1-2　全球层面可持续发展目标研究相关组织机构及主要报告名录

机构名称	主要报告名录
联合国（UN）	《可持续发展目标报告》系列报告
	《秘书长报告：实现可持续发展目标进展情况》系列报告
	《全球可持续发展报告》系列报告
可持续发展解决方案网络（SDSN）	《可持续发展目标指数和指示板报告》（2019年起更名为《可持续发展报告》）

2016～2022年连续7年发布《可持续发展目标报告》。最新发布的《2022年可持续发展目标报告》揭示，多重、相互交织的危机使《2030年议程》处于极度危险之中。新冠疫情、气候变化和地区冲突是主要的危机事件。这些主要危机事件之中的每一个及其之间复杂的相互作用，都影响着所有的目标，从而在粮食和营养、卫生、教育、环境以及和平与安全方面产生了派生危机。要使世界走上可持续发展的道路，需要在全球范围内采取协调一致的行动。该报告还特别强调了对于指标数据的关注，及时、高质量和分类的数据有助于触发更有针对性的应对措施，预测未来的发展需求，并完善对迫切需要的行动的设计，因此要求各国政府和国际社会必须将为统计事业发展提供资金作为优先事项。

2022年9月19日，联合国秘书长古特雷斯在第三次"可持续发展目标时刻"高级别活动上的致辞中表示，冲突和气候灾难，不信任和分裂，贫穷、不平等和歧视，食品和能源价格上涨，失业和收入下降，大规模迁移和流离失所，全球疫情大流行的持续影响，发展中国家在复苏过程中缺乏融资渠道等困难与挑战，都使可持续发展目标变得更加遥远。要解决发展、教育、有尊严的工作、妇女和女童的充分平等问题，需要马上采取行动，敦促公共和私营部门加大投资，同时将金融架构朝着有利于发展中国家的方向进行改革，为发展中国家提供融资与债务减免，鼓励各国在健康、教育等方面进行投资，扩大全民社会保障。

（一）国别层面

2016年以来，大部分国家逐步将《2030年议程》与国家发展战略和计划进行整合，将SDGs纳入其国家发展计划和监测评估体系，已有百余个国家自愿报告2030年可持续发展目标的执行情况。在通向2030年之路上，各国在将SDGs纳入政策、法规、预算、监测系统及其他政府政策和程序等方面的差异仍然很大。在 G20 成员中，美国、巴西和俄罗斯对《2030 年议程》和 SDGs 的支持度最低。相比之下，部分发达国家由于起步较早，已形成了较为完善的 SDGs 本地化方案，北欧国家、阿根廷、德国、日本和墨西哥对 SDGs 的支持度相对较高；部分发展中国家积极推动将 SDGs 纳入其国家发展规划，并尝试建立监测评估体系，部分国家发布的相关报告如表 1-3 所示。

表 1-3　部分国家可持续发展目标相关报告

序号	国家	主要报告
1	英国	《英国政府在国内和世界各地实现可持续发展全球目标的方法》
		《使用创新的方法报告可持续发展目标》
2	德国	《德国可持续发展战略 2021》
3	加拿大	《联邦可持续发展战略（2016-2019）》
		《联邦可持续发展战略（2019-2022）》
		《迈向加拿大的 2030 年议程国家战略》
4	日本	《日本关于可持续发展目标执行情况的自愿国家审查报告》
		《日本可持续发展目标实施指导原则》
5	韩国	《实施的第一年：大韩民国的可持续发展指标，从一个发展的成功典范到可持续发展愿景》
6	美国	《美国可持续发展报告》
7	马耳他	《2050 愿景》（制定中）
8	荷兰	《荷兰可持续发展：实施 SDG 的方法计划》
		《衡量 SDGs，荷兰的第一幅图》
		《监督广泛的繁荣与可持续发展目标》

英国政府发布的《英国政府在国内和世界各地实现可持续发展全球目标的方法》表明了英国政府坚定地致力于在国内和世界各地实现 SDGs。由各部门通过其年度报告和账目报告来监测目标实现的进展情况，内阁办公室通过单一部门计划进程协调国内实现目标的工作。同时，英国国家统计局根据联合国后续审查进程报告各项目标的进展情况，根据全球指标框架向联合国提供可用的英国数据，以供其发布年度进展报告，从而概述并说明英国政府如何为实现每个目标而做出贡献。

德国于 2001 年开始发布《德国可持续发展战略》，2002 年初次提出了 4 个方面的 21 项指标，从 2004 年开始发布每四年一次的《德国可持续发展战略》进展报告，《2030 年议程》通过后，积极将国家战略与议程相结合。2021 年，面对新冠疫情突发的复杂形势，德国发布了《德国可持续发展战略 2021》，为实现可持续发展目标的"行动十年"设定发展方向。德国政府根据《2030 年议程》的内容重新修订了本国的可持续发展目标指标体系，指标体系中共有 17 个目标、39 个领域和 75 个具体指标。

荷兰国家政府于 2016 年发布了《荷兰可持续发展：实施 SDG 的方法计划》，开始将可持续发展目标转化为国家政策。同年，荷兰统计局发布了第一版荷兰可持续发展目标现状报告——《衡量 SDGs，荷兰的第一幅图》，并于 2018 年和 2019 年分别发布了第二版和第三版，制定并完善了用以监测可持续发展目标进展的指标体系。荷兰一直在着力提高可持续发展目标统计数据的可获得性，2016 年的报告中只有 1/3 的指标有官方统计数据，而到 2018 年时这一比例已提高至 51%。

韩国自 21 世纪起，由可持续发展委员会每两年对可持续发展进程进行评估，以确定本国可持续发展的完成情况，评价指标体系包括 25 个社会发展指标、25 个经济发展指标和 27 个环境指标。2016 年，韩国发布国家自愿审查报告——《实施的第一年：大韩民国的可持续发展指标，从一个发展的成功典范到可持续发展愿景》，根据全球指标框架修正了韩国的可持续发展的指标体系，删去了一些不能反映韩国经济、社会和环境现状的指标，最终选取了 84 个指标，但尚未制定出完全适合韩国国情的完整 SDGs 指标体系。

2012 年，在时任联合国秘书长潘基文的推动下，联合国可持续发展解决方案网络（SDSN）成立，通过整合全球知识界和社会组织的力量，来推动联合国可持续发展目标的设计及其在全球的落实。针对 SDGs 指标体系比较复杂、度量数据难以获得的情况，SDSN 开创性地制定出一套用于国家层面上 SDGs 的测算标准和方法体系，衡量各国落实 SDGs 进展情况，识别各国在落实 SDGs 中面临的主要问题和挑战，成为各个国家衡量其可持续发展状况的重要依据。自 2016 年以来，SDSN 连续 7 年发布全球层面可持续发展进展评估报告——《可持续发展目标指数和指示板报告》（2019 年起更名为《可持续发展报告》）。报告采用可持续发展目标指数和指示板的形式评价。其中，SDG 指数是 17 项目标得分的合成指数。SDG 指示板采用绿色、黄色、橙色、红色 4 种颜色，分别表示"接近实现目标""存在一定差距""存在明显差距""面临严峻挑战"四种目标进展状态。指示板还采用红色、橙色、黄色、绿色 4 种颜色的箭头，表示在实现 SDGs 进程中呈现"倒退""停滞""适度改善""进展良好"四种趋势。

根据《2022 年可持续发展报告》，全球连续两年在可持续发展目标方面没有取得进展。SDG 指数平均得分为 66.0 分，比 2020 年略有下降，新冠疫情大流行和其他危机显然使可持续发展受到重大挫折。目前，世界没有走在实现 2030 年目标和指标的轨道上，不同国家的目标进展也存在很大差异，一些国家的部分目标甚至朝着相反的方向发展。总体来看，2016～2022 年 SDG 指数排名前 3 位和后 3 位国家变化不大（见表 1–4）。根据 SDG 指数结果可以得出，OECD 国家（经合组织国家）可持续发展水平普遍高于其他地区，SDGs 的完成情况较好，但即使是表现最好的国家距离实现 SDGs 仍有一定差距。另外，世界上最贫穷的国家往往排名也较为靠后，因为对于这些国家而言，要实现的绝大部分目标都面临巨大的挑战，如 SDG1（无贫穷）、SDG2（零饥饿）、SDG3（良好健康与福祉）、SDG4（优质教育）、SDG5（性别平等）、SDG6（清洁饮水和卫生设施）、SDG7（经济适用的清洁能源）、SDG8（体面工作和经济增长）、SDG9（产业、创新和基础设施）等。

表 1–4　2016～2022 年《可持续发展报告》SDG 指数排名前 3 位和后 3 位国家

年份	SDG 指数排名前 3 位国家	SDG 指数排名后 3 位国家
2016	瑞典、丹麦、挪威	刚果民主共和国、利比里亚、中非共和国
2017	瑞典、丹麦、芬兰	刚果民主共和国、乍得共和国、中非共和国
2018	瑞典、丹麦、芬兰	刚果民主共和国、乍得共和国、中非共和国
2019	丹麦、瑞典、芬兰	刚果民主共和国、乍得共和国、中非共和国
2020	瑞典、丹麦、芬兰	乍得共和国、南苏丹、中非共和国
2021	芬兰、瑞典、丹麦	乍得共和国、南苏丹、中非共和国
2022	芬兰、丹麦、瑞典	乍得共和国、中非共和国、南苏丹

《2022 年可持续发展报告》通过计算最新的 SDGs 进展评估结果，概述了新冠疫情对 SDGs 产生的影响，并进一步展望了 SDGs 框架如何在疫情和其他多重危机中逐渐恢复。新冠疫情、俄乌冲突等危机重创了全球的经济、社会和环境，导致各国贫困率和失业率上升，进而使 SDG 指数连续两年下降（见图 1–3）。新冠疫情对排名前 30 位的国家总体影响较小，经济的衰退并未影响其可持续发展指数的增加；包括中国、印度在内的发展中国家可持续发展指数普

遍下降，评估认为部分国家由于全民社会保障、医疗服务和教育等措施实施不力，疫情所造成的可持续发展损失也存在转变成为长期能力削弱的风险。新冠疫情危机对于可持续发展所产生的严重影响充分说明发展中国家在应对重大突发性事件时的脆弱性、全球治理体系的不适应性，各国在面对疫情危机时所展现出来的抵御力、适应能力和创新合作精神明显不足，更好的复苏需要全球团结和采用多边方法——包括通过加强国际合作来支持各国的复苏努力，发展中国家需要财政支持来启动有效的复苏计划。为了使可持续发展议程重回轨道，各级政府、企业和行业必须利用疫情后复苏的契机，走上低碳、包容和具有抵御力的发展之路，以减少碳排放、保护自然资源、创造更加体面的就业、推进性别平等，并应对日益增加的不平等。

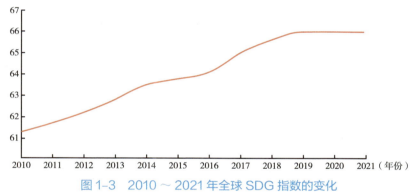

图1-3 2010～2021年全球 SDG 指数的变化
资料来源：《2022 年可持续发展报告》。

自 2020 年以来，SDG 指数下降的主要原因是社会经济目标进展逆转。在此期间，SDG1（无贫穷）和 SDG8（体面工作和经济增长）尤其受到多重危机的影响，SDG2（零饥饿）、SDG3（良好健康与福祉）和 SDG4（优质教育）受到新冠疫情冲击最为严重。新冠疫情的蔓延导致预期寿命下降，2020 年未能达到最低阅读熟练水平的儿童和青年增加了 1.01 亿人，抹去了最近 20 年来在教育领域所实现的发展成果（SDG4）。危机同时加剧了现有的不平等（SDG10），基尼系数在许多国家显著上升。同时对性别平等（SDG5）领域产生不利影响，女性（包含女童）面临的家庭暴力激增。政治体系的运作、法治和多边主义在疫情流行期间也受到了挑战（SDG16 和 SDG17）。在新冠疫情流行期间，许多改革被推迟，一些紧急指令和条例没有经过常规的审议过程。各国利用额外财政资源支持其新冠疫情应急和恢复计划的能力也存在巨大差异。

新冠疫情所引发的经济放缓并没有带来气候危机的缓和（SDG13）。2021年全球主要温室气体浓度持续上升，平均气温比工业化前升高了 1.2 摄氏度，日益逼近《巴黎协定》所设立的 1.5 摄氏度的升温上限。国际社会也未能完成停止生物多样性丧失的目标（SDG14、SDG15）。2015～2021 年，全球平均每年损失多达 1000 万公顷森林。在全球范围内，物种灭绝的风险在过去 30 年里增加了约 10%，红色名录指数从 1993 年的 0.81 下降到 2021 年的 0.73。

（二）城市层面

目前，世界一半以上的人口生活在城市，城市数量和城市人口预计都将继续增加。虽然每个城市的情况不同，但大多数城市都面临着一系列社会经济问题，如失业、不平等、恶劣的生活环境以及空气和水污染等环境问题。同时可以预测，凭借其经济实力和多样性，城市具备解决这些问题的潜力。城市在可持续发展方面的行动不仅有助于解决包括气候变化在内的全球问题，而且有助于实现可持续发展目标等国际目标。为了应对贫困、暴力、社会不平等、环境破坏、气候变化和粮食问题等城市问题，可持续发展目标为城市提供了确定这些问题之间联系的机会，也是联系不同政策领域的框架，以便城市实施新的相辅相成的政策和措施。此外，可持续发展目标还可以连接城市中的不同利益攸关方，成为地方政府、公民和致力于寻找城市问题解决方案的公司等不同利益攸关方之间的共同语言。

1. 联合国可持续发展解决方案网络（SDSN）

SDSN 不仅针对全球和重点国家的可持续发展目标执行情况发布年度报告，还会专注于城市层面，与各国机构合作或单独不定期地发布城市可持续发展目标报告，公布各城市 SDG 指数、SDG 指示板和 SDG 趋势指示板的测算结果和排名（见表 1–5）。

（1）美国城市。SDSN 在 2017～2019 年连续三年发布《美国城市可持续发展报告》，不断完善评价指标体系。在《2017 年美国城市可持续发展报告》中，SDSN 使用了覆盖 16 项目标的 49 项指标，对美国人口最多的 100 个都市圈进行评价，其中 SDG14（水下生物）因只适用于沿海城市的属性和受统计数据不足的限制，没有被纳入该报告的衡量体系中。《2018 年美国城市可持续发展报告》对指标体系进行了调整，因地方性数据缺失删去了对 SDG17（促进目标实现

表 1-5　SDSN 参与发布的城市层面可持续发展报告名录

发布年份	报告
2017	《2017 年美国城市可持续发展报告》
2018	《2018 年美国城市可持续发展报告》
2018	《可持续发展的意大利：SDSN 意大利可持续发展目标城市指数 2018》
2019	《2019 年美国城市可持续发展报告》
2019	《欧洲城市可持续发展目标指数和指示板报告》
2020	《两年后的 SDSN 意大利城市指数：更新报告》
2020	《100 个西班牙城市的可持续发展目标报告》
2021	《巴西城市可持续发展指数》

的伙伴关系）的评价，最终构建了涵盖 15 项目标和 44 项指标的评价体系。《2019年美国城市可持续发展报告》则将统计范围扩大到了 105 个大型都市圈，构建了包括 57 个指标在内的可持续发展目标评价体系，涉及 SDG14、SDG17 的指标依然被排除在外。报告对美国城市实现可持续发展目标的进展情况进行了总体排名，并在目标和指标层面衡量进展情况。该报告还进一步阐述了美国城市在完成可持续发展目标过程中面临的挑战和机遇，并试图将城市层面的情况与州、全球的情况进行对比。没有一个美国都市圈在实现可持续发展目标方面达到"表现良好"的标准，表现最好的城市仅完成了目标的 60% ～ 70%，而表现最差的城市只完成了 30% ～ 40%。SDG 指示板显示，在全美表现最好的 20 个城市中，仍然有很多城市在部分可持续发展目标上出现"红灯"（见图 1-4）。

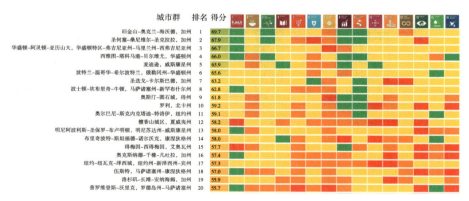

图 1-4　美国都市圈 SDG 指示板：前 20 名

资料来源：《2019 年美国城市可持续发展报告》。

（2）欧洲城市。SDSN 和欧洲环境研究所联合编写发布了《欧洲城市可持续发展目标指数和指示板报告》，构建的 SDG 城市指数涵盖 17 个可持续发展目标，但城市层面的可持续发展目标指标的覆盖面与全球和国家层面存在很大差异。由于存在关键的数据缺口，包含外溢指标和"不让一个人掉队"指标在内的某些重要指标无法应用到城市层面。由于缺乏资料来源，该评估报告同样剔除了 SDG14 和 SDG17。根据报告评价结果，没有一个欧洲大城市实现了可持续发展目标，大部分城市在 SDG2 和 SDG3 的达成上取得了良好进展，而 SDG12、SDG13 和 SDG15 的实现面临重大挑战，城市交通脱碳和提供经济适用房仍然是欧洲城市的政策优先事项。2019 年欧洲城市 SDG 指示板如图 1-5 所示。

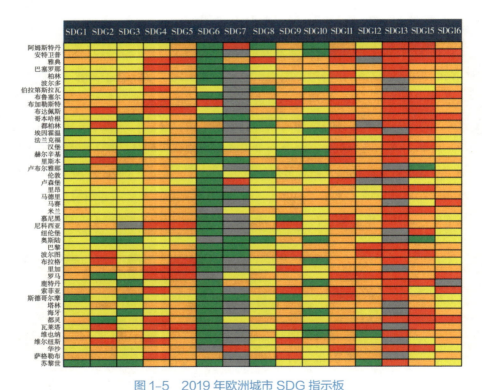

图 1-5　2019 年欧洲城市 SDG 指示板

资料来源：《2019 年欧洲城市可持续发展目标指数和指示板报告》。

（3）意大利城市。为推动《2030 年议程》在意大利城市的落实，埃尼·恩里科·马泰基金会（FEEM）和 SDSN 意大利开发了评价意大利各城市实施 SDGs

进展的 SDSN 意大利城市 SDG 指数，包含 16 个目标和 39 项指标，测算结果发布在《可持续发展的意大利：SDSN 意大利可持续发展目标城市指数 2018》报告中。2020 年，FEEM 和 SDSN 意大利更新发布了《两年后的 SDSN 意大利城市指数：更新报告》，重新收集了意大利 103 个直辖市或省会的数据，基于 16 个目标和 46 项基本指标构建了全新的意大利 SDG 指数评估体系，测算意大利城市完成《2030 年议程》目标的进程。从 SDG 指示板上看，103 个意大利城市的指示板颜色大多为黄色和橙色，整体完成可持续发展目标的进度达到了 53%；没有意大利城市达到绿色，但也没有城市指示板颜色为红色。意大利城市普遍对于 SDG1、SDG6 和 SDG17 的完成情况较好，在 SDG2、SDG7 和 SDG9 方面普遍存在严重问题，没有任何一个城市在 SDG3、SDG4、SDG8 和 SDG10 上评级表现为绿色。评估结果有针对性地揭示了意大利城市必须面对的挑战：确保清洁和可获取的能源系统、鼓励使用可再生能源（SDG7），战胜各种形式的饥饿和营养不良（SDG2），资助创新和基础设施（SDG9），关注与加大对学校和优质教育的投资（SDG4），减少不平等（SDG10），保护陆地生态系统（SDG15），为经济增长创造先决条件（SDG8）以及保护居民的健康和福祉（SDG3）等方面。

2. 联合国地方自愿审查（VLR）

作为其后续行动和审查机制的一部分，《2030 年议程》鼓励成员国在国家和次国家一级由国家主导和驱动，对进展情况进行定期和包容性审查。除此之外，议程还呼吁地方当局主动报告其对《2030 年议程》推进实施的贡献。自 2015 年以来，大城市、小城市、地区及其地方协会都在积极推进《2030 年议程》本地化框架的建设，使可持续发展目标更符合当地的实际情况。

根据议程中的倡议，越来越多的地方政府出现在可持续发展目标实施的次国家审查机制——地方自愿审查（VLR）中，在加强政策纵向一致性、补充和促进对国家可持续发展目标实施情况审查方面起到了重要作用。截至 2022 年，中国共提交了 9 份 VLR 报告，向世界讲述了落实联合国 2030 年可持续发展目标的"中国故事"，分享了中国 9 个城市在城市践行可持续发展过程中的成果和经验，具体介绍见本章第五部分第二小节。全球参与 VLR 的部分城市及相关报告如表 1–6 所示。

（1）洛杉矶。继 2019 年后，2021 年洛杉矶接受了第二次地方自愿审查。随后，洛杉矶发布了《洛杉矶可持续发展目标进展情况的自愿审查报告 2021》，对洛杉矶两年内全新的行动和倡议进行了概括，并利用开源平台——OpenSDG 中可动

表1-6 2020 ～ 2022 年参与 VLR 的部分城市及相关报告

序号	城市	主要报告
1	奥兰多	《奥兰多和可持续发展目标——对进展情况的地方自愿审查》
2	洛杉矶	《洛杉矶可持续发展目标进展情况的自愿审查报告 2021》
3	赫尔辛基	《赫尔辛基地方自愿审查报告：从议程到行动——2021 年赫尔辛基联合国可持续发展目标的实施情况》
4	根特	《地方自愿审查报告：根特可持续发展报告 2021——聚焦于人》
5	东京	《东京可持续发展行动》
6	墨西哥城	《地方自愿审查报告：墨西哥城，创新和权利之城》
7	马尔默	《马尔默地方自愿审查报告 2021》
8	利马	《利马地方自愿审查报告 2021》
9	斯图加特	《2030 年斯图加特全球议程》
10	巴塞罗那	《巴塞罗那：可持续的未来》
11	布宜诺斯艾利斯	《自愿地方审查：2030 年议程的布宜诺斯艾利斯适应化（2020 年）》
12	基尔	《基尔地方自愿审查报告 2022》
13	阿姆斯特丹	《阿姆斯特丹地方自愿审查报告 2022》
14	德清	《德清践行 2030 年可持续发展议程进展报告》
15	义乌	《和谐创新开放发展中小型城市可持续发展之路——联合国可持续发展目标义乌地方自愿陈述报告》
16	广州	《活力包容开放发展特大城市的绿色发展之路——联合国可持续发展目标广州地方自愿陈述报告》

态更新的 159 个指标介绍了洛杉矶在报告阶段落实可持续发展目标的进展情况。评价结果显示，洛杉矶已经在完成 SDG3、SDG5、SDG6、SDG7、SDG13、SDG14、SDG15 任务上取得较好进展。但与 2030 年可持续发展目标以及其他州落实 2030 年可持续发展目标的进展相比还有一段差距，例如降低贫困率（SDG1）、保障稳定和健康的食品供应（SDG2）、提升教育普及率和教育质量（SDG4）、增加就业岗位（SDG8）、保障家庭财富均衡（SDG10），而产业、创新和基础设施提升（SDG9）、可持续的生产及消费（SDG12）、促进和平和包容的社会（SDG16）等任务在新冠疫情大流行后受到冲击，保持在一段时间的停滞状态。

（2）东京。2021 年，东京都政府公布了根据日本长期战略编写的地方自愿审查的最新材料——《东京可持续发展行动》，概述了东京都政府实现可持续发展目标的举措和方法。报告对提出的所有举措都从可持续发展目标的角度进行了改进，以促进东京的可持续发展，明确东京目前面临的可持续发展危机主要由疫情大流行和气候危机引起。在新冠疫情期间，东京的社会和经济活动受到限制，脆弱的社会结构受到了更为严重的打击。此外，气候危机已经引起了东京的危机感，报告承诺东京将加快脱碳行动，确保可持续发展进程。同时，报告认为东京还面临着人口萎缩和老龄化、经济衰退、自然灾害三大挑战。《东京可持续发展行动》为东京提出了 17 个目标、20 项愿景、20+1 项战略和 122 个项目的 SDGs 体系，并进一步提出了完成可持续发展目标的经济、社会和环境三个维度，承诺通过全面行动解决东京政府面临的挑战。

三　中国可持续发展战略历程

中国一贯高度重视可持续发展。中国与西方相比，接触可持续发展理念相对较晚。但自从可持续发展理念传入中国，可持续发展理念受到中国政府的高度重视并迅速在政策层面体现，中国始终做推动可持续发展的积极践行者、重要推动者，是全球第一个以国家名义发布《21 世纪议程》、落实《2030 年议程》的国家方案的国家，在实现 MDGs 方面取得了令人瞩目的成就，为实现联合国 SDGs 奠定了基础，逐步发展成为面向国际、具有中国特色的可持续发展战略。近 50 年来，中国从环境保护开始，可持续发展理念初步形成、逐步推动可持续发展理念的中国"本地化"，再到可持续发展理念在中国的"生根发芽"，中国的可持续发展战略随社会经济发展而不断丰富其内涵。中国的可持续发展战略大致可分为三个阶段：可持续发展探索与实践阶段、可持续发展战略确立和实施阶段以及可持续发展目标全面推进阶段。

（一）可持续发展探索与实践阶段（1972 ～ 1995 年）

本阶段内中国确立了环境保护的重要决策地位，阶段重要文件（重大事件）和主要理念、阶段特征如表 1-7 所示。

1972 年，中国初步步入工业化发展阶段，经济增长水平低，环境污染问题只在部分地区有所显现，此时的人民群众尚未充分感知到生态破坏等环境问题。1972 年 6 月，周恩来总理派代表团参加斯德哥尔摩人类环境会议，参加过此次会议后，中国开始认识到国家在发展道路上即将面对的环境问题；1973 年召开的第一次全国环境保护会议制定了中国环境保护 32 字方针，并通过了《关于保

表 1-7 可持续发展探索与实践阶段重要文件（重大事件）和主要理念、阶段特征

年份	重要文件或重大事件	主要理念	阶段特征
1973	第一次全国环境保护会议	全社会普及环境保护意识	认识到中国发展历程中环境污染问题的严峻性，中国的发展要在环境保护的前提下进行，初步提出可持续发展战略以应对环境治理与经济发展问题
1983	第二次全国环境保护会议	环境保护成为中国的基本国策	
1992	"中国环境与发展十大对策"	提出实施可持续发展战略	
1994	《中国 21 世纪议程——中国 21 世纪人口、环境与发展白皮书》	提出中国可持续发展的总体战略和政策。从社会、经济、资源和环境层面推动可持续发展	
1995	《中共中央关于制定国民经济和社会发展"九五"计划和 2010 年远景目标的建议》	必须把社会全面发展放在重要战略地位，实现经济与社会相互协调和可持续发展	

护和改善环境的若干规定（试行草案）》；1983 年，在第二次全国环境保护会议上，环境保护被列入中国的基本国策。为落实环境保护的基本国策，在这一阶段中国颁布了《环境保护法》《水污染防治法》《大气污染防治法》等一系列法案，初步构建了环境保护框架。

本阶段不仅确立了环境保护是中国的基本国策，在第二次全国环境保护会议上同时提出经济建设、城乡建设、环境建设同步规划、同步实施、同步发展，实现经济效益、社会效益和环境效益相统一。此时的中国已经初步形成可持续发展理念，中国的环境保护不是对生态环境资源进行"隔绝式"的保护，而是追求同时实现经济效益、社会效益和环境效益相统一的发展方式。

1992 年，联合国环境与发展大会通过了《21 世纪议程》，"可持续发展"自此正式走向国际舞台，成为各国未来的发展目标和方向。此时的中国正在改革开放的快速发展阶段，社会经济发展背后的生态环境问题日益凸显。可持续发展理念接续了中国环境保护基本国策对经济建设、城乡建设和环境建设的要求，是对中国环境保护政策的进一步诠释。中国高度重视《21 世纪议程》这一里程碑式文件，时任国务院副总理李鹏在首脑会议上发表重要讲话，体现了中国对全球环境保护和发展道路探索的责任与担当。

1994 年，中国发布了《中国 21 世纪议程——中国 21 世纪人口、环境与发展白皮书》（以下简称《中国 21 世纪议程》），首次提出了中国可持续发展的总体战略和政策，从社会、经济、资源和环境层面提出 78 个方案推动可持续发展。同年 7 月，在北京召开第一次"中国 21 世纪议程"国际会议，发布了《中

国 21 世纪议程优先项目计划》，用实际行动推动可持续发展战略的实施。

1995 年，党的十四届五中全会通过了《中共中央关于制定国民经济和社会发展"九五"计划和 2010 年远景目标的建议》。江泽民总书记在全会闭幕式中强调，"在现代化建设中，必须把实现可持续发展作为一个重大战略"，首次把可持续发展战略纳入中国经济和社会发展的长远规划。

（二）可持续发展战略确立和实施阶段（1996 ～ 2016 年）

中国在本阶段确立了可持续发展战略的重要地位，实现可持续发展理念的"本地化"，正式实施可持续发展战略。阶段重要文件（重大事件）和主要理念、阶段特征如表 1-8 所示。

表 1-8　可持续发展战略确立和实施阶段重要文件（重大事件）和主要理念、阶段特征

年份	重要文件或重大事件	主要理念	阶段特征
1996	《中华人民共和国国民经济和社会发展"九五"计划和 2010 年远景目标纲要》	明确将科教兴国战略和可持续发展战略确立为国家战略	确立了中国的可持续发展战略和政策。进入 21 世纪以来，中国积极落实 MDGs 和 SDGs，将 MDGs 与 SDGs 作为约束性指标融入国家发展规划中。在可持续发展思想指导下提出生态文明建设，中国的可持续发展理念不断丰富
1997	党的十五大报告	把可持续发展战略确定为中国"现代化建设中必须实施"的战略	
2002	党的十六大报告	把"可持续发展能力不断增强……生态良好的文明发展道路"作为"全面建成小康社会"的目标之一	
2003	《中国 21 世纪初可持续发展行动纲要》	可持续发展能力不断增强……生态良好的文明发展道路	
2007	党的十七大报告	必须坚持全面协调可持续发展……实现经济社会永续发展	
2012	党的十八大报告	建设生态文明……实现中华民族永续发展	
2015	《中国实施千年发展目标报告（2000-2015 年）》	在推动实现千年发展目标的进程中，走出一条具有中国特色的发展道路	
2015	《生态文明体制改革总体方案》	建成系统完整的生态文明制度体系	
2015	党的十八届五中全会	提出创新、协调、绿色、开放、共享的新发展理念	
2016	《中国落实 2030 年可持续发展议程国别方案》	分步骤、分阶段部署推进落实《2030 年议程》	
2016	《中国落实 2030 年可持续发展议程创新示范区建设方案》	以实施创新驱动发展战略为主线……打造一批可复制、可推广的可持续发展现实样板	

1996 年，第八届全国人民代表大会正式通过《中华人民共和国国民经济和社会发展"九五"计划和 2010 年远景目标纲要》，标志着可持续发展战略成为中国重要的发展战略。1997 年，党的十五大报告中提出："我国是人口众多、资源相对不足的国家，在现代化建设中必须实施可持续发展战略"，再次重申实施可持续发展战略的重要性。同年 11 月，国家计委（现为：国家发展和改革委员会）和科委（现为：科学技术部）联合发文，将 1986 年启动的社会发展综合实验区更名为"国家可持续发展实验区"，可持续发展战略正式向地方层面推广。

　　2000 年，中国参加联合国千年首脑会议，签署《联合国千年宣言》。《联合国千年宣言》制定了包括"减少贫困、普及初等教育、促进两性平等并赋予妇女权利、降低儿童死亡率、改善产妇保健、与艾滋病和疟疾等疾病作斗争、环境可持续性及建立全球伙伴关系"的八大目标和一系列具体指标。中国进入 21 世纪后，围绕联合国千年发展目标（MDGs）更加坚定地走可持续发展道路。

　　2002 年，第一届可持续发展世界首脑会议全面审查了各国针对《21 世纪议程》的执行情况，重申 MDGs 落实的重要性。中国作为发展中大国，高度重视落实 MDGs，将可持续发展战略融入国家发展规划中。同年 11 月，江泽民总书记在党的十六大报告中提出，把"可持续发展能力不断增强，生态环境得到改善……的文明发展道路"作为"全面建成小康社会"的目标之一。

　　2003 年，国家计委（现为：国家发展和改革委员会）发布了《中国 21 世纪初可持续发展行动纲要》，针对中国可持续发展的成就与问题做出总结，提出中国实施可持续发展战略的指导思想，设计了可持续发展的重点建设领域和对应的保障措施。同年，党的十六届三中全会提出"坚持以人为本，树立全面、协调、可持续的发展观，促进经济社会和人的全面发展"。这是结合中国国情，吸纳国外先进经验，为推进可持续发展战略所提出的指导思想的高度提炼。

　　2007 年，党的十七大报告中提出："必须坚持全面协调可持续发展……坚持生产发展、生活富裕、生态良好的文明发展道路……实现经济社会永续发展……要建设生态文明……"此时，"生态文明建设"首次在国家战略层面被提出。

　　2012 年，党的十八大报告中提出："建设生态文明，必须树立尊重自然、顺应自然、保护自然的生态文明理念，把生态文明建设放在突出地位，融入经济建设、政治建设、文化建设、社会建设各方面和全过程，努力建设美丽中国，实现中华民族永续发展。"党的十八大报告是中国可持续发展战略和指导思想的又一座里程碑，此次报告对"全面落实联合国可持续发展目标"的初始理念进行了突破，演化出独具中国特色的可持续发展战略新内涵，提出了以建设生态文明为重点的发展方式可以实现中华民族"永续发展"。2015 年，联合国千年发展目标到期，于美国纽约召开的联合国可持续发展首脑峰会通过了《2030 年议程》，议程中提出了可持续发展的 17 个目标和 169 项具体目标。习近平主席出席联合国可持续发展首脑峰会并发表《携手构建合作共赢新伙伴　同心打造人类命运共同体》讲话，表达了中国全力落实新时期可持续发展目标的决心，并提出"以合作共赢为核心的新型国际关系，打造人类命运共同体"，这标志着中国可持续发展战略的实施步入新时代。

2015 年，中共中央、国务院分别印发了《关于加快推进生态文明建设的意见》和《生态文明体制改革总体方案》，通过系统性的体制机制改革创新，推进生态文明领域国家治理体系和治理能力现代化。可持续发展理念是在工业文明的发展方式会对未来的人类福祉造成极大破坏这一社会背景下应运而生的，因此可持续发展战略与工业文明的发展二者间存在根本上的理念冲突。要想更加高效地实施可持续发展战略，需要转变传统的工业文明发展理念。生态文明为社会文明形态转型提出了一种发展导向，为实现人与自然和谐共处的可持续发展愿景提出了一种可能性路径。

2016 年，中国发布了《中华人民共和国国民经济和社会发展第十三个五年规划纲要》(以下简称"十三五"规划)。联合国开发计划署针对可持续发展目标与"十三五"规划的有机结合发布了讨论文件《推动可持续发展的目标：中国的进步与"十三五"规划》。这项研究首次系统性分析了可持续发展目标在中国的实施情况，展示了中国的立场，以及可持续发展目标是如何反映并与国家发展规划保持一致的。图 1-6 反映了 SDG1、SDG4、SDG8、SDG9、SDG10、SDG12、SDG13、SDG16 与中国主要发展目标的一致性，而规划中反映的其余目标如表 1-9 所示。

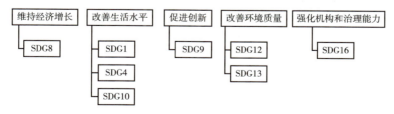

图 1-6　可持续发展目标与中国主要发展目标保持一致
资料来源：《推动可持续发展的目标：中国的进步与"十三五"规划》。

表 1-9　其他 SDGs 与"十三五"规划的一致性

SDGs	"十三五"规划
SDG2	第 18-21 条　优化农业结构，构建高效、可持续、环境友好的现代农业产业体系。加强农产品质量安全监测
SDG3	第 60 条　建立健全医疗卫生体系，实现全民享有基本医疗服务
SDG5	第 66 条　保障妇女平等获得教育、就业、婚姻等人权。增加妇女参与决策过程。严厉打击拐卖妇女儿童、暴力侵害妇女等犯罪行为。消除对妇女的歧视和偏见
SDG6	第 31 条　完善水利基础设施体系，促进水资源科学配置和高效利用
SDG7	第 30 条　推进能源革命，优化能源供给结构，提高能源利用效率。构建低碳、安全、高效的现代能源体系
SDG11	第 32-36 条　推动城乡融合发展。以制度创新为依托加快新型城镇化发展
SDG14	第 41 条　陆海融合发展。促进海洋经济可持续发展和海洋环境保护
SDG15	第 45 条　推进生态系统保护和修复。构建生物多样性保护网络，增强生态安全稳定

　　2016 年 9 月，中国在创新、协调、绿色、开放和共享五大新发展理念的指导下，制定发布了《中国落实 2030 年可持续发展议程国别方案》（以下简称《国别方案》）。《国别方案》在回顾中国落实 MDGs 所取得成果和经验的基础上，分步骤、分阶段部署推进落实《2030 年议程》，《国别方案》更加注重分指标的发展战略对接，将《2023 年议程》与中国国家发展中长期规划进行了有机结合。同年 12 月，国务院发布《中国落实 2030 年可持续发展议程创新示范区建设方案》，计划在"十三五"期间建设 10 个左右地级市层面的国家可持续发展议程创新示范区，以实施创新驱动发展战略为主线，以破解制约中国可持续发展战略的关键瓶颈问题为着力点，旨在打造一批可复制、可推广的可持续发展现实样板。在推进建设过程中，国务院批复建设的每个国家可持续发展议程创新示范区都因地制宜地制定了与地方情况相符的技术路线，更加保障了可持续发展战略向地方层面的推动实施。

（三）可持续发展目标全面推进阶段（2017 年至今）

　　本阶段，中国将可持续发展战略的定位提升为重大战略，与科教兴国战略、人才强国战略等并列为"七大战略"，可持续发展成为中国式现代化的内涵之一。阶段内重要文件（重大事件）和主要理念、阶段特征如表 1-10 所示。

表 1-10 可持续发展目标全面推进阶段重要文件（重大事件）和主要理念、阶段特征

年份	重要文件或重大事件	主要理念	阶段特征
2017	党的十九大报告	坚持人与自然和谐共生。建设生态文明是中华民族永续发展的千年大计；可持续发展战略是中国"七大战略"之一	中国可持续发展迈进新时代，可持续发展议程和中国国家发展中长期规划进行了有机结合。坚持走"生态文明建设"特色的可持续发展道路，注重探索破解制约中国可持续发展的关键瓶颈问题的模式和路径
2022	党的二十大报告	中国式现代化是人与自然和谐共生的现代化……坚持可持续发展……实现中华民族永续发展	

2017 年，党的十九大报告将可持续发展战略列为国家发展的七大战略之一，并提出："坚持人与自然和谐共生。建设生态文明是中华民族永续发展的千年大计。"中国在全球可持续发展进程中已经从学习者、跟随者转变为重要参与者、领导者，向世界各国提出将可持续发展战略融入生态文明建设中去的方向性指引。2017 年、2019 年和 2021 年，外交部连续三次发布了《中国落实 2030 年可持续发展议程进展报告》；2021 年还发布了《中国落实 2030 年可持续发展议程国别自愿陈述报告》。值得一提的是，中国在 2020 年就达到了消除绝对贫困的发展目标，标志着中国提前 10 年实现首项可持续发展目标（SDG1），将进入减贫的新时期，外交部发布了《消除绝对贫困：中国的实践》，报告是理念、措施、经验的集中呈现，通过具体翔实的案例，分享中国各领域减贫实践。

2021 年，十三届全国人大四次会议表决通过了《中华人民共和国国民经济和社会发展第十四个五年规划和 2035 年远景目标纲要》（以下简称"十四五"规划），"十四五"时期经济社会发展主要目标有：经济发展取得新成效；改革开放迈出新步伐；社会文明程度得到新提高；生态文明建设实现新进步；民生福祉达到新水平；国家治理效能得到新提升。"十四五"规划紧紧抓住中国社会主要矛盾，贯彻新发展理念，科学、系统、全面地将《2030 年议程》与中国短期和中期的发展目标进行了有机结合，明晰地勾勒出落实《2030 年议程》的实现路径，每项可持续发展目标都在纲要中有迹可循。"十四五"规划中发展目标与 SDGs 的对应关系如图 1-7 所示。将"十四五"规划 19 篇纲要中的主要发展目标分为经济、社会和环境三类，再根据目标的具体建设方向和要求，与 SDGs 的 17 个目标进行一一对应，发现"十四五"规划中建设目标在社会和经济建设

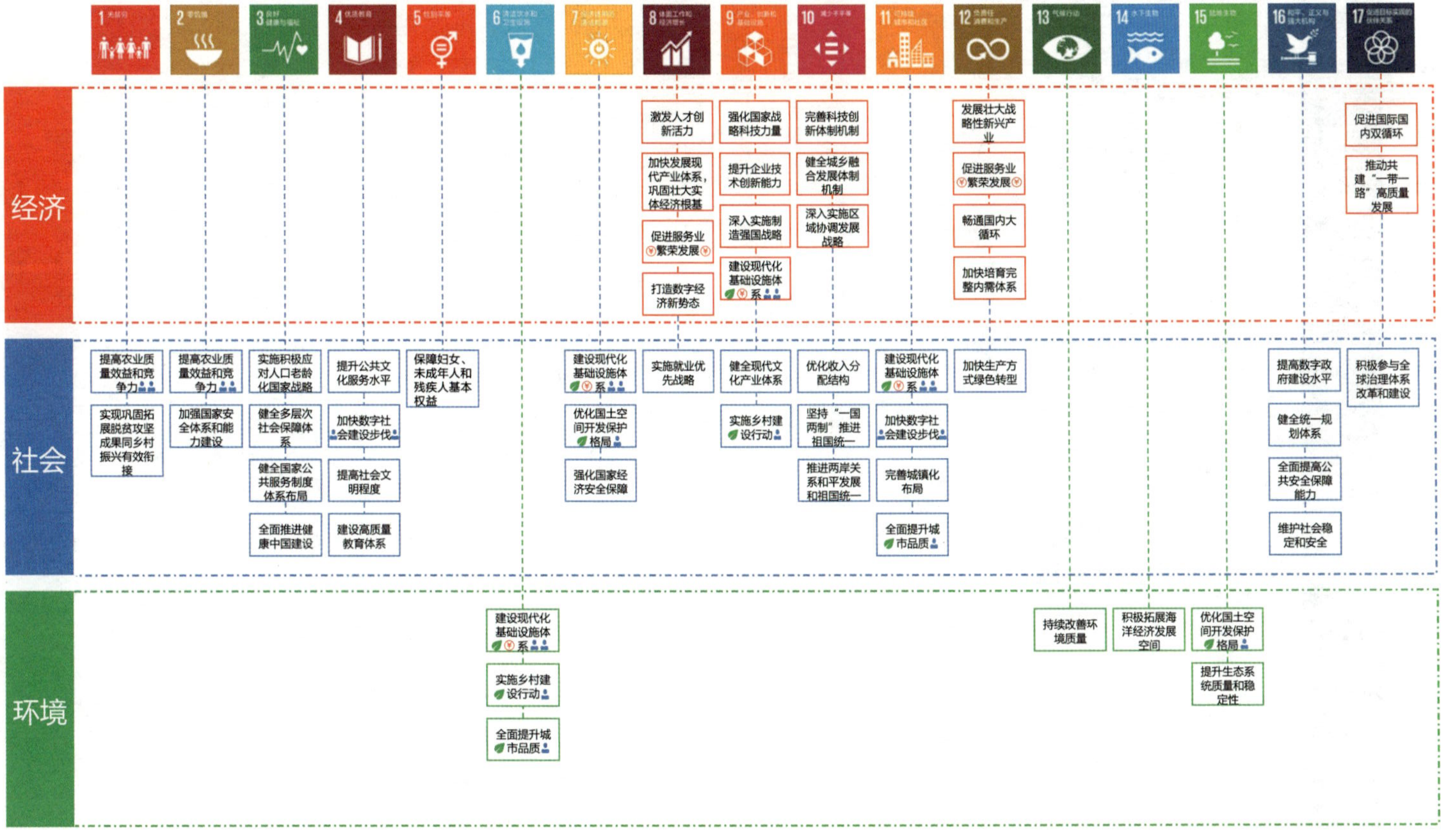

图 1-7　中国"十四五"规划与 SDGs 的对应关系

经济

社会

环境

方面尤为偏重。根据图1–7可以看出每项2030年可持续发展目标均在"十四五"规划中有所体现，例如SDG7对应"建设现代化基础设施体系"、"优化国土空间开发保护格局"和"强化国家经济安全保障"，将通过推进能源革命，建设清洁低碳、安全高效的能源体系，优化能源开发布局和运输格局，提升国内能源供给保障水平，实施能源资源安全战略等措施，实现使用经济适用的清洁能源。中国为落实每项SDGs都提供了明确的实现路径，"十四五"规划的实施将为中国落实联合国2030年可持续发展目标提供强大动力。

2022年，党的二十大报告中提出新时代新征程中国共产党的使命任务，以中国式现代化全面推进中华民族伟大复兴，明确"中国式现代化是人与自然和谐共生的现代化。人与自然是生命共同体，无止境地向自然索取甚至破坏自然必然会遭到大自然的报复。中国坚持可持续发展，坚持节约优先、保护优先、自然恢复为主的方针，像保护眼睛一样保护自然和生态环境，坚定不移走生产发展、生活富裕、生态良好的文明发展道路，实现中华民族永续发展"，将重点落实在"推动绿色发展，促进人与自然和谐共生"，指出"大自然是人类赖以生存发展的基本条件。尊重自然、顺应自然、保护自然，是全面建设社会主义现代化国家的内在要求。必须牢固树立和践行绿水青山就是金山银山的理念，站在人与自然和谐共生的高度谋划发展"。

四　中国可持续发展实践行动

1994年，中国政府制定了《中国21世纪议程》，为中国实施可持续发展战略奠定了基础。基于可持续发展战略思想认识的逐步深入，结合时代背景和中国国情，国务院及主要职能部门先后实施了国家可持续发展实验区、国家综合配套改革试验区、国家生态文明先行示范区、国家可持续发展议程创新示范区等40余类发展试点探索（见表1–11）。在试点建设过程中，中国在人口、资源、环境和谐发展，经济、社会、生态共同进步等方面均开展了积极的探索与实践，形成了不同类型的省市级可持续发展模式，不仅为不同类型地区的可持续发展提供了实验示范，也为推动中国可持续发展战略的实施积累了宝贵经验。其中，以可持续发展战略实施为使命的试点主要为国家可持续发展实验区、国家可持续发展议程创新示范区。

表 1–11　中国可持续发展部分相关实验试点建设情况

单位：个

可持续发展实践类型或形式	牵头部门	初设年份	目标	数量
国家可持续发展实验区	国家科学技术委员会（现科学技术部）	1986	促进经济、社会及环境协调发展，推动《21世纪议程》的贯彻落实	189
国家级新区	国家发改委	1992	促进区域经济跨越式发展、转型发展	19
国家综合配套改革试验区	国家发展和改革委员会	2005	探索建设和谐社会，创新区域发展模式，提升区域乃至国家竞争力的新思维、新思想、新路径、新模式和新道路	12
国家自主创新示范区	科学技术部	2009	推进自主创新和高新技术产业发展	21
低碳省区和低碳城市	国家发展和改革委员会	2010	探索中国工业化城镇化快速发展阶段既发展经济、改善民生又应对气候变化、降低碳强度、推进绿色发展的做法和经验	42
国家重点开发开放试验区	国家发展和改革委员会	2012	探索开发和开放相结合的路径	9
国家生态文明先行示范区	国家发展和改革委员会	2014	探索符合中国国情的生态文明建设模式，凝聚改革合力、增添绿色发展动能、探索生态文明建设有效模式	100
国家生态文明试验区	国家发展和改革委员会	2016	开展生态文明体制改革综合试验，为完善生态文明制度体系探索路径、积累经验	4
国家可持续发展议程创新示范区	科学技术部	2016	充分发挥科技创新对可持续发展的支撑引领作用，推动落实联合国《2030年议程》	11
国家生态文明建设示范区（国家生态文明建设示范市县）	生态环境部	2016	补齐生态环境保护短板，推进生态文明建设的决策部署	262
"绿水青山就是金山银山"实践创新基地	生态环境部	2017	创新探索"两山"转化的制度实践和行动，推进生态文明建设的决策部署实践，总结推广典型经验模式	29
中国特色社会主义先行示范区	科学技术部	2019	在更高起点、更高层次、更高目标上推进改革开放，探索全面建设社会主义现代化强国新路径	1
国家城乡融合发展试验区	国家发展和改革委员会	2019	建立健全城乡融合发展体制机制和政策体系，走城乡融合发展之路	11
国家数字经济创新发展试验区	国家发展和改革委员会	2019	结合各自优势和结构转型特点，在数字经济要素流通机制、新型生产关系、要素资源配置、产业集聚发展模式等方面开展大胆探索，充分释放新动能	6

（一）国家可持续发展实验区

国家可持续发展实验区源自 1986 年国家科学技术委员会（现为：科学技术部）和国务院有关部委在江苏省常州市和锡山市华庄镇（现已撤销）开展的城镇社会发展综合示范试点工作，1994 年，在社会发展综合实验区协调领导小组会议上提出"实施《中国 21 世纪议程》，推进社会发展综合实验区建设"的意见。1997 年，国家计划委员会（现为：国家发展和改革委员会）和科学技术委员会（现为：科学技术部）联合发文，在 16 个省（市）开展《中国 21 世纪议程》地方试点工作，将 1986 年启动的社会发展综合实验区更名为"国家可持续发展实验区"。此时，国家可持续发展实验区已经覆盖 16 个省（市），国家级可持续发展实验区达到 26 个，省级国家可持续发展实验区 45 个。步入 21 世纪，中国在联合国千年首脑会议上签署了《联合国千年宣言》，MDGs 作为约束目标进一步提升了国家可持续发展实验区的建设水平。2008 年 12 月，在国家可持续发展实验区建设基础上，对建设成果突出、可持续发展能力显著增强、具备在全国推广实施条件的区域，科学技术部首次组织认定了 13 个国家可持续发展先进示范区，包括北京市西城区、四川省成都市金牛区、湖北省武汉市江岸区、重庆市北碚区、湖南省资兴市、江苏省江阴市、江苏省大丰市、山东省日照市、山东省烟台市牟平区、黑龙江省肇东市、河北省正定县、安徽省淮南市毛集区、山东省长岛县。截至 2022 年底，中国已经建立起国家可持续发展实验区 189 个，遍及全国 90% 以上的省、自治区和直辖市。

国家可持续发展实验区从无到有，逐步发展，走出了一条探索区域经济、社会与人口、资源、环境协调发展的新路子。国家可持续发展实验区在凝练区域可持续发展模式、机制与经验等方面进行了不断的探索与实践，具有贯彻中国可持续发展战略、实施《中国 21 世纪议程》和综合推动社会经济全面协调发展的鲜明特点，对中国不同类型区域的可持续发展产生了积极的影响、示范和带动作用。历史经验表明，建设国家可持续发展实验区是实现地区经济、社会与人口、资源、环境持续协调发展，推进资源节约型、环境友好型社会建设的战略性举措，对于构建和谐社会、促进经济转型升级、加快社会主义现代化建设步伐具有重大推动作用。

（二）国家可持续发展议程创新示范区

2016 年 12 月，国务院印发《中国落实 2030 年可持续发展议程创新示范区建设方案》，启动国家可持续发展议程创新示范区建设工作，以地方试点示范推进《2030 年议程》的落实。建设国家可持续发展议程创新示范区（以下简称"创新示范区"）是党中央、国务院统筹国际国内两个大局做出的重大部署，是落实联合国《2030 年议程》、参与全球治理的务实行动，是中国贯彻落实国家"五位一体"总体布局、"四个全面"战略布局和五大发展理念的重要举措，在社会经济新形势下承担探索为世界经济复苏和增长增添动力路径的重要责任，为全球更好落实《2030 年议程》提供中国经验和中国智慧。

按照国务院要求，科学技术部会同国家可持续发展实验区部际联席会议成员单位以习近平新时代中国特色社会主义思想为指导，对标《2030 年议程》，按照《中国落实 2030 年可持续发展议程国别方案》的要求，坚持"创新理念、问题导向、多元参与、开放共享"的原则，制定了《国家可持续发展议程创新示范区申报指引》，依程序严格遴选，扎实推进创新示范区建设工作。2018 年 2 月、2019 年 5 月和 2022 年 7 月，国务院分三批分别批复了太原、桂林、深圳以及郴州、临沧、承德和鄂尔多斯、徐州、湖州、枣庄、海南藏族自治州 11 个城市围绕各自建设主题开展创新示范区建设（见表 1–12），既体现了中国东中西不同地域布局的代表性，也体现了可持续发展不同阶段和面临的不同类型问题的代表性。

表 1–12　国家可持续发展议程创新示范区创建及批复情况

示范区名称	批复时间	创建主题	重点任务
太原市	2018 年 2 月，国函〔2018〕30 号	资源型城市转型升级	重点针对水污染与大气污染等问题，集成应用污水处理与水体修复、清洁能源与建筑节能等技术，实施水资源节约和水环境重构、用能方式绿色改造等行动，统筹各类创新资源，深化体制机制改革，探索适用技术路线和系统解决方案，形成可操作、可复制、可推广的有效模式，对全国资源型地区转型发展发挥示范效应

示范区名称	批复时间	创建主题	重点任务
桂林市	2018年2月，国函〔2018〕31号	景观资源可持续利用	重点针对喀斯特石漠化地区生态修复和环境保护等问题，集成应用生态治理、绿色高效农业生产等技术，实施自然景观资源保育、生态旅游、生态农业、文化康养等行动，统筹各类创新资源，深化体制机制改革，探索适用技术路线和系统解决方案，形成可操作、可复制、可推广的有效模式，为中西部多民族、生态脆弱地区实现可持续发展发挥示范效应
深圳市	2018年2月，国函〔2018〕32号	创新引领超大型城市可持续发展	重点针对资源环境承载力和社会治理支撑力相对不足等问题，集成应用污水处理、废弃物综合利用、生态修复、人工智能等技术，实施资源高效利用、生态环境治理、健康深圳建设和社会治理现代化等工程，统筹各类创新资源，深化体制机制改革，探索适用技术路线和系统解决方案，形成可操作、可复制、可推广的有效模式，对超大型城市可持续发展发挥示范效应
郴州市	2019年5月，国函〔2019〕44号	水资源可持续利用与绿色发展	重点针对水资源利用效率低、重金属污染等问题，集成应用水污染源阻断、重金属污染修复与治理等技术，实施水源地生态环境保护、重金属污染及源头综合治理、城镇污水处理提质增效、生态产业发展、节水型社会和节水型城市建设、科技创新支撑等行动，统筹各类创新资源，深化体制机制改革，探索适用技术路线和系统解决方案，形成可操作、可复制、可推广的有效模式，对推动长江经济带生态优先、绿色发展发挥示范效应
临沧市	2019年5月，国函〔2019〕45号	边疆多民族欠发达地区创新驱动发展	重点针对特色资源转化能力弱等瓶颈问题，集成应用绿色能源、绿色高效农业生产、林特资源高效利用、现代信息等技术，实施对接国家战略的基础设施建设提速、发展与保护并重的绿色产业推进、边境经济开放合作、脱贫攻坚与乡村振兴产业提升、民族文化传承与开发等行动，统筹各类创新资源，深化体制机制改革，探索适用技术路线和系统解决方案，形成可操作、可复制、可推广的有效模式，对边疆多民族欠发达地区实现创新驱动发展发挥示范效应

示范区名称	批复时间	创建主题	重点任务
承德市	2019 年 5 月，国函〔2019〕46 号	城市群水源涵养功能区可持续发展	重点针对水源涵养功能不稳固、精准稳定脱贫难度大等问题，集成应用抗旱节水造林、荒漠化防治、退化草地治理、绿色农产品标准化生产加工、"互联网＋智慧旅游"等技术，实施水源涵养能力提升、绿色产业培育、精准扶贫脱贫、创新能力提升等行动，统筹各类创新资源，深化体制机制改革，探索适用技术路线和系统解决方案，形成可操作、可复制、可推广的有效模式，对全国同类的城市群生态功能区实现可持续发展发挥示范效应
鄂尔多斯市	2022 年 7 月，国函〔2022〕68 号	荒漠化防治与绿色发展	重点针对生态建设产业化程度低、资源型产业链条短等问题，集成应用荒漠化综合治理、水资源集约节约利用、煤炭清洁高效利用、零碳能源、碳捕集利用与封存等技术，实施荒漠化防治提质增效、水资源高效利用创新、现代能源经济高质量发展提速、农牧业和乡村旅游发展提升、创新驱动发展能力建设促进等行动，统筹各类创新资源，深化体制机制改革，加快实现高水平科技自立自强，探索适用技术路线和系统解决方案，形成可操作、可复制、可推广的有效模式，对推动荒漠化地区生态优先、绿色低碳发展形成示范效应
徐州市	2022 年 7 月，国函〔2022〕69 号	创新引领资源型地区中心城市高质量发展	重点针对传统工矿废弃地可持续利用难度大、要素供给结构性矛盾制约新老产业接续等问题，集成应用采煤沉陷区生态修复、设施装备智能化改造等技术，实施生态修复与绿色开发、产业转型与竞争力攀升、就业保障与结构优化、科技创新与支撑能力提升等行动，统筹各类创新资源，深化体制机制改革，加快实现高水平科技自立自强，探索适用技术路线和系统解决方案，形成可操作、可复制、可推广的有效模式，对推动淮海经济区和同类地区产业转型升级、动能接续转换、生态修复治理形成示范效应
湖州市	2022 年 7 月，国函〔2022〕70 号	绿色创新引领生态资源富集型地区可持续发展	重点针对以生态资源为支撑的绿色转型步伐不够快、支持高水平均衡发展的治理能力有待提升等问题，集成应用绿色制造、生态资源增值利用、大数据、精准管控与决策支持等技术，实施创新能力提升、绿色产业升级、资源要素集约、人居环境优化、绿色生活推广等行动，统筹各类创新资源，深化体制机制改革，加快实现高水平科技自立自强，探索适用技术路线和系统解决方案，形成可操作、可复制、可推广的有效模式，对生态资源富集型地区推动可持续发展形成示范效应

示范区名称	批复时间	创建主题	重点任务
枣庄市	2022 年 7 月，国函〔2022〕71 号	创新引领乡村可持续发展	重点针对农业资源价值实现不充分、乡村发展要素集聚能力不足等问题，集成应用智慧农业、生态循环、大数据、物联网等技术，实施农业基础能力提升、城乡经济新动能培育、城乡融合发展推进、乡村生态建设提速和科技创新支撑等行动，统筹各类创新资源，深化体制机制改革，加快实现高水平科技自立自强，探索适用技术路线和系统解决方案，形成可操作、可复制、可推广的有效模式，对同类地区乡村可持续发展形成示范效应
海南藏族自治州	2022 年 7 月，国函〔2022〕72 号	江河源区生态保护与高质量发展	重点针对生态本底脆弱与生态保护战略需求矛盾突出、产业基础薄弱与民生持续改善需求矛盾突出等问题，集成应用生态保护、清洁能源、生态农牧业等技术，实施生态保护与治理提升、生态农牧业绿色发展促进、新经济增长点培育、生态文化旅游惠民、科技创新支撑等行动，统筹各类创新资源，深化体制机制改革，加快实现高水平科技自立自强，探索适用技术路线和系统解决方案，形成可操作、可复制、可推广的有效模式，对江河源区生态保护与治理、生态产业协调发展形成示范效应

五　中国 SDGs 评估探索

（一）国家层面

　　截至 2021 年末，中国官方面向世界发布的有关践行可持续发展情况报告共 12 份。《21 世纪议程》是一幅篇幅宏大、愿景深远而美好的可持续发展蓝图，但没有指标作为各国可持续发展落实的约束手段。因此，按照联合国发布的可持续发展全球目标时效划分，中国践行可持续发展全球目标主要分为两个阶段：MDGs 阶段和 SDGs 阶段，主要成果如表 1–13 所示。

表 1–13　中国可持续发展进展报告

阶段	年份	发布部门	报告名称
《21世纪议程》蓝图阶段	1997	联合国可持续发展大会中国筹委会	《中华人民共和国可持续发展国家报告（1997）》
落实 MDGs 阶段	2012	联合国可持续发展大会中国筹委会	《中华人民共和国可持续发展国家报告（2012）》
	2015	外交部与联合国驻华机构	《中国实施千年发展目标报告（2000–2015年）》
落实 SDGs 阶段	2017	外交部	《中国落实2030年可持续发展议程进展报告（2017）》
	2019	外交部	《地球大数据支撑可持续发展目标报告（2019）》
	2019	外交部	《中国落实2030年可持续发展议程进展报告（2019）》
	2020	外交部	《地球大数据支撑可持续发展目标报告（2020）》
	2020	外交部	《消除绝对贫困　中国的实践》
	2021	国务院新闻办公室	《人类减贫的中国实践》
	2021	外交部	《中国落实2030年可持续发展议程国别自愿陈述报告》
	2021	外交部	《地球大数据支撑可持续发展目标报告（2021）》
	2021	外交部	《中国落实2030年可持续发展议程进展报告（2021）》

1. 中国落实 MDGs 成效（2000～2015年）

围绕联合国千年发展目标，中国坚定不移地走可持续发展道路，本阶段中国主要发布 2 份报告：2012 年联合国可持续发展大会中国筹委会发布的《中华人民共和国可持续发展国家报告（2012）》和 2015 年中国外交部与联合国驻华机构联合发布的《中国实施千年发展目标报告（2000–2015年）》。

中国实施千年发展目标的进展情况如表 1–14 所示。报告认为，除降低生物多样性丧失外，中国已经实现或基本实现了千年发展目标的各项具体指标，特别是在减贫方面成效卓著。中国的人类发展指数已经在 2013 年超过世界平均水平，中国进入高人类发展指数国家的行列。从 2000 年到 2015 年的 15 年间，中国经济保持平稳较快发展。GDP 从 2000 年的 10.0 万亿元增加到 2014 年的 63.6 万亿元，跃升至世界第 2 位。2014 年，中国城镇居民人均可支配收入和农村居民人均纯收入分别为 28844 元和 9892 元，比 2000 年分别增加了 3.59 倍和 3.39 倍。经济的快速发展有力支撑了城乡居民收入增长和脱贫进程，中国贫困人口从 1990 年的 6.89 亿下降到 2011 年的 2.5 亿，减少了 4.39 亿。中国用占世界不足 10% 的耕地，养活了占世界近 20% 的人口，自 2000 年以来累计解决了 4.67 亿农村居民的饮水安全问题，男、女小学学龄儿童净入学率稳定维持在 99% 以上。报告总结认为，中国在实施千年发展目标上取得了令世界瞩目的成就，为全球可持续发展作出了巨大贡献。

表 1-14　中国实施千年发展目标进展情况

具体目标	实施情况
目标 1：消除极端贫困与饥饿	
目标 1A：1990 年到 2015 年，将日收入不足 1.25 美元的人口比例减半	已经实现
目标 1B：让包括妇女和年轻人在内的所有人实现充分的生产性就业和体面工作	基本实现
目标 1C：1990 年到 2015 年，将饥饿人口的比例减半	已经实现
目标 2：普及初等教育	
目标 2A：2015 年前确保所有儿童，无论男女，都能完成全部初等教育课程	已经实现
目标 3：促进两性平等和赋予妇女权利	
目标 3A：争取到 2005 年在中、小学教育中消除两性差距，最迟于 2015 年在各级教育中消除此种差距	已经实现
目标 4：降低儿童死亡率	
目标 4A：从 1990 年到 2015 年将五岁以下儿童死亡率降低三分之二	已经实现
目标 5：改善孕产妇保健	
目标 5A：1990 年到 2015 年，将孕产妇死亡率降低四分之三	已经实现
具体目标 5B：到 2015 年使人人享有生殖健康服务	基本实现
目标 6：与艾滋病病毒 / 艾滋病、疟疾和其他疾病作斗争	
目标 6A：到 2015 年，遏制并开始扭转艾滋病病毒和艾滋病的蔓延	基本实现
目标 6B：到 2010 年，实现为所有需要者提供艾滋病病毒 / 艾滋病的治疗	基本实现
目标 6C：到 2015 年，遏制并开始扭转疟疾和其他主要疾病的发病率	基本实现
目标 7：确保环境的可持续性	
目标 7A：将可持续发展原则纳入政策和计划，扭转环境资源损失趋势	基本实现
目标 7B：降低生物多样性丧失，到 2010 年显著降低生物多样性丧失的速度	没有实现
目标 7C：到 2015 年将无法持续获得安全饮用水和基本环境卫生设施的人口比例降低一半	已经实现
目标 7D：到 2020 年，明显改善约 1 亿棚户区居民的居住条件	很有可能
目标 8：建立全球发展伙伴关系	—

资料来源：《中华人民共和国可持续发展国家报告》。

2. 中国落实 SDGs 成效（2016 年至今）

自 2017 年起，外交部每两年发布一版《中国落实 2030 年可持续发展议程进展报告》。2017 年的《中国落实 2030 年可持续发展议程进展报告》主要由两部分组成，第一部分概述中国近两年的发展成果，第二部分对标可持续发展目标介绍了中国在落实目标方面的进展情况，并在此基础上提出下一步工作要点。2019 年和 2021 年的《中国落实 2030 年可持续发展议程进展报告》相较于 2017 年，在已有两部分的基础上增加了第三部分：经典案例（见专栏 1-1），这一部分主要记录中国在落实可持续发展目标方面做出的重要行动。2021 年的《中国落实 2030 可持续发展议程进展报告》全面回顾了自 2016 年以来中国取得的进展和成绩，总结分享经典案例与经验，并提出希望助力全球落实《2030 年议程》的进程重返正轨，为国际社会疫后复苏提供有益借鉴。2023 年，国务院新闻办公室发布《新时代的中国绿色发展》白皮书，全面介绍新时代中国绿色发展理念、实践与成效，分享中国绿色发展经验。

 专栏 1-1 ————————————————

中国落实可持续发展目标经典案例

1. 消除贫困 全面建成小康社会

中国是拥有 14 亿人口、世界上最大的发展中国家，长期饱受贫困问题困扰，贫困治理难度很大。2012 年以来，中国共产党将解决贫困问题摆在治国理政突出位置，坚持在发展中解决贫困问题，立足实际推进减贫进程，创造性地提出并实施精准扶贫方略，汇聚全党全国全社会的力量打赢脱贫攻坚战，历史性地解决了绝对贫困问题。

2. 建设生态文明 共谋绿色低碳发展

中国政府历来高度重视生态环境问题，把建设生态文明、保护生态环境作为关系社会主义现代化建设全局、人民福祉和可持续发展的长远大计。习近平主席提出"绿水青山就是金山银山""山水林田湖草沙是生命共同体"等科学论断，中国坚持以习近平生态文明思想为指导，"建设人与自然和谐共生的现代化"。

3. 抗击新冠疫情 构建人类卫生健康共同体

面对突如其来的新冠疫情，中国坚持人民至上、生命至上的总体思路，在尊重科学防控规律的基础上，迅速打响疫情防控的人民战争、总体战、阻击战，第一时间建立中央统一指挥，各地方各方面各负其责、协调配合的指挥体系，派出中央指导组赴疫情防控一线参与处置工作，建立多部门参加的国务院联防联控机制和国务院复工复产推进工作机制，依法将新冠肺炎纳入《中华人民共和国传染病防治法》规定的乙类传染病并采取甲类传染病的预防、控制措施，纳入《中华人民共和国国境卫生检疫法》规定的检疫传染病管理，推行分区分级精准施策防控策略，在最短时间内有效控制国内疫情，统筹常态化疫情防控和经济社会发展工作，有力保障了 14 亿人民的生命权、健康权、发展权。中国践行人类命运共同体理念，发起了新中国历史上规模最大的全球紧急人道行动，积极开展国际抗疫合作，为国际社会抗击疫情作出贡献，为全球经济复苏注入希望和动力，助力实现多个可持续发展目标。

4. 发展社会事业 努力改善民生福祉

中国政府始终贯彻"以人民为中心"的发展思路，以实现"全体人民共同富裕"为发展目标，通过持续增加民生投入、深化社会领域改革、鼓励多元主体参与、采用新兴技术手段等方式，努力促进社会事业各领域发展，改善人民群众全生命周期福祉。中国社会事业发展主要包括努力提供公平且有质量的教育、充足稳定的工作岗位、完善且高水平的医疗卫生服务、可靠的社会保障、舒适的居住条件、优美的生活环境、丰富的精神文化生活等。

5. 创新双轮驱动 激发可持续发展新功能

中国坚持科技创新和体制机制创新双轮驱动、相互协调、持续发力，激发可持续发展的动力源泉。五年来，中国加快实施创新驱动发展战略，让市场在资源配置中起决定性作用，同时更好发挥政府作用，破除一切制约创新的思想障碍和制度藩篱，激发全社会创新活力和创造潜能，不断提升劳动、信息、知识、技术、管理、资本的效率和效益。

6. 建设国家可持续发展议程创新示范区 打造可持续发展样板

2016 年 12 月，国务院印发《中国落实 2030 年可持续发展议程创新示范区建设方案》，提出在全国建设 10 个左右国家可持续发展议程创新示范区，依靠创新打造一批可复制、可推广的可持续发展现实样板，对国内其他地区可持续发展发挥示范带动效应，为其他国家落实 2030 年可持续发展议程提供中国经验。截至 2022 年 7 月，国务院已经分三批先后批复太原市、桂林市、深圳市、郴州市、临沧市、承德市、鄂尔多斯市、徐州市、湖州市、枣庄市、海南藏族自治州等 11 个城市建设国家可持续发展议程创新示范区。自批复以来，各市州在部际联席会议成员单位的支持下，紧密围绕示范主题，着力构建多利益攸关方共同参与机制，大力推进制度创新和先进适用技术应用，在破解可持续发展典型问题、培育经济新动能、提升百姓幸福感等方面取得了积极成效；创新示范区建设促进了中国地方政府与联合国开发计划署、亚洲开发银行等多个国际组织间的联系与合作，向世界展示了中国在地方层面落实 2030 年可持续发展议程的做法和经验，正在成为可持续发展领域对外合作交流的活跃平台。

7. 基础设施建设 连接人民美好生活

中国高度重视基础设施建设在实现可持续发展目标中的重要作用，基于基础设施发展现状、适应经济社会未来发展趋势和人民日益增长的美好生活需要，统筹推进传统基础设施和新型基础设施建设，打造优质可靠、智能绿色、可持续发展的现代化基础设施体系。

8. 深化国际合作 促进人类共同发展

中国从全球视角出发，提出构建人类命运共同体、共建"一带一路"等新思想新倡议，倡导正确义利观和真实亲诚、亲诚惠容理念，在一系列重大国际场合宣布务实合作举措，为破解全球发展难题、推动落实联合国 2030 年可持续发展议程提出中国方案、贡献中国智慧、注入中国力量。高质量共建"一带一路"已成为中国实行全方位对外开放的重大举措、当今世界最大规模的国际合作平台和中国向国际社会提供的公共产品。

9. 把可持续发展确立为国家战略 美丽中国建设迈出重大步伐

坚持以人民为中心的发展思想，着眼中华民族永续发展，坚持系统观念统筹推进，共谋全球可持续发展，坚定不移走绿色发展之路。优化国土空间开发保护格局，强化生态系统保护修复，推动重点区域绿色发展，建设生态宜居美丽家园，绿色空间格局基本形成。大力发展战略性新兴产业，引导资源型产业有序发展，优化产业区域布局，产业结构持续调整优化。促进传统产业绿色转型，推动能源绿色低碳发展，构建绿色交通运输体系，推进资源节约集约利用，绿色生产方式广泛推行。生态文明教育持续推进，绿色生活创建广泛开展，绿色产品消费日益扩大，绿色生活方式渐成时尚。加强法治建设，强化监督管理，健全市场化机制，绿色发展体制机制逐步完善。积极参与全球气候治理，推进共建绿色"一带一路"，广泛开展双多边国际合作，携手共建美丽地球家园。

　　根据 SDSN 发布的《2022 年可持续发展报告》，2022 年中国的 SDG 指数为 72.40 分、高于东亚和南亚平均水平（65.9 分），在全球排第 56 位，但得分和排名较 2020 年（73.89 分、排名 48 位）仍有所下降，连续两年未实现有效提升。2021 年，在 17 项可持续发展目标中，SDG1（无贫穷）、SDG4（优质教育）2 项目标一直走在实现 2030 年目标和指标的轨道上，稳定表现为绿色，充分验证了人类减贫的中国实践成效。SDG2（零饥饿）、SDG3（良好健康与福祉）、SDG5（性别平等）、SDG6（清洁饮水和卫生设施）、SDG8（体面工作和经济增长）、SDG9（产业、创新和基础设施）、SDG10（减少不平等）、SDG11（可持续城市和社区）、SDG12（负责任消费和生产）、SDG16（和平、正义与强大机构）和 SDG17（促进目标实现的伙伴关系）等 11 项目标也实现了一定程度的增长，但受疫情影响较为严重、导致 2021 年得分下降的 SDG8（体面工作和经济增长）、SDG10（减少不平等）、SDG16（和平、正义与强大机构）和 SDG17（促进目标实现的伙伴关系）等目标还未完全恢复。中国在生态环境领域涉及的 6 项 SDG 目标中，SDG14（水下生物）和 SDG15（陆地生物）2 项目标评价为"红色"，SDG6（清洁饮水和卫生设施）、SDG11（可持续城市和社区）2 项目标评价为"橙色"，SDG12（负责任消费和生产）和 SDG13（气候行动）2 项目标评价为"黄色"，6 项目标在全球的排名基本在后 50% 范围内，SDG15（陆地生物）排名甚至处于全球最落后的 10% 范围内，生态环境领域仍是制约中国可持续发展的短板。

　　从 7 年变化趋势上看，中国是全球评分和排名增长最快的国家之一，得分由 2016 年的 59.10 分增长为 2022 年的 72.40 分，排名相应由 76 位上升为 56 位（见表 1–15）。其中，4 项目标进展顺利，趋势为"↑"；8 项目标有所改善，趋势为"↗"；3 项目标进展提升潜力有待挖掘，趋势为"→"，另有 2 项目标趋势缺失。

表 1-15　2016 ～ 2022 年中国 SDG 指数得分及排名

目标	2016 年	2017 年	2018 年	2019 年	2020 年	2021 年	2022 年
SDG1	83.73	99.47	99.67	97.40	97.96	98.56	98.64
SDG2	70.48	66.77	71.54	71.93	76.39	81.10	81.97
SDG3	73.32	79.53	79.97	81.07	79.84	81.69	82.60
SDG4	81.11	74.07	73.80	99.67	94.96	97.52	99.51
SDG5	71.04	74.84	75.61	76.26	75.75	76.20	77.14
SDG6	86.20	88.20	89.94	71.75	68.60	68.64	70.87
SDG7	75.95	67.75	69.14	76.85	69.41	78.19	63.77
SDG8	70.05	71.93	83.06	87.42	87.47	71.63	72.73
SDG9	45.40	57.70	58.65	61.86	72.15	72.95	77.54
SDG10	55.81	52.44	59.63	59.52	61.32	30.66	34.51
SDG11	43.20	61.62	69.21	75.13	75.91	77.98	79.46
SDG12	41.30	74.84	73.15	81.97	88.55	87.10	90.62
SDG13	41.50	58.74	69.32	92.02	89.78	87.08	85.53
SDG14	32.00	31.05	33.50	36.16	50.51	54.10	51.39
SDG15	39.20	58.47	58.59	62.73	59.47	49.62	49.17
SDG16	56.59	69.09	72.47	63.35	63.79	69.94	70.27
SDG17	37.82	54.51	53.65	49.48	44.36	42.07	44.79
SDG 指数	59.10	67.10	70.10	73.20	73.89	72.10	72.40
排名	76/149	71/157	54/156	39/162	48/166	57/165	56/163

注：排名中前面数字表示当年中国的排名，后面数字表示参与进展评估的国家数量。

SDG1（无贫穷） 得分由 2016 年的 83.73 分增加到 2022 年的 98.64 分，评级为"绿色"，脱贫成效显著，目标下贫困人口（低于标准 1.90 美元 / 天）比例、贫困人口（低于标准 3.20 美元 / 天）比例 2 项目标进展顺利，判定趋势为"⬆"。在 2021 年 2 月 25 日，习近平总书记在全国脱贫攻坚总结表彰大会上庄严宣告，脱贫攻坚战（2015 ～ 2020 年）取得了全面胜利，中国完成了消除绝对贫困的艰巨任务。占世界人口近 1/5 的中国全面消除绝对贫困，提前 10 年实现《2030 年议程》减贫目标。

SDG2（零饥饿） 得分由 2016 年的 70.48 分增加到 2022 年的 81.97 分，评级为"黄色"，判断趋势为"➚"，可持续氮管理指数得分较低，是实现

SDG2 的短板指标。

SDG3（良好健康与福祉） 由 2016 年的 73.32 分提升至 2022 年的 82.60 分，评级为"橙色"，判定趋势为"↗"。结核病发病率、新的艾滋病病毒感染者和交通事故死亡率表现不佳，进展停滞，面临重大挑战。

SDG4（优质教育） 得分在 2017 ~ 2018 年略有下滑，2022 年回升至 99.51 分，评级为"绿色"，目标下的 2 项指标（初中毕业率和识字率）均表现较好，在可持续发展的方向上进展顺利。

SDG5（性别平等） 得分由 2016 年的 71.04 分提升至 2022 年的 77.14 分，评级为"橙色"，判定趋势为"↗"。目标呈适度改善的态势，但是受"妇女在国民议会中的席位比"指标的限制，增速低于实现 2030 年可持续发展目标所需的增速。

SDG6（清洁饮水和卫生设施） 得分由 2021 年的 68.64 分增加为 2022 年的 70.87 分，排名由第 90 位提升为第 70 位，评级为"橙色"，较好地保持了可持续发展目标的成就，判定趋势为"↑"。废水处理率和淡水采水量占现有淡水资源比例这 2 项指标距实现 2030 年的目标有较大挑战。

SDG7（经济适用的清洁能源） 得分由 2016 年的 75.95 分降低到 2022 年的 63.77 分，评级为"橙色"，判定趋势为"↗"。该目标下可再生能源在一次能源供应总量中的份额表现较差，进展停滞；获得清洁燃料和烹饪条件的比例、燃料燃烧 / 电力输出产生的二氧化碳排放量 2 项指标表现较差，均为"橙色"，阻碍了 SDG7 的进展。

SDG8（体面工作和经济增长） 得分由 2016 年的 70.05 分增加到 2022 年的 72.73 分，评级为"橙色"，判定趋势为"↗"。2021 年除"基本劳动权利得到有效保障"表现为"红色"，其他指标均为"绿色"。

SDG9（产业、创新和基础设施） 得分由 2016 年的 45.40 分提升至 2022 年的 77.54 分，评级为"黄色"，判定趋势为"↑"。互联网使用率和科研期刊论文数表现较差，提升效果不明显。

SDG10（减少不平等） 表现较差，2022 年得分为 34.51 分，比 2021 年（30.66 分）略有提高，评级为"橙色"。该目标下基尼系数表现为"橙色"，Palma 比例表现为"红色"，分析原因可能为数据滞后（采用的 2016 年和 2011 年数据），不能更准确地反映实际情况。

SDG11（可持续城市和社区） 得分由 2021 年的 77.98 分增加至 79.46 分，

排名由第 79 位提升为第 66 位，评级为"橙色"，得到适度改善，判定趋势为"🡥"，但整体进展较为缓慢。PM$_{2.5}$ 年均浓度和城市人口贫困比例 2 项指标表现较差，仍需进一步改善。

SDG12（负责任消费和生产） 得分由 2021 年的 87.10 分增加至 2022 年的 90.62 分，排名由第 61 位下降为第 69 位，评级为"黄色"，判定趋势为"🡑"。六年来呈现波动变化。推动能源转型和新能源市场化建设仍是重中之重。

SDG13（气候行动） 得分由 2021 年的 87.08 分下降至 85.53 分，排名由第 96 位下降为第 99 位，评级为"黄色"，六年来整体上呈现适度改善的态势，判定趋势为"🡥"。实现应对气候变化目标任务异常艰巨。

SDG14（水下生物） 得分由 2021 年的 54.10 分下降至 51.39 分，排名由第 113 位提升为第 108 位，多年来评级一直为"红色"，判定趋势为"🡒"，是 17 项目标中中国表现最差的一项目标。"拖网或疏浚捕鱼""海洋自然保护区面积""海洋生态环境状况：清洁水域"提升效果不明显，评级为"红色"，海洋生态安全面临较大威胁。

SDG15（陆地生物） 得分由 2021 年的 49.62 分下降至 49.17 分，排名由第 159 位提升为第 148 位，评级连续两年表现为"红色"，判定趋势为"🡒"。在该目标中，"在对生物多样性重要的淡水生境中受保护的平均面积""濒危物种红色名录指数"评价均较低，近几年一直评级为"红色"，更加有针对性的生物多样性管理仍有待加强。

SDG16（和平、正义与强大机构） 得分提升至 2022 年的 70.27 分，评级为"橙色"，判定趋势为"🡥"。该目标下表现较差的指标为新闻自由指数（红色），其次是腐败感知程度（橙色），亟待进一步改善。

SDG17（促进目标实现的伙伴关系） 自 2017 年来整体处于下滑态势，但在 2022 年有所增长，提升至 44.79 分，评级为"橙色"，进展停滞，判定趋势为"🡒"。"政府卫生和教育支出""其他国家：不包括赠款的政府收入（占国内生产总值的比例）""统计性能指数"3 项指标表现较差，距实现 2030 年的目标面临较大挑战。

（二）地方层面

2018 年，中国首个联合国 2030 年可持续发展目标定量评估报告——《德清践行 2030 年可持续发展议程进展报告（2017）》在联合国世界地理信息大会分会上发布，提出了适合德清县县情的 SDGs 指标群并完成了 16 项 SDGs（不包含 SDG14）的单目标评估以及经济、社会和环境三大领域总体发展水平与协调程度综合分析。除此之外，2021 年，联合国官网上刊登了中国城市提交的联合国 2030 年可持续发展目标的地方 VLR 报告，通过具体数据向世界讲述"广州故事"和"义乌故事"，分享广州市和义乌市在城市可持续发展中的成果和经验。

1.《德清践行 2030 年可持续发展议程进展报告（2017）》

2018 年，为配合在浙江省德清县承办的联合国世界地理信息大会，落实会议六大主题之一的"利用地理信息量测、监测 SDGs"，在自然资源部、国家统计局和浙江省人民政府的指导下，项目组针对德清县具体情况，对联合国 SDGs 全球指标框架进行了本地化分析，提出适合德清县的 SDGs 指标群评价体系。《德清践行 2030 年可持续发展议程进展报告（2017）》（以下简称《德清报告》）共 16 个目标（不包含 SDG14）和 102 项子指标。《德清报告》评估结果显示，在 SDGs 中，8 个目标基本达标（绿色），6 个目标有待提高（黄色），仅有 2 个目标面临挑战（橙色），如图 1-8 所示；具体的 102 项指标中有 79 项具有参照标准，其中 68 项具体指标十分接近联合国《2030 年议程》的目标，居全国和世界的前列，有 9 项面临差距有待提高，面临挑战的仅有 2 项。

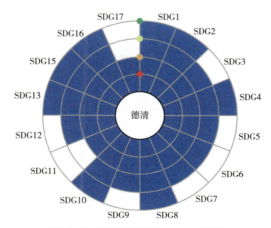

图 1-8　德清县推进 SDGs 进展

资料来源：《德清践行 2030 年可持续发展议程进展报告（2017）》。

《德清报告》还对德清县经济、社会和环境三大领域总体发展水平与协调程度进行了综合分析。在经济领域，2016年德清县从业人员实际人均地区生产总值同比增长8.33%。2017年，全县实现地区生产总值470.2亿元，同比增长8.5%。德清经济以第二、第三产业为主，装备制造、生物医药、绿色家居等主导产业产值占规模工业比重达70.2%，战略性新兴产业、高新技术产业增加值占规模工业比重分别达38.9%和50.2%。以莫干山国际旅游度假区、内河集装箱运输德清港、长三角金融后台服务基地为代表的现代服务业迅速发展。旅游业快速增长，2017年全县共接待国内外游客1998万人次，实现旅游总收入215亿元，同比分别增长21.5%和21.2%。在环境领域，德清县在生活用水方面严格执行水功能区划、水环境功能区划和饮用水水源地环境安全管理，城镇和农村自来水普及率达100%和99.6%。在生态环境保护方面，通过森林管理和人工造林，森林覆盖率稳定在43%以上。近年来，德清加大了环境治理力度，有害废物年安全处置率达98%以上，全面禁止秸秆焚烧，2017年秸秆综合利用率达95%，畜禽粪便综合利用率为100%。在社会领域，目前德清已经实现了零饥饿和消除贫困，政府加大对弱势群体的减贫资金帮扶力度，相对贫困人口每天生活费用为20.5元，远高于国际和中国的贫困线标准。2016年，城镇、农村日均生活费用分别为127元和74元，恩格尔系数为25%～30%，处于较富裕水平。城镇和农村自来水普及率分别达到100%和99.6%。2017年城乡收入比缩小至1.69。德清以发展促就业，不断强化职业技能培训，创造大量就业机会，减少失业，力促人人获得体面就业。2017年，城镇登记失业率控制在2.46%的较低水平。在基本社会保障方面，积极完善社会保障体系，享有一种及以上现金福利型社保计划的人口接近100%。

2.《活力 包容 开放 特大城市的绿色发展之路——联合国可持续发展目标广州地方自愿审查报告》

广州市为响应可持续发展自愿地方审查，编制《活力 包容 开放 特大城市的绿色发展之路——联合国可持续发展目标广州地方自愿陈述报告》（以下简称《广州VLR》），展示了《广州市国土空间总体规划（2018–2035年）》的总体情况，同时，重点围绕教育（SDG4）、水环境（SDG6）、产业创新与基础设施（SDG9）、城市和社区（SDG11）、陆地生物（SDG15）等目标领域，以数据和案例展示了广州市可持续发展经验，反映了广州从高速发展向高质量转型的阶段性特征，并展现了广州市在可持续发展方面良好的治理体系和治理能力。

《广州VLR》认为，自《2030年议程》发布以来，广州市坚持以人为本的基本原则，推进城市、工业、社会治理转型。2017年，广州市将可持续发展重要理念作为前提，出台《广州市国土空间总体规划（2018–2035年）》，规划中设计六大发展策略，一是聚焦构建"美丽国土，空间格局"；二是全力打造"繁荣开放，国际都市"；三是保护建设"岭南魅力，文化名城"；四是突出建设"包容共享，幸福家园"；五是保护建设"云山珠水，吉祥花城"；六是着力推进"岭南田园，乡村振兴"。六大发展策略高度对标17项可持续发展目标。通过平稳流动和有效分配资源，确保城市健康可持续发展，尤其是SDG4、SDG6、SDG9、SDG11和SDG15取得了显著成果。

广州市一直将教育的发展置于其议程的首位，为人们提供包容性和优质的终身教育资源。广州注重全民教育，广州市每万人拥有小学、初中、高中163所，高等教育机构126所。幼儿园、小学、初中和高中的师生比均低于1∶19。在落实SDG6方面，广州市最早落实水资源保护优先的管理政策，通过可持续的方式管理水资源和提供良好的水生态系统，促进生产力和经济的健康增长，广州市万元GDP水耗从24.3立方米下降至17.7立方米。废水处理方面，城市生活污水处理量可达760万吨/日，城市生活污水处理率达97%。水体治理方面，2015～2019年共治理147条黑臭水体。在落实SDG9方面，广州市不断完善基础设施和能源组合，加强产业化和信息化一体化建设，加快现代综合交通体系建设。2019年广州市普通铁路累计客运27.33百万人次，城市间高铁117.97百万人次；2019年城市和乡村移动网络覆盖率达到100%。产业方面，2019年广州市先进制造业和高科技制造业分别占工业的58.4%和16.2%，每万人拥有专利数39.2件。为落实SDG11的要求，广州市一直倡导城市发展可持续转型，$PM_{2.5}$持续改善，2019年预测居民寿命达到82.5岁。公共交通方面，中心市区每500米公交覆盖率为94.9%，地铁和有轨列车里程累计522.5公里，公交每日客运量15.19百万人次，地铁旅客密度1.89万乘客/（日·千米），机动出行中61.4%的人选择公共出行。基于以人为本的生态绿色发展原则，广州市自2015年以来一直积极致力于实现SDG15的目标，起草了生态友好型城市建设规划和生态文明建设规划。截至2019年末，广州市森林覆盖率为42.11%，湿地面积为76510公顷，相当于10%的城市面积。

《广州 VLR》提出未来广州市将继续编制 VLR 报告，充分利用广州市作为大城市可持续发展的示范作用，使广州市能够与其全球合作伙伴一起前进，在可持续发展的道路上，继续为全球可持续发展做出贡献。

3.《和谐 创新 开放 发展 中小型城市可持续发展之路——联合国可持续发展目标义乌地方自愿审查报告》

义乌市为响应可持续发展自愿地方审查，编制了《和谐 创新 开放 发展 中小型城市可持续发展之路——联合国可持续发展目标义乌地方自愿审查报告》（以下简称《义乌 VLR》）。40 多年来，义乌市从一个贫穷城市发展成为经济发达、社会和谐、资源保护、环境友好、文化丰富和绿色生态的国际化贸易都市。

《义乌 VLR》提出，为落实 17 项联合国可持续发展目标，义乌以建设宜商、宜居、包容、和谐城市为核心思想，共制定整体布局城乡一体化、建设商业繁荣型城市、共建绿色生态家园、包容和谐提升人民福祉、国际合作推进永续发展等五大城市发展战略，在 SDG1、SDG4、SDG8、SDG11 和 SDG17 领域贡献突出。落实 SDG1 方面，2015～2020 年，义乌市城市人均年可支配收入从60773 元增长至 80137 元，扶贫帮扶共资助汶川 93249 万元财政资金，启动扶贫项目 61 项。落实 SDG4 方面，儿童九年制义务教育入学率达到 100%，15 岁儿童在读率达 99.87%，义乌市 2020 年教育投入 6.26 亿元，小学、初中、高中和职业学校的师生比均控制在 1：20 以下。落实 SDG8 方面，义乌市全市地区生产总值从 2016 年的 1118.1 亿元增长至 2020 年的 1485.6 亿元，2020 年义乌市第一、二、三产业比为 1.6：28.4：70.0。落实 SDG11 方面，义乌市共修筑 409座可安置 5000 人的避难所，城市空气质量优良率达到 98.7%，森林覆盖率为50.89%，已建成城市公园绿地 1099.86 公顷。城市污水集中处理率和垃圾无害化处理率分别达到 96.7% 和 100%。新修筑 1559 公里高速铁路，开通 22 条国内航线和 6 条国际航线。落实 SDG17 方面，2020 年，义乌市共缔结国际友好城市 34 座，"义乌—新疆—欧洲"贸易铁路快线共开通 14 条线路，连接 37 个国家和地区。

CHAPTER 2

第二章
郴州市情

郴州市位于南岭山脉与罗霄山脉交错地带，东界江西赣州，南邻广东韶关、清远，西接湖南永州，北连湖南衡阳、株洲（见图2-1），素称湖南的"南大门"，是中国东部沿海与内陆地区交通联系的"桥头堡"，处于"东部沿海地区和中西部地区过渡带""长江经济带""珠三角经济圈"多重辐射地区。郴州市是长江流域湘江、赣江和珠江流域北江三大水系的重要源头，年均贡献超过160亿立方米的水量，其中东江湖被列为湖南省最大的饮用水水源地和长株潭城市群战略水源地；森林覆盖率高达68.1%，有"南方重点林区"之称，为中国森林覆盖率最高的城市之一，也是国家重点生态功能区，属于《全国生态功能区划（修编版）》确定的"南岭山地水源涵养与生物多样性保护重要区""罗霄山脉水源涵养与生物多样性保护重要区"。郴州市自古被誉为"九仙二佛之地"，是道教、佛教发展之福地，历史文化底蕴深厚，出现了李思聪等文化名人，也是邓中夏、黄克诚、曾中生的故乡，还是湘南起义所在地；同时，拥有丰富多彩的历史文化遗迹和东江湖、苏仙岭、万华岩、莽山国家森林公园等名胜风光。郴州市享有"世界有色金属博物馆""中国有色金属之乡""中国银都""华南绿色宝库"等美誉，是国务院《全国资源型城市可持续发展规划（2013–2020年）》确定的262个资源型城市之一[1]。

一 城市概况

郴州市古称"林邑"，意为"林中之城"，位于"一带一部"[2]最前沿，是中国东部沿海与内陆地区交通联系的桥头堡、湖南向南开放的"南大门"，处于"东部沿海地区和中西部地区过渡带""长江经济带""珠三角经济圈"多重辐射地区。自秦置郴县始，已有2200多年建制史。

（一）行政区划

郴州市城区古称林邑，位于郴州市中部，为历代郡、州、军、路、直隶州、

---

1 《郴州市城市概况》，http://www.czs.gov.cn/html/zjcz/czgl/content_479963.html。
2 "一带一部"：2013年11月，习近平总书记视察湖南时提出，湖南要发挥作为东部沿海地区和中西部地区过渡带、长江开放经济带和沿海开放经济带结合部的区位优势，抓住产业梯度转移和国家支持中西部地区发展的重大机遇，提高经济整体素质和竞争力，加快形成结构合理、方式优化、区域协调、城乡一体的发展新格局。

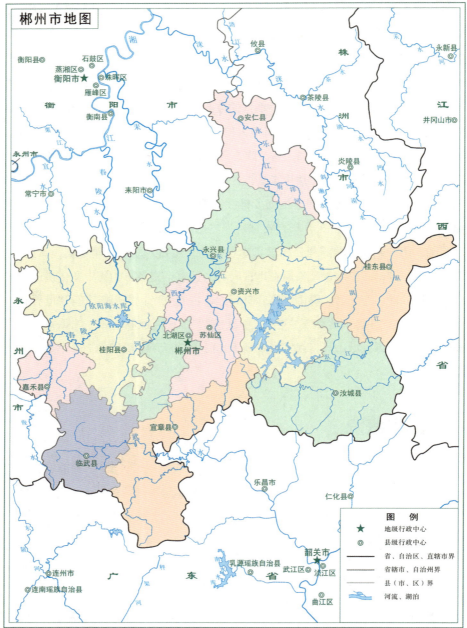

郴州市地图

图 2-1　郴州市行政区划图

注：该图基于湖南省地理信息公共服务平台标准地图服务网站下载的审图号为湘S（2022）034号的标准地图制作，因版面影响仅作缩放处理，底图无修改。缩放后比例尺为 1∶1 975 000。

督察区、专（地）区和郴县的政治、经济、文化、科技、教育中心，其历史最早可追溯至秦嬴政二十六年（公元前 221 年）设立的长沙郡郴县。1949 年 11 月，郴州全境解放；1958 年设郴县郴州市；1959 年升为县级市；1963 年撤销县级郴州市，改为郴州镇；1977 年恢复县级郴州市；1995 年设立地级郴州市，辖区和设置趋于稳定；2016 年区划调整后，郴州市全市下辖北湖区、苏仙区、桂阳县、宜章县、永兴县、嘉禾县、临武县、汝城县、桂东县、安仁县、资兴市等两区、一市、八县，下设 136 个乡镇、23 个街道。郴州市全市土地总面积 19387 平方公里，占全省土地总面积的 9.2%，2021 年底常住人口 465.8 万人 [1]。

（二）区位交通

郴州市位于湖南省东南部，东抵江西省赣州市，南邻广东省韶关市、清远市，西接湖南省永州市，北连湖南省衡阳市、株洲市，自古就是中原通向华南沿海的"咽喉"，"处要冲而当中，实扼塞而控险"，既是"兵家必争之地"，又是"文人毓秀之所"，区位条件十分优越。郴州市位于"一带一部"最前沿，是中国东部沿海与内陆地区交通联系的桥头堡、湖南向南开放的"南大门"，在"东部沿海地区和中西部地区过渡带""粤港澳大湾区经济圈""长江中下游经济带"多重辐射地区内，是湘南承接珠三角沿海地区产业转移的重镇。

郴州市是连接湖南、江西、广东、广西四省区的交通枢纽，市区距省会长沙 350 千米，距衡阳市 150 千米，距永州市 260 千米，距株洲市 289 千米，距广东省会广州市 393 千米，距江西省赣州市 364 千米，位于广州和长沙两大省会城市的正中央，公路车程约 3.5 小时、高速铁路车程约 75 分钟。目前，郴州市境内南北向有京广铁路、京广高铁、106 国道、107 国道、京港澳高速公路、京珠复线、岳汝高速公路，东西向有厦蓉高速公路和规划建设的赣郴永兴铁路、桂宁高速公路。郴州市北湖机场于 2021 年正式通航，郴州市立体化交通网络初步形成（见图 2-2）。

（三）自然地理

郴州市地形地貌复杂多样（见图 2-3），辖区内山地、丘陵、岗地、平原交错，地势东南高西北低，东南部以山地为主体，西北部以丘陵、岗地、平原为

---

1 《郴州市行政区划》，http://www.czs.gov.cn/html/zjcz/xzqh/content_35297.html。

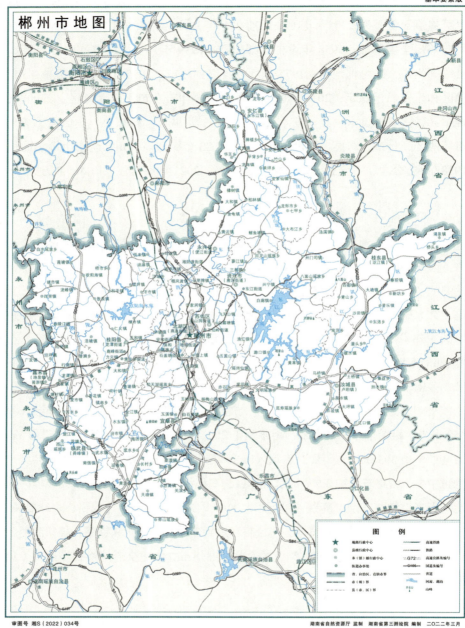

图 2-2　郴州市交通图

注：该图基于湖南省地理信息公共服务平台标准地图服务网站下载的审图号为湘S（2022）034号的标准地图制作，因版面影响仅作缩放处理，底图无修改。缩放后比例尺为 1∶1 975 000。

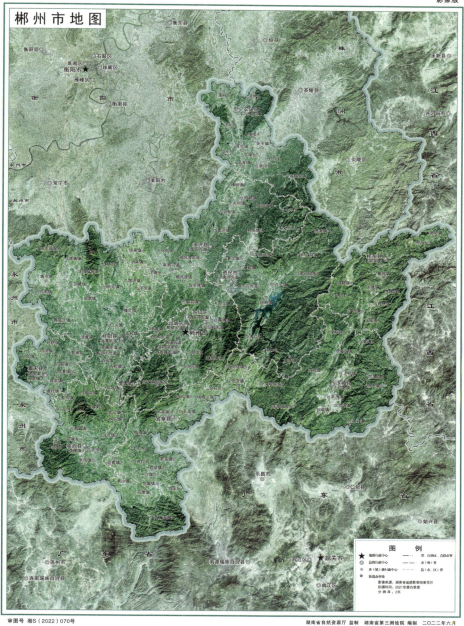

审图号 湘S〔2022〕070号

湖南省自然资源厅 监制　湖南省第三测绘院 编制　二〇二二年六月

图 2-3　郴州市地图影像版

注：该图基于湖南省地理信息公共服务平台标准地图服务网站下载的审图号为湘S（2022）070号的标准地图制作，因版面影响仅作缩放处理，底图无修改缩放后比例尺为1∶1 975 000。

主，整体形成了"山丘为主，岗平相当，水面较少"的地貌特征，呈"八山一水一分田"格局，山地丘陵面积占全市土地面积的 75%。东部是南北延伸的罗霄山脉，最高峰海拔 2061.3 米；南部是东西走向的南岭山脉，最高峰海拔 1913.8 米；西部是郴道盆地横跨，北部有醴攸盆地和茶永盆地深入，形成低平的地势，一般海拔 100～400 米，最低处海拔 70 米。

郴州市位于东经 112°14′～114°10′、北纬 24°53′～26°50′ 的范围内，属中亚热带季风性湿润气候区。因南北气流受南岭山脉综合条件（地貌、土壤、植被、海拔）影响，太阳辐射形成多种类型的立体分布，垂直和地域差异大，具有四季分明、旱涝分化、春早多变、夏热期长、秋晴多旱、冬寒期短的特点[1]。

（四）生态环境

郴州市生态环境质量持续改善。郴州市空气质量不断提升，市中心城区 2019年、2020 年、2021 年连续 3 年达到环境空气质量国家二级标准，2021 年空气质量优良率达到 97.8%，优于全省平均的 91% 和全国平均的 87.5%，成功入选全省生态文明改革创新示范案例并荣获 2019 年全球绿色低碳领域先锋城市蓝天奖。郴州市城镇污水处理率、生活垃圾无害化处理率不断提升，2021 年分别达 98.1% 和100%（见图 2-4）。2021 年，东江湖水质稳定保持 I 类，全市 53 个省控断面水质达标率为 98.1%，6 个"水十条"考核国控断面保持稳定达标；被成功纳入湖南省4 个土壤污染综合防治先行区之一。工业固废综合利用率提升到 80%，工业用水

图 2-4　郴州市生态环境主要指标

---

1 《郴州自然地理》，www.czs.gov.cn/html/zjcz/zrdl/content_298824.html。

重复利用率提升到 85%。成功申报国家工业资源综合利用基地，入选全国绿色矿业发展示范区，绿色发展综合指数连续 3 年位居全省第 1。全市自然保护地面积 316.51 万亩（扣除交叉重叠），占全市土地面积的 10.92%，国家重点保护野生动植物保护率达 85%，湿地保护率稳定在 72%。

二　资源禀赋概况

郴州市意为"林中之城"，是中国优秀旅游城市、中国温泉之城、湖南省历史文化名城，拥有丰富的水资源、森林资源和历史底蕴，"一山、一湖、一泉"是郴州市山水风光的精髓，"九仙二佛之地"是郴州市历史文化的积淀。郴州市还是享誉全球的"中国有色金属之乡"，已发现 110 余种矿产，探明储量的有 60 余种，潜在价值高达 2066 亿元。郴州市拥有 8 个国家森林公园，森林覆盖率高达 68.1%。

（一）水资源

郴州市分属长江和珠江两大流域，湘江、北江和赣江三大水系。长江流域面积占 80.9%，珠江流域面积占 19.1%；湘江水系面积占 77.36%、赣江水系面积占 3.56%、北江水系面积占 19.08%。境内共有 4 个水资源三级区，10 个水资源四级区，舂陵水、耒水、永乐江及宜水从北部进入衡阳市汇入湘江入洞庭湖；泉江、上犹江（章江）从东部汇入江西省的赣江入鄱阳湖；城口水（浈江）、武江从南部汇入广东省的北江入珠江[1]。

1. 河流水系

郴州市河流水域面积 199.9 平方公里，占全市土地的 1.02%，境内河流水系呈放射状密布，湖、泉、瀑众多，耒水、舂陵水、米水、宜水、泉江、锦江、章江、武江八大河流分属湘江、北江、赣江三大水系和长江与珠江两大流域，流域面积大于 10 平方公里的河流有 543 条，大于 50 平方公里的河流有 146 条，大于 500 平方公里的河流有 21 条，大于 1000 平方公里的河流有 11 条，大于 3000 平方公里的河流有 5 条。

1　《郴州水资源》，http://slj.czs.gov.cn/zwgk/slgk/content_533602.html?from=singlemessage&isappinstalled=0。

境内东江湖流域面积 4719 平方公里，水域面积 160 多平方公里，正常蓄水量 81.2 亿立方米，生态服务价值每年达 416 亿元。东江湖出湖水质长期保持国家《地表水环境质量标准》Ⅰ类标准，是湖南省唯一、全国少有的大型优质水源，也是当前郴州市约 120 万人口优质稳定的集中式饮用水水源地。

2. 水文水资源

郴州市属中亚热带季风性湿润气候区，多年平均气温 19.4℃，多年平均降水量 1524 毫米，折合水量 294.4 亿立方米。多年平均地表水资源总量 164.4 亿立方米，折合年径流深 851.1 毫米（见表 2-1）。年平均地下水资源量 45.88 亿立方米；全市多年人均水资源量 3525 立方米，较全省人均值高 1054 立方米、较全国人均值高 1461 立方米。郴州市水能蕴藏量达 237.1 万千瓦，每年分别给湘江、北江、赣江贡献超过 147.1 亿立方米、32.0 亿立方米、8.0 亿立方米的水量。

表 2-1　郴州市行政分区多年年均降水量和水资源总量

分区名称	面积	年均降水量		水资源总量	
	（平方公里）	（亿立方米）	（毫米）	（亿立方米）	（毫米）
北湖区	826	12.8	1549.6	7.19	870.5
苏仙区	1346	20.91	1553.5	11.71	870.0
桂阳县	2953	42.2	1429.1	22.68	768.0
宜章县	2086	30.95	1483.7	18.07	866.3
永兴县	1979	29.1	1470.4	15.89	802.9
嘉禾县	696	9.81	1409.5	5.32	764.4
临武县	1375	22	1600.0	12.2	887.3
汝城县	2425	38.1	1571.1	22.42	924.5
桂东县	1453	24.8	1706.8	14.06	967.7
安仁县	1461	21.5	1471.6	11.09	759.1
资兴市	2716	42.2	1553.8	23.77	875.2
全市	19317	294.4	1524.0	164.4	851.1

郴州市地下热水资源点多面广、流量大、水温高、水质优，热水、汤湖、龙女温泉等闻名遐迩，现共发现地下热水 38 处，占全省的 38.64%，享有"中国温泉之城"的盛誉。郴州市天然冷水资源极其丰富，东江湖下游东江湾水温常年保持在 8℃～13℃，年径流量达 22.8 亿立方米，郴州市利用东江湖天然冷

水资源打造出的东江湖大数据产业园，被工信部评为"国家绿色数据中心"，同时成功入选生态环境部 2021 年绿色低碳典型案例（园区类）名单，成为 10 家园区类绿色低碳典型案例之一。郴州市依托冷水资源采用"北鱼南养、外鱼引养、池鱼网养、流水专养"等技术发展冷水鱼养殖，发展成为湖南最大的冷水鱼基地。

3. 水利水安全设施

近五年来，郴州市水利投入稳步提升，河湖生态体系建设取得阶段性成果，重点水利工程建设取得重大进展，重点领域管理改革迈出实质性步伐，水利行业监管水平大幅提升。主要体现如下。

（1）防洪治涝减灾建设。郴州市境内河段总长 3270.8 公里，已建堤防总长 1132.01 公里，保护人口 104 万人。2021 年，郴州市水库总蓄水量达到 114.29 亿立方米，莽山水库、毛俊水库嘉禾灌区 2 处重大水利工程加速推进，青山垅水库除险加固全面铺开，81 座小型水库除险加固基本完工，恢复改善灌溉面积 6.8 万亩。

（2）饮水保障体系建设。郴州市初步建立起水质合格、水量充足、管网可靠的城乡供用水系统，城乡生活供用水量稳定在 2.22 亿立方米左右，其中城镇居民生活供用水 1.49 亿立方米，目前有 12 个县级及以上集中式饮用水源地、54 个千吨万人集中式饮用水源地，其水源主要为湖库水，水质基本达到Ⅱ类标准；各县城与附近的乡镇村域构建一体化供水网络；乡村两级另有上千处千吨以下集中式饮用水源地，农村供水提质改造工程保证每一乡镇政府所在地至少有一处自来水厂，水源保障率低的老自来水厂基本得到改造，分散、偏远的农村居民以自然村（或居住片）为单位基本建立安全可靠的小型饮水工程、联村供水工程、单村供水工程或分散工程（打井或引泉水）等，其水源主要为浅层地表水或溪水，水质基本达到Ⅲ类标准。江源、沤菜等新建水库投入正常蓄水，莽山、桃源、三百磴等水库基本建成，黄口堰、茶安等水库扩建工程基本完工，抗旱应急备用水源引水工程等重要工程基本建成。郴州市中心城区东江二期、桂阳县城东江引水、嘉禾县城乡供水一体化、青山垅水库供水、汝城县城乡供水等重点供水工程建成投产，宜章县、临武县第二水源水库建成。

（3）用水保障体系建设。郴州市 800 处农村小水源供水能力恢复项目、5 处中型灌区节水改造项目基本完工，北湖区全国水系连通及水美乡村试点项目加快实施。农业灌溉水库、山塘、泵站、水闸、灌渠得到整治修复，农业节水灌溉比例提高，基本保障农业灌溉、城镇生态、重要工业的供水安全。莽山大型灌区开展建设，青山垅大型灌区续建配套任务持续推进，江源、四清、杨洞、泮头、龙虎洞及永乐等52处大中型灌区和128处小型灌区续建配套工程稳步进展；小型灌溉水库、山塘、泵站、水闸、灌渠得到整治修复，大中型灌区干渠以上渠道断面基本硬化，灌排设施基本配套。

（4）河湖生态体系建设。2021年，郴州市新建26个乡镇污水处理厂，大幅提升了污水处理能力，县级及以上城市污水处理率达到98.1%，不断完善城镇生活污水及垃圾设施配套，实现高新技术产业园和工业园区工业废水和污水统一集中处理排放。郴州市加快建立"政府主导、部门协作、公众参与"的河道水库保洁工作机制，全面落实河道水库保洁属地管理行政首长负责制，建立健全规范长效管理和监督检查机制，保障流域内北湖区、苏仙区、资兴市、桂阳县、永兴县、宜章县、汝城县、桂东县等地河道水库保洁覆盖率达70%以上，切实改善三江流域水生态环境。22个市级一级水功能区和5个市级二级水功能区达标率达100%。

（5）水利工程运行保障体系。郴州市建立健全水资源管理"三条红线"体系，达到节水型社会示范区标准，基本实现水资源管理现代化。持续完善水土保持监督和治理机制，控制新增人为水土流失；强化河湖湿地规划管理，合理利用河湖湿地资源；重新划定河道管理范围线、湖泊保护范围线，搭建归属清晰、权责明确、监管有效的空间管理制度。理顺水利工程管理体制，落实工程管理"两项"经费，增加工程管理投入；深化小型水利工程管理体制改革，建立由产权所有者负责筹集、财政适当给予补助的管理经费投入机制，建立完善小型水利工程管理监督考核机制；推进水权制度建设，落实取水许可管理各项制度。建立强有力的水行政队伍，提高依法行政水平；健全基层水利服务网络，加强农村抗旱排涝服务队、灌溉试验站等专业化队伍建设，扶持农民用水合作组织建设，积极推广村级水管员制度，初步实现基层水利服务组织的功能多样化、服务社会化、组织网络化；完善防汛防旱决策指挥体系，建立市、县、乡镇三级防汛防旱责任体系，基本建立较为完善的水资源监控体系、水土保持监测体系、信息传输体系和预警、指挥调度体系。

（二）矿产资源

郴州市位于南岭成矿带中段，矿产资源丰富。市内地层出露齐全、成矿地质条件优越，矿产资源保有储量总量居全国全省前列，素有"中国有色金属之乡""中国银都""微晶石墨之乡""宝石王国"等美称，是亚洲最大的矿物宝石展——"中国（湖南）国际矿物宝石博览会"的固定举办地。

1. 矿产资源种类与储量

截至 2021 年底，郴州市已发现矿产 116 种（含亚种），占全省 143 种（含亚种）的 81.12%，其中查明资源储量的矿种 61 种，占全省 108 种（含亚种）的 56.48%。郴州市共有 134 个上表矿区，其中大型矿区 16 个、中型矿区 35 个、小型矿区 83 个。

郴州市矿产资源保有储量总量居全省较前位次。据统计，在 61 种郴州市已探明资源储量的矿产中，共有钨、锡、钼、铋、铅等 20 种矿产保有资源储量居全省第 1 位，煤炭、锂、铷、锌等 8 种矿产保有资源储量居全省第 2 位，铁、镍等 6 种矿产居全省第 3 位。郴州市矿产资源分布具有明显的区域集中性；矿产资源共伴生矿产多、单一矿产少；保有储量中控制加推断的资源量多，探明资源量少。

郴州市主要矿产资源种类与分布情况如下。

（1）能源矿产。郴州市能源矿产以煤炭、地下热水为主。煤炭主要分布在永兴县、资兴市、嘉禾县和宜章县；地下热水主要分布在郴州市北湖区、苏仙区、宜章县、汝城县。

（2）黑色金属。郴州市铁矿保有资源储量主要分布在汝城县、桂阳县；锰矿保有资源储量仅分布在苏仙区和桂阳县；钛矿仅有一处，分布在桂阳县。

（3）有色金属。郴州市有色金属主要为钨、锡、钼、铋、铜、铅、锌，主要集中分布在苏仙区柿竹园矿区、桂阳县宝山矿区和桂阳县黄沙坪矿区等大中型矿区。镍、钴和锑矿矿山较少，主要分布在桂阳县和宜章县。

（4）贵金属。郴州市金矿矿山较少，主要分布在苏仙区、桂阳县和宜章县；银矿大多数与铅锌矿伴生，分布与铅锌矿大致相同，也集中在一些大中型矿区中。

（5）稀有、稀土、分散元素矿产。稀有矿产主要为铌、钽、锂、铷、铯和铍矿。其中铌、钽、锂、铷、铯矿产均位于临武县香花铺矿区，铍矿分布在苏仙区、宜章县、临武县和汝城县。稀土矿产仅有一处分布，即宜章县莽山矿区。分散元素多与有色金属矿产伴生，主要分布于苏仙区、桂阳县和宜章县。

（6）化工原料非金属。郴州市化工原料非金属主要包括普通萤石、硫铁矿和砷矿。普通萤石主要分布在苏仙区柿竹园矿区和宜章县界牌岭；硫铁矿以伴生为主，分布在苏仙区和桂阳县；砷矿主要分布在苏仙区、桂阳县和宜章县。

（7）其他非金属。郴州市其他非金属以石墨、水泥用石灰岩、玻璃用脉石英、方解石（大理岩）和饰面石材为主。石墨主要分布在北湖区、桂阳县内，水泥用石灰岩主要分布在宜章县、嘉禾县、桂东县和资兴市，玻璃用脉石英主要分布在资兴市和汝城县，方解石（大理岩）主要分布在临武县、宜章县和桂阳县，饰面石材主要分布在宜章县、汝城县。

2. 矿业发展

郴州市已初步建成以地质找矿、采选冶及矿产品深加工等基本配套的矿业体系，成为全省能源生产基地、全国重要有色金属原材料基地和生产基地，非金属生产与加工也得到快速发展与壮大。矿业经济已逐渐完成由粗放式发展向精深化、集约化发展的转型。郴州市已开发利用煤炭、地下热水、铁、锰、铜、铅、锌、钨、锡、铋、金、萤石、石墨、长石、水泥用石灰岩、方解石等38种矿产，工业总产值排前十名的矿种分别是：煤炭、钨矿、铅矿、水泥用石灰岩、铁矿、建筑石料用石灰岩、砖瓦用页岩、石墨、锡矿、地热等。2021年，郴州市建立健全巡查监管系统，实行矿业全生命周期监管，全市共退出矿权65个，其中包括砂石土矿40个，大中型矿山比例由2018年的8.6%提高到20%，矿产开发规模化、集约化态势不断巩固，矿山结构优化明显。郴州市主要矿种三率[1]达标率稍有提高，开采回采率平均值为87.2%，选矿回收率平均值为77.2%。

郴州市现有的主要矿业产业分布情况如下。

（1）能源产业。主要包括永兴县、资兴市等煤炭开采基地，重点企业包括湘煤集团等。

（2）有色产业。主要包括北湖区、苏仙区、桂阳县、临武县、宜章县等铅锌钨锡钼铋有色金属开采基地，重点企业主要有中国五矿集团、湖南黄金集团等；全国最大的白银（永兴县）、铋（柿竹园）加工基地，湖南最大的铅锌锡加

---

1 "三率"：矿山开采回采率、选矿回收率和综合利用率。

工基地（苏仙区、桂阳县、资兴市），主要企业有宇腾、金旺等；郴州市高新技术产业园、桂阳县工业园区、永兴县经济开发、资兴市经开区四个工业园区。

（3）非金属产业。主要包括资兴市、宜章县等水泥生产基地，北湖区、桂阳县等隐晶质石墨开采基地，以资兴市为中心的高端玻璃生产基地，以宜章县为中心的氟化工基地。

（三）森林资源

"郴"字独属郴州市，最早见于秦朝，篆体"郴"，由林、邑二字合成，意谓"林中之城"。郴州市是湖南省四大重点林区之一，有"南方重点林区"之称，全市林地面积多年稳定在 1.4 万平方公里，湿地面积稳定在 500 平方公里。2021 年底，郴州市森林覆盖率达 68.1%，较 2015 年增长 0.40%，高于全省平均的 49.7% 和全国平均的 23.0%；森林蓄积量 6727 万立方米，较 2015 年增长 26.35%；林业总产值达 473.97 亿元，较 2015 年增长 71.89%。

1. 资源基础

郴州市在全市范围内实施生态提质、生态增效、生态修复、生态创建四大行动，成功创建国家森林旅游示范市，顺利通过国家森林城市复查验收。城市建成区绿化覆盖率达 46.69%，高于全省平均的 41.66%，建成国家级和省级绿化美化乡村 1624 个。

郴州市持续开展大规模国土绿化行动，实施了长江珠江重点防护林、石漠化综合治理、退耕还林、生态廊道建设、森林质量精准提升等系列重点生态工程。2022 年，全市完成人工（更新）造林 11.58 万亩，封山育林 15.41 万亩，森林抚育 21 万亩，退化林修复 16.9 万亩，人工种草 1.56 万亩，草地改良 2.1 万亩。国家重点工程、省级生态廊道建设营造林任务上图率均为 100%。郴州市获得"全国绿化模范城市"称号，郴州市林业局获评全国绿化模范单位，并在全国加快推进国土绿化现场会上作为典型代表做了报告《以"互联网＋营造林管理"引领国土绿化水平精准提升》。

郴州市开展封山育林（禁伐）行动，实施林地保护利用规划，严格征占用林地管理，严厉打击非法侵占林地、乱砍滥伐等违法行为，积极推进天然林、公益林保护工程。全市林地保有量、活立木总蓄积量分别达到 2077.95 万亩、6727.41 万立方米，全市天然林保有量达 788.1 万亩，国家、省级公益林保有量达到 701.55 万亩。

2. 产业发展

郴州市油茶、森林旅游、林下经济、竹木、花卉苗木等林业产业规模不断扩大，全市林业产业总产值达 473.97 亿元，林业二、三产业占比不断提高。2022 年，郴州市完成油茶新造林 3.53 万亩，低产林改造 13.7 万亩，实施竹木加工配套设备升级与标准化基地建设，扶持林业经营主体，2022 年新增省级林业产业龙头企业 14 家，增量位居全省第 1。郴州市持续强化生态旅游与康养品牌建设，5 家单位获评省级森林康养基地，3 家单位被评为省四星级森林人家。

郴州市林业法治建设进一步完善，建立部门权责清单和行政执法人员、行政检查对象名录库，严格林业执法，圆满完成 2021 年国家森林督查问题整改工作，601 个问题、758 个案件已全部完成销号，销号率达 100%。郴州市深入开展全市林业生态环境综合整治行动，核查生态环境损害赔偿案件线索 74 个，核实属于涉林问题共计 28 个，整改到位率 100%。林业行业安全生产形势持续稳定向好，安全生产实现零事故，林木种苗市场和苗木质量管理不断规范。

（四）文化旅游资源

郴州市是一座具有两千多年历史的文化旅游名城，拥有丰富的文化积淀和风景名胜，旅游资源丰富。千百年来郴州人民在这里辛勤劳作、开拓创业，发展和沉淀出深厚的地域文化特征，是中国优秀旅游城市，辖区内的苏仙岭被誉为"天下第十八福地"，是中国农耕文化的发祥地之一和湖南省历史文化名城[1]。

1. 历史文化

郴州市是湖南首批历史文化名城，也是中华民族农耕文化的发祥地之一。郴州市自古被誉为"九仙二佛之地"，是道佛文化发扬光大的福地，苏仙、王仙、成仙得道之能事在民间广泛流传，通医道、识百药的苏耽用井水煮橘叶医治瘟疫，跨仙鹤升天，留下"橘井泉香"佳话传遍五湖四海，成为中国古代医药的象征。郴州市历来是文人墨客荟萃之地，唐宋文人杜甫、韩愈、刘禹锡、秦少游等均在此留下脍炙人口的诗文。"天下第十八福地"苏仙岭上宋代的"三绝碑"、市内的"义帝陵"、北湖韩愈的"叉鱼亭"、坦山"劝农碑"处处记载着

---

1 《郴州文化介绍》，http://www.czs.gov.cn/html/zjcz/czwh/content_35299.html。

郴州市古老的历史。目前，郴州市全市共有文物点 800 余处，馆藏文物 8000 余件。在郴州市城区出土的西晋简牍填补了中国晋代简牍史上的空白。

2. 英雄之城

郴州市素有"楚粤之孔道"之称。长期发展中，郴州人既充分汲取了湖湘文化"敢为天下先"的豪气和自强不息的锐气，又继承发展了岭南文化开放包容的大气和拼搏进取的勇气，成就了一座具有光荣传统的英雄城市，留下了毛泽东、朱德、陈毅等老一辈无产阶级革命家的战斗足迹，养育了邓中夏、黄克诚、萧克、邓力群等一大批中国现代史上高级的政治军事人才，尤其是朱德、陈毅所发动的湘南起义，是中国革命史、建军史上不朽的丰碑。郴州市还是中国女排"五连冠"的起飞地，老一代中国女排在郴州市集训，卧薪尝胆，成就"五连冠"伟业，震惊世界排坛。"无私奉献、团结协作、艰苦创业、自强不息"的郴州精神深入人心，郴州市也因此被誉为"英雄的城市"。

3. 旅游风光

郴州市风光旖旎、环境秀美。境内拥有国家 AAAAA 级旅游景区东江湖、"第二西双版纳"之称的莽山国家森林公园、莽山温泉、龙女温泉、"天下第十八福地"苏仙岭、汝城热水温泉、丹霞飞天山国家地质公园、南方高山草原仰天湖等风景名胜区。

国家 AAAAA 级景区东江湖风景区位于资兴市境内，既是国家级风景名胜区，又是国家湿地公园和首批国家级生态示范区。东江湖山色秀丽、景色迷人，自然景观与人文景观交相辉映，别具雄、奇、秀、幽、旷之特色，汇集了名、新、特、奇、险之优势，且充分体现了现代旅游之发展方向，是湘、粤、赣旅游黄金线上的一颗璀璨明珠[1]。

国家 AAAA 级景区莽山国家森林公园位于宜章县境内，是国家级自然保护区，素有"第二西双版纳"和"南国天然树木园"之称。莽山地形复杂，山峰尖削，沟壑纵横，境内 1000 米以上的山峰就有 150 多座，最高峰猛坑石海拔1902 米，称"天南第一峰"；莽山气候温和、雨量充沛，优越的自然条件使森林植被种类繁多，形成了热带、亚热带、温带和寒带森林植物齐聚一堂的神奇景观[2]。

---

1 《东江湖》，http://www.czs.gov.cn/html/zjcz/13175/ content_621681.html。

2 《莽山》，http://www.czs.gov.cn/html/zjcz/13175/content_621680.html。

苏仙岭省级风景名胜区位于苏仙区境内，是湖南省级文物保护单位，享有"天下第十八福地"之美誉。苏仙岭因苏仙神奇、美丽的传说而驰名海内外，岭上有白鹿洞、升仙石、望母松等"仙"迹，自然山水风光久负盛名。由秦少游作词、苏东坡作跋、米芾书写的《踏莎行·郴州旅舍》被篆刻在苏仙岭的岩壁上，史称"三绝碑"。陶铸 1965 年来郴州市视察，写下了《新踏莎行》。西安事变后，张学良将军曾幽禁于此，写下了"恨天低，大鹏有翅愁难展"的名句[1]。

国家 AAAA 级景区汝城热水温泉景区位于汝城县境内，是湖南省级文物保护单位，有"华南第一泉"的美称。汝城温泉建设在面积达 3 平方公里的高温热田上，泉眼数量丰富且终年汩汩翻涌，每日自然流量 5540 吨、水温最高达 98℃。泉水中氡含量达到 145 埃曼，是国内罕见的"氡泉"和洗浴疗养的"灵泉"，具有调节内分泌、促进新陈代谢和生殖腺的功能，因此得名"送子灵泉"[2]。

4. 民族文化

郴州市是一个多民族地区，辖区内有 27 个民族，民俗资源丰富，地域特色独特，既有古老质朴的民间戏曲又有巧夺天工的民间工艺，如傩戏傩舞、安仁赶分社、瑶族盘王节、伴嫁哭嫁歌、香火龙、元宵花灯及遍布农村各地的赶圩场等，其中以汝城香火龙、嘉禾伴嫁歌、瑶族盘王节、宜章夜故事和安仁赶分社最具代表性。已经被列入中国国家级非物质文化遗产保护名录的汝城香火龙，起源于庆贺丰收、祈福祛灾的图腾信仰，特定于每年春节的正月至元宵节期间夜晚隆重举行，至今已有 1300 多年的历史，集中表达了人民追求风调雨顺、国泰民安、祛邪消灾的美好愿望，蕴含了尊敬祖先、追求进步、遵礼崇教的文化底蕴，是一种独具特色的民间综合艺术活动。嘉禾民歌是郴州市嘉禾县人民在长期的社会生活实践中创造出来的文化遗产，它是集诗、歌、舞、剧于一体的综合体，既是倾诉妇女情感的抒情长诗，又是以反映妇女婚嫁习俗为主要内容的民俗歌舞剧。现已搜集整理的民歌、民谣 2369 首，有伴嫁歌、情歌、劳动歌、生活歌、儿歌等。郴州市精心打造的大型歌舞剧《伴嫁》以音诗画的舞台艺术形式，再现了湘南地区的农村婚嫁习俗，展现了民俗风情的独特魅力。

---

1 《苏仙岭》，http://www.czs.gov.cn/html/zjcz/13175/ content_ 621682.html。

2 《汝城温泉》，http://www.czs.gov.cn/html/zjcz/13175/ content_621697.html。

5. 传统戏剧

郴州市传统文化氛围厚重，至今仍广为流传的戏剧有昆剧（又名昆曲）、祁剧、京剧、越剧、花鼓戏、花灯戏、皮影戏等，其中尤以昆剧最负盛名。昆剧已有 600 多年的历史，是中国优秀的民族文化遗产，被称为"百戏之祖，百戏之师"，是世界首批"人类口头和非物质遗产代表作"，在世界艺术之林中具有极高的声誉。全国六大昆剧院团之一的湖南省昆剧团发源于郴州市，是原文化部确立的全国专业昆剧保护院团之一，其在充分吸收郴州市地方戏曲、语言和民俗风情的基础上，创作、演出的《雾失楼台》《荆钗记》《彩楼记》等昆曲被列为经典剧目，剧团曾经出访英国、爱沙尼亚、新加坡等国家演出，受到国外观众的高度评价。

6. 现代艺术

郴州市广场文化活动丰富多彩，特色明显。在市中心城区，以"提高市民文明素质、构建和谐平安郴州"为主题的"林邑广场文化活动"品牌效应显著，以五岭广场、北湖公园为中心，覆盖城区各大广场、社区的文化活动处处可见，有腰鼓、舞龙舞狮、音乐、歌舞、戏曲、故事会、电影、游艺和书法、摄影展览等形式，深受广大市民和社会各界的好评。各县市区广场文化活动十分活跃，群众广泛参与，打造了北湖之夏音乐周、桂阳欢乐广场、宜章廉政文化广场等鲜明的品牌特色，形成了专业团队为主体、民间团体配合、群众广泛参与的广场文化新气象。郴州市广场文化活动以其健康向上、红火热闹的文化氛围与形式，吸引着人民群众，成为群众业余生活中的一道独特的文化景观。

郴州市推进的"文艺精品创作"工程打造具有郴州市地域特色和民俗风情的精品剧目、影视作品。通过这一工程的实施，昆曲《荆钗记》获首届中国昆剧艺术节暨优秀古典名剧展演优秀展演奖、《湘水郎中》获第三届中国昆剧艺术节"剧目奖"、《雾失楼台》获全国昆剧新剧目观摩演出优秀演出奖、小品《摊灯》获第六届全国"四进社区"文艺展演活动金奖、《湘南，一个英雄的故事》获首届湖南"湘人湘歌"大赛金奖，《那年冬天》《兰韵千秋》《伴嫁》《一天太守》等文艺精品相继公演并通过国家级和省级专家验收；郴州市有 3 名艺术家获得中国戏剧表演艺术最高奖——"梅花奖"；根据郴州市现实题材改编的电影《芙蓉镇》《她们的船》《雪红》等先后在全国热映，郴州市的文化艺术影响力不断增强。

三　经济社会发展概况

多年来，郴州市围绕建设"五个郴州"[1]、打造湖南"新增长极"，实施"创新引领、开放崛起""产业主导、全面发展"战略，经济呈现稳定快速增长态势，近十年实现 GDP 总量增长 1.37 倍，经济结构更加优化，"实力郴州"取得显著成效；成功获批建设国家可持续发展议程创新示范区，全市研发经费快速增加、占 GDP 比重达到 2.3% 以上，"创新郴州"增添发展活力；成功获批郴州国家综合保税区、中国（湖南）自由贸易试验区郴州片区、国家跨境电子商务综合试验区、湘南湘西承接产业转移示范区，"开放郴州"呈现全新局面；成功入选全省生态文明改革创新示范案例，生态环境质量处于全国第一梯队，"生态郴州"彰显绿色优势；脱贫攻坚取得决定性胜利，贫困县、贫困村全部脱贫摘帽，城乡居民可支配收入大幅度增加，人民群众幸福感、获得感、安全感显著增强，"人本郴州"促进共治共享。

（一）经济发展概况

1. 地区生产总值

郴州市的经济发展态势十分活跃。1978 ~ 2022 年，郴州市地区生产总值（GDP）持续快速增长，由 1978 年的 10.12 亿元增长至 2022 年的 2980.49 亿元。GDP 增长率由前期超过 10%、一度达到 31% 的超高速震荡增长状态逐步转型进入稳定增长阶段，各时期 GDP 增长率长期优于全国和全省同期水平，2022 年郴州市 GDP 增速达 5.7%（见图 2-5）。

图 2-5　郴州市 GDP 和 GDP 增速

---

1 "五个郴州"：指实力郴州、创新郴州、开放郴州、生态郴州、人本郴州。

2015～2020 年五年间，郴州市 GDP 持续稳定增长，其中在 2020 年仍然保持了 3.6% 的增速，优于全国同期的 2.2%（见图 2-6）。郴州市万元 GDP 能耗和万元 GDP 用水量不断下降，高质量发展成效显著。

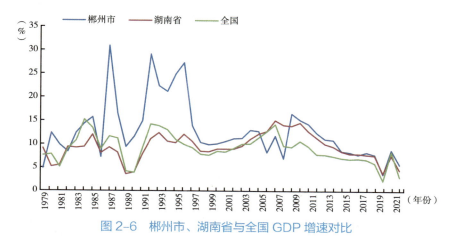

图 2-6　郴州市、湖南省与全国 GDP 增速对比

2. 人均地区生产总值

1978～2022 年，郴州市人均 GDP 同样持续增长，由 1978 年的 298 元增长至 2022 年的 59341.89 元。然而，郴州市作为非经济发达地区，与湖南省和全国同期人均 GDP 存在一定差距，但仍然与全省全国水平保持类似增长趋势，且在 2009～2012 年一度出现迫近湖南省人均 GDP 的现象（见图 2-7）。

图 2-7　郴州市、湖南省与全国人均 GDP 对比

3. 产业结构

郴州市逐步形成了以第三产业为主导的产业结构，第二产业比重不断下降，

第一产业比重则稳定在 10% 左右。2021 年，郴州市第一、二、三产业产值比重分别为 10.5%、39.5% 和 50%，湖南省三产比重分别为 12.4%、34.6% 和 53.0%，而全国三产比重分别为 6.4%、38.9% 和 54.7%。郴州市三产比重明显低于全省全国平均水平，二产比重则高于全省全国平均水平，一产比重接近湖南省平均水平但明显高于全国平均水平，这说明郴州市的产业转型升级进程尚未完全完成，整体产业结构仍然留有以农业和工业为经济社会发展支撑的痕迹（见图 2-8、图 2-9）。

图 2-8　郴州市产业结构

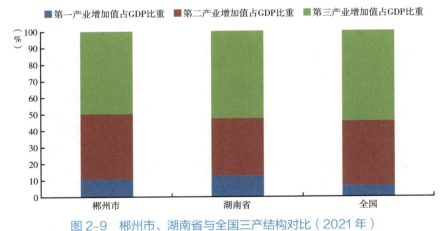

图 2-9　郴州市、湖南省与全国三产结构对比（2021 年）

郴州市工业不断提质升级，石墨新材料、电子信息等九大产业链初具规模，2021 年规模以上工业增加值比上年增长 10.1%，固定资产投资较上年增长 9.6%；高技术制造业增加值增长 11.5%，占规模以上工业的比重为 12.1%。以机械制造业为代表的高端装备制造业在郴州市具有较强的优势和潜力，1100多个省市重点项目相继建成投产，园区规模工业增加值占全市规模工业增加值达75.3%；农业方面，郴州市是湖南省的重要粮食生产基地之一，稻米、油茶、茶叶等传统农产品和特色农产品产量丰富，农业生产保持稳定发展，2021年农业总产值达到522.19亿元；此外，随着旅游业的快速发展，服务业在郴州市经济中的地位不断提升，占GDP比重达到50%，第三产业逐步成为拉动经济发展的重要力量，文化旅游产业迈上千亿台阶，为郴州市的经济发展注入新动能。

（二）社会发展概况

1. 人口

2010～2021年，郴州市的户籍人口数和常住人口整体保持增长趋势，分别由2010年的502.07万人、458.35万人增加至2021年的526.67万人、465.79万人，但自2017年以来户籍人口数量总体呈现下降态势，且2021年出现了常住人口下降，为近年来首次，主要是因为户籍人口出生率近五年呈现下降态势（见图2-10）。郴州市常住人口城镇化率不断提升，"大十字"城镇群集聚带动作用进一步显现，在跻身中国百强城市的同时获批全国文明城市。

图 2-10 郴州市人口变化情况

2. 科技创新

郴州市涌现了一批重要创新成果，成功获批建设国家可持续发展议程创新示范区。2022年，全市研发经费占GDP比重预计达到2.3%以上，高新技术企业总数上升至495家，同比2021年（369家）增长34.2%。截至2021年年末，郴州市拥有省级工程技术研究中心11个，省级重点实验室2个，全年登记科技成果27项，授权专利量3545件，比上年增长17.4%，其中发明专利授权量222件，增长36.2%，全年共签订技术合同289项，技术合同成交金额36.34亿元，比上年增长200%。

3. 经贸交流

2021年，郴州市全年货物进出口总额457.75亿元，货物进出口顺差258.54亿元，分别较上年增长35.2%和134.5亿元。共引进外商投资项目33个，实际利用外资5691万美元，较上年增长60.5%。实际到位内资1153.32亿元，增长26.8%；实际利用外资总量连续17年居全省第2位，实际到位内资总量连续12年居全省前3位。成功获批郴州国家综合保税区、中国（湖南）自由贸易试验区郴州片区、国家跨境电子商务综合试验区、湘南湘西承接产业转移示范区，省际区域合作扎实推进。中国（湖南）国际矿博会永久落户郴州市。郴州市交通网主骨架成型、微循环成网，基本建成郴资桂和郴永宜"大十字"城镇群半小时交通经济圈和融入长株潭一小时经济圈。

4. 社会保障

郴州市脱贫攻坚取得决定性胜利，贫困县、贫困村全部脱贫摘帽，44.1万贫困人口实现脱贫，贫困人口基本实现基本医保、大病保险和医疗救助三重保障全覆盖。郴州市全面小康"六覆盖"监测指标100%完成，达到全面建成小康社会目标要求。城乡居民人均可支配收入持续增长，2021年分别达到39874元和19303元，农村居民可支配收入优于全省全国同期水平，城镇居民可支配收入与全省全国水平差距整体稳定（见图2-11、图2-12）。郴州市就业形势保持平稳，年末登记失业率由2015年的3.59%下降至2021年的2.22%。教育优先发展战略地位进一步巩固，义务教育巩固率达到98.5%，大班额全部消除。

图 2-11　郴州市、湖南省与全国城镇居民可支配收入对比

图 2-12　郴州市、湖南省与全国农村居民可支配收入对比

郴州市医疗保障水平快速提高，率先在全省实现城乡居民医疗保险一体化管理，消除行政村卫生室空白村，建制乡镇卫生院标准化率达 100%，每千常住人口床位数、执业（助理）医师数、注册护士数分别达到 7.60 张、2.75 人、3.61 人。另外，郴州市在民族、宗教、工会、共青团、妇女儿童、科普、老龄、残联、红十字会等各项工作领域也取得进步，社会治理能力不断提升，社会大局安定和谐，党风政风持续向好，人民群众幸福感、获得感、安全感进一步增强。

CHAPTER 3

第三章
郴州市可持续发展实践

郴州市是全国开展可持续发展试点示范较早的城市。1999 年资兴市成为国家可持续发展实验区，2008 年成为全国 13 个国家可持续发展先进示范区之一。除资兴市外，还有永兴国家可持续发展实验区和苏仙、宜章两个省级可持续发展实验区，在"水资源保护与利用""有色金属循环经济""重金属污染治理"等方面开展探索，不断为可持续发展贡献郴州智慧。2019 年，郴州市获批建设国家可持续发展议程创新示范区（以下简称"创新示范区"）后，可持续发展探索速度加快，在产业转型、绿色发展等方面取得了较为优异的成绩，打造出一批践行联合国《2030 年议程》议程的鲜活案例。

一 郴州市可持续发展背景

（一）湖南省可持续发展政策及行动

湖南省位于中国中部、长江中游，处于东部沿海地区和中西部地区的过渡带、长江开放经济带和沿海开放经济带的结合部，具有承东启西、连南接北的枢纽地位。它拥有发达的水系，5 公里以上的河流 5341 条，淡水面积达 1.35 万平方公里，全省天然水资源总量为南方九省之首。在探索实现可持续发展的道路上，湖南省主要围绕水资源可持续发展利用开展实践。在可持续发展背景下，湖南省坚持理论与实践相联系、改革和发展相统一、继承与创新相结合，紧密结合发展现实，贯彻创新、协调、绿色、开放、共享新发展理念，以强化基础、培育产业、改善民生、加快转型为主线，以增加就业、消除贫困、改善人居条件、健全社会保障体系、维护社会稳定为基本目标，以改革开放和自主创新为根本动力，制定强有力的政策措施，不断完善体制机制，大力推进城市经济、社会和生态转型，促进实现全面协调的可持续发展，为推进可持续发展营造了良好的环境。

1996 年，为全面落实协调可持续发展，湖南省开始设立可持续发展实验区。1999 年 11 月，资兴市获批建设国家可持续发展实验区，成为湖南省第一个国家级可持续发展实验区。随后，韶山市、华容县、邵东县、永兴县、湘乡市、望城区、石峰区等县市区相继获批成为国家可持续发展实验区。此外，在湖南省可持续发展实验区体系内，还包含祁阳市、宁乡市、江华瑶族自治县、津市市、通道侗族自治县、平江县、石门县、宜章县、汨罗市、双牌县、临湘市、耒阳市、攸县、绥宁县、新宁县、苏仙区、湘潭县、祁东县、常宁市、新晃侗族自治县、中方县、冷水滩、张家界武陵区、浏阳市、冷水江市、吉首市、凤凰县、永顺县、湘阴县、岳阳县、花垣县等省级可持续发展实验区。截至 2019 年底，湖南省已创建 39 个实验区，在探索建设的道路上形成了关联性和独立性兼具的主题模式，建立了具有湖南特色的可持续发展实验区体系。

湖南省实验区建设期间，科技创新能力不断增强：2019 年，39 家实验区高新技术企业数量和科技型中小企业数量较 2018 年分别增长 40.94%、53.24%；经济发展动力充足：39 家实验区人均 GDP 为 54663 元，较 2018 年增长 10.89%，高出全省人均 GDP 增幅 2.22 个百分点；民生改善步伐有力：平均预期寿命为 76.8 岁，超过全省人均寿命；生态建设成效明显：地表水达到或好于 Ⅲ 类水体比例平均水平为 98.44%，优于全省的 95.4%，空气质量达到或好于二级以上天数为 331 天，优于全省平均水平的 305.5 天。湖南省将可持续发展实验区定位为推进国家可持续发展战略实施的实验示范基地，其既是提升县域科技创新能力建设的重要抓手和平台，也是实施科技惠民工程的主体，是推动民生科技的集成、应用、推广和试验示范的基地，对于科技进步创新、促进县域经济社会发展均具有重要意义，同时也为郴州市开展可持续发展实践提供良好支撑。

（二）郴州市可持续发展历史沿革

郴州市现有资兴市、永兴县两个国家可持续发展实验区和苏仙区、宜章县两个省级可持续发展实验区，是湖南省可持续发展实验区数量最多的地级市。

1999 年，资兴市以"水资源保护与利用"为主题，成功创建为国家可持续发展实验。资兴市克服本市面临的生态环境保护压力大、结构调整任务繁重等瓶颈约束，以建设湖南"两型社会"[1]示范城市、现代工业文明城市和生态宜居旅游城市为目标，以东江湖水资源保护和合理开发利用为重点，通过推进产业结构转型升级，大力发展生态农业、生态林业、生态旅游业，控制各种污染源，实现经济社会发展与人口、资源、环境相协调，为重点水源区探索出了一条可持续发展之路。2008 年，资兴市成为全国 13 个之一、湖南省唯一的国家可持续

---

1 "两型社会"：资源节约型、环境友好型社会。

发展先进示范区。

永兴县围绕"资源循环利用"实验主题，以稀贵金属绿色回收、再生利用为特色，以促进经济与社会、人与自然协调发展为目标，推动产业转型升级和承接产业转移，推进城市空间拓展和功能提升，大力发展循环经济，促进资源再生和节能减排，积极探索区域可持续发展模式，通过"变废为宝""吃干榨尽"等思路每年从有色金属"三废"中回收数十万吨银等稀贵金属，2013 年 4 月获批成为国家可持续发展实验区。在循环经济发展的带动下，永兴县生态环境明显改善，城乡面貌实现根本性转变，群众生活质量大幅提升，全县经济社会进入健康、可持续发展的轨道。

苏仙区以重金属污染治理为核心，致力于走高新化、低碳化、集群化发展之路，摆脱"高投入、高能耗、高污染、低效率"的泥潭，转变发展方式、调整产业结构，促进产业升级产业转移，于 2013 年正式获批为湖南省级可持续发展实验区。

宜章县依托贯彻湖南省"四化两型"战略[1]的相关行动，坚持六大原则，在旅游产业、生态农业、新农村建设、现代服务业、交通水利、城市基础设施配套、公共服务体系、推动产业融合承接产业转移等八大重点领域推进，是实现宜章县经济社会发展"三步走"战略的重要举措之一。宜章县于 2014 年获批成为湖南省级可持续发展实验区。

郴州市关于可持续发展实验区的探索为创新示范区建设奠定基础。2017 年，科技部正式启动国家创新示范区建设申报工作，湖南省积极响应，郴州市协同资兴市主动申报。2019 年 5 月 6 日，国务院正式批复同意郴州市以"水资源可持续利用与绿色发展"为主题建设创新示范区，郴州市可持续发展进入新一阶段。

（三）郴州市建设创新示范区的基础条件

郴州市的发展遇到了因资源而兴、因资源而困的资源型发展路径依赖的瓶颈，发展思路和模式亟待转变。以国家可持续发展实验区和省级可持续发展实验区建设为基础，郴州市在"水资源保护与利用""有色金属循环经济""重金属污染治理"等方面开展探索，不断为可持续发展贡献郴州智慧。

---

1 湖南省"四化两型"战略：推进新型工业化、农业现代化、新型城镇化、信息化，建设资源节约型、环境友好型社会。

1. 探索水资源利用与保护的新途径

多年来，郴州市围绕水环境保护，优化国土空间布局，实施了水源地保护、东江湖保护、城乡绿化、森林生态提质等工程，加强对东江湖、饮用水源地、生态湿地、自然保护区等水生态功能区保护，完成 12 个县级及以上饮用水水源保护区划分，森林覆盖率由 2008 年的 62.5% 提升到 2017 年的 67.7%，县级及以上集中式饮用水水源地水质一直保持 100% 达标，境内湘江流域 3 个出境断面连续多年保持 II 类水质。围绕水生态修复，实施三十六湾区域治理、"一湖两河三江"[1] 治理、矿山复绿、农村环境整治等重大工程，完成重金属污染治理项目 118 个，苏仙金属矿区矿山、三十六湾大部分矿区重现绿水青山。围绕农业与生活面源污染治理，将全市 11 个县（市、区）全部列入农村环境综合整治整县（市、区）推进项目，农村生活污水处理、农村生活垃圾收运及处置、畜禽养殖粪污治理和饮用水源保护等工作取得积极进展，农村生态环境得到明显改善。2017 年，市城区空气质量优良率达 89.8%，地表水水质达标率由 2013 年的 89.4% 提升到 97.4%。围绕提高水资源利用率，发展特色渔业，引导工业企业开展水循环利用，郴州市先后获得"国家节水型城市""全国首批水生态文明城市"等称号。

2. 率先立法保护水资源

早在 2001 年，湖南省人大常委会就通过了《湖南省东江湖水环境保护条例》，东江湖成为全国最早单独立法保护的湖泊。郴州市专门组建了东江湖水环境保护局，成立了以市长为主任的东江湖流域水环境保护委员会，先后编制实施了《东江湖风景名胜区保护规划》《东江湖湿地公园保护规划》《东江湖渔业发展规划》《东江湖周边乡镇畜禽养殖规划》《东江湖流域水环境保护规划（2018-2028 年）》等规划，制定出台了《东江湖流域农村生活垃圾集中收集处理管理办法》《东江湖流域农村生活污水处理设施运行维护管理办法》等管理制度，构建了源头防治的长效机制。东江湖被列为五个国家重点流域和水资源生态补偿试点之一，被纳入国家良好湖泊生态环境保护试点和国家重点支持保护湖泊。为进一步建立东江湖流域生态补偿机制，推动东江湖水环境质量持续改善，郴州市政府探索出台了《郴州市东江湖流域水环境保护考核暂行办法》。

---

1 "一湖两河三江"："一湖"即东江湖，"两河"即东河、西河，"三江"即翠江、郴江和便江。

3. 推动可持续发展先行先试

资兴市国家可持续发展实验区围绕"水资源保护和利用"的主题，积极探索绿水青山转化为金山银山的路径。实施"生态红线"制度，取消辖区乡镇GDP考核；关闭流域内采矿区10余个，否决超标污染项目52个等。放大水优势、做活水文章，依托东江湖优质水资源，积极发展生态农业，形成了"东江湖蜜桔""东江鱼""狗脑贡茶"等一批地理标志保护产品和中国驰名商标。利用东江湖常年8℃～13℃的冷水资源，建设东江湖大数据中心，PUE值[1]长期在1.2以下，可达世界先进水平，具备容纳20万个机架、500万台服务器的能力。适度开发东江湖生态旅游，东江湖成为国家风景名胜区、国家生态旅游示范区、国家森林公园、国家湿地公园、国家5A级旅游景区、国家级水利风景区"六位一体"旅游景区。永兴国家可持续发展实验区围绕"稀贵金属再生资源利用"主题，构建企业内部循环、园区内企业间物质循环、园区间企业物质循环、基地内物质循环、县域范围企业物质循环等五大循环体系，支持企业将高浓度废水集中处置再利用，将废渣再利用做成微晶板材或用于砖厂制砖，最终把工业危废资源"吃干榨尽"、实现终极无害化处理，成为独具特色的"无矿开采"模式。

郴州市是湘江、珠江、赣江的重要源头之一，是国家重点生态功能区、长株潭城市群战略水源地。作为"一带一部"桥头堡城市、湖南"一核三极"[2]中的南向增长极，探索水资源可持续利用与绿色发展之路，郴州市不仅有迫切的现实需要，也有坚实的基础条件，完全可以走出一条水需求有力保障、水环境综合治理、水生态系统修复、水资源高效利用的路子，为长江经济带推动生态优先、绿色发展先行探路，为世界水资源可持续利用提供现实样板和典型经验。

湖南省委、省政府结合生态强省战略，把建设创新示范区作为落实习近平总书记对湖南"一带一部""精准扶贫""三个着力""守护好一江碧水""三高四新"[3]

---

1 PUE值：Power Usage Effectiveness，电源使用效率，是指数据中心消耗的所有能源与IT负载消耗的能源之比。PUE值已经成为国际上比较通行的数据中心电力使用效率的衡量指标。PUE值越接近于1，表示一个数据中心的绿色化程度越高。

2 "一核三极"：长株潭成为长江中游城市群核心引领区，推动岳阳新增长极建设，加快郴州新增长极建设，加快怀化新增长极建设。

3 "三高四新"：指"着力打造国家重要先进制造业高地、具有核心竞争力的科技创新高地、内陆地区改革开放高地"三个高地和"在推动高质量发展上闯出新路子、在构建新发展格局中展现新作为、在推动中部地区崛起和长江经济带发展中彰显新担当、奋力谱写新时代坚持和发展中国特色社会主义的湖南新篇章"四新使命。

等系列重要讲话重要指示要求的重要抓手，充分考虑郴州市建设创新示范区的迫切性、重要性、独特性和可行性，选择以"生态优先、绿色发展"为立市之本的郴州市作为创新示范区的建设责任主体。

二 郴州市可持续发展总体设计

水既是郴州市的优势资源，也是郴州市可持续发展必须高度重视的制约因素。不当的生产生活方式以及复杂的地表结构对水生态环境形成了巨大的压力，加之国家生态功能区、长株潭战略水源地的双重保护压力，保护好水生态环境，修复历史遗留的环境问题以及提高水资源利用效率，解决水净与水污、水多与水少、水节约与水浪费并存的矛盾，已成为郴州市可持续发展努力的方向。考虑到郴州市横跨长江流域、珠江流域和资源枯竭两个特点，经广泛的专家咨询研讨，最终湖南省和郴州市人民政府确定将"水资源可持续利用与绿色发展"作为郴州市创新示范区建设的主题，明确了"一条主线，三个同时"的建设原则，组织编制了《郴州市可持续发展规划（2018–2030 年）》和《郴州市国家可持续发展议程创新示范区建设方案（2018–2020 年）》。

（一）可持续发展规划愿景

郴州市以"水资源可持续利用与绿色发展"为主题，以"生态优先、绿色发展"为导向，以满足人民日益增长的美好生活需要为目标，以"护水创品牌、治水提形象、用水求效益"为主要内容，坚持河流上所有工程的运行以生态工程调度为主线，坚持经济空间布局与经济结构调整、生产方式与生活方式转变、生态环境的修复与恢复同时推进，着力破解水环境保护压力大、水污染源头治理欠账多、水资源高效利用和绿色转型难度大等制约郴州市可持续发展的主要矛盾，探索"水环境有效保护、水生态原位修复、水资源高效利用、绿色产业高质发展、生态文化特色鲜明"的水资源可持续利用与绿色发展新路径和新模式，打造"生态、实力、人本、创新、开放"郴州，着力推进经济、社会与环境协调发展，为长江经济带推动生态优先、绿色发展先行探路，为国内外同类地区水资源可持续利用与绿色发展提供现实样板和典型经验。郴州市"水资源可持续利用与绿色发展"规划思路如图 3–1 所示。

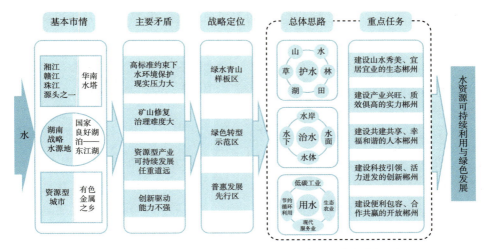

基本市情　　主要矛盾　　战略定位　　总体思路　　重点任务

图 3-1　郴州市"水资源可持续利用与绿色发展"规划思路

1. 战略定位

郴州市围绕落实《2030 年议程》，以破解制约可持续发展的主要矛盾为切入点，积极探索水资源可持续利用与绿色发展的路径和模式，在构建良好生态、发展绿色经济、推动创新开放、促进全民共享等方面创新试验，建设郴州市创新示范区。

（1）绿水青山样板区。郴州市践行"绿水青山就是金山银山"理念，对标可持续发展要求，坚持从生态系统整体性和流域系统性出发，着眼水资源保护、水污染治理、水生态修复、水安全保障，推动科技创新、体制机制创新与水生态文明建设深度融合，在水资源可持续利用与绿色发展，经济、社会、生态协调可持续发展方面积极探索，提出系统解决方案，打造绿水青山样板区。

（2）绿色转型示范区。郴州市以水环境保护为切入点，以护水、治水倒逼有色冶炼、采选等资源型产业转型升级、矿山治理与修复，以水的高效、高质利用促进产业循环化、低碳化、绿色化发展。改造提升有色金属等传统产业，大力发展节能环保新能源产业，推动发展尾砂、固废危废等综合回收利用、深度加工的循环经济、"城市矿产"经济，加快发展低碳工业、生态农业和现代服务业，促进人与自然和谐、经济社会发展与水资源水环境协调，打造绿色转型示范区。

（3）普惠发展先行区。郴州市以提高人民生活质量为根本出发点，统筹推进改善民生工作，由满足群众的生存性需求向发展性需求转变，从重视解决各种现实利益问题向注重提升幸福感、获得感转变，不断扩大公共服务受益范围，更高层次地改善群众就医、就学、就业、养老等基本条件，构建普惠型社会保障体系和民生福利体系，让可持续发展成果更多更公平地惠及全体人民，打造普惠发展先行区。

2. 发展目标

按照《中国落实 2030 年可持续发展议程国别方案》和《中国落实 2030 年可持续发展议程创新示范区建设方案》要求，郴州市着力打造"山水秀美、宜居宜业的生态郴州""产业兴旺、质效俱高的实力郴州""共建共享、幸福和谐的人本郴州""科技引领、活力迸发的创新郴州""便利包容、合作共赢的开放郴州"，将郴州市建设成为社会和谐稳定、经济繁荣发达、居民殷实安康的可持续发展样板。

（1）第一阶段：2020 年目标

到 2020 年，郴州市创新示范区取得明显成效，探索形成水资源可持续利用与绿色发展的系统解决方案，基本构建水环境保护与生态产业绿色发展的协同体系，初步形成水资源可持续利用与绿色发展的模式。2020 年的主要发展目标如下。

（a）生态环境构建新格局。郴州市水环境保护和水污染治理取得实质成效，水资源和水生态得到有效保护和合理开发，水生态功能进一步增强。森林覆盖率达 68%，湿地保护率达 75%，地表水水质达标率 100%，重要江河湖泊水功能区水质达标率 91% 以上；工业固体废物综合利用率达 85.5%，畜禽养殖废弃物资源化利用率 98% 以上；万元 GDP 能耗降低到 0.49 吨标准煤，万元工业增加值（2010 年可比价）用水量小于 64 立方米。

（b）生态产业取得新进展。郴州市经济增长速度继续保持高于全国、全省平均水平，人均地区生产总值达到 5.9 万元；产业结构更加优化，低碳工业、生态农业、现代服务业等朝阳产业加快发展，第三产业（服务业）增加值占 GDP 比重达 45%；有色金属产业及其他传统产业绿色转型有明显成效，高新技术产业增加值占 GDP 的比重达 30%。

（c）民生福祉迈出新步伐。郴州市乡村振兴的制度框架和政策体系基本形成，全面迈入小康社会，教育、文化、医疗、社会保障等公共服务体系更加健全。城乡居民收入与经济增长同步，城镇居民和农村居民人均可支配收入分别达 3.5 万元和 1.7 万元；人口平均预期寿命达 78 岁。

（d）科技创新迈上新台阶。郴州市基本形成创新引领的水环境保护机制、绿色产业体系和绿色生活方式。研究与发展（R&D）经费投入占 GDP 比重达到 2.5%，万人发明专利拥有量达到 3 件。省级及以上研发机构达到 40 家，打造具有较强影响力的水领域国际科技合作平台。

（e）水生态文明展示新内涵。人水和谐成为郴州市绿色发展的标志，定期举办水资源可持续利用与绿色发展东江湖论坛，弘扬水文化、倡导水文明、传播水科技、发展水经济成为郴州市可持续发展文化新内涵，以水为媒的国际国内开放合作迈进新时代。

（2）第二阶段：2025 年目标

到 2025 年，郴州市科技引领能力大幅提高，基本形成可持续发展的产业结构、生产方式和生活方式，成为国家水资源可持续利用与绿色发展的典范。2025 年的主要发展目标如下。

（a）打造优良生态环境品牌。郴州市生态破坏的历史遗留问题和环境污染的现实压力得到基本解决，形成水环境高效保护的可持续发展空间格局、产业体系和生活方式。森林覆盖率达 68.5%，湿地保护率达 80%，地表水水质达标率 100%，重要江河湖泊水功能区水质达标率 93% 以上；工业固体废物综合利用率达 90%，畜禽养殖废弃物资源化利用率 100%；万元 GDP 能耗降低到 0.45 吨标准煤，万元工业增加值（2010 年可比价）用水量小于 51.5 立方米。

（b）打造生态绿色经济品牌。郴州市"生态 +"理念融入产业发展，构建"产业生态化、发展绿色化"现代经济体系，形成产业反哺生态、生态催生产业的可持续发展模式。人均 GDP 达到 8 万元；低碳工业、生态农业、现代服务业高端发展，第三产业（服务业）增加值占 GDP 比重达到 50%，高新技术产业增加值占 GDP 的比重达 41%。

（c）打造幸福和谐社会品牌。郴州市形成覆盖城乡、体系完整的基本公共服务体系，社会可持续发展能力显著增强。城镇居民和农村居民人均可支配收入分别达 5 万元和 2.8 万元；人口平均预期寿命达 78.5 岁。

（d）打造科技创新引领品牌。郴州市科技人才、技术加速汇聚，可持续发展国际科技合作全面推进，创新引领生态、产业、城市、民生协调发展，形成以创新引领水资源可持续利用与绿色发展的可持续发展模式。R&D 经费投入占

GDP 比重达到 3%，万人发明专利拥有量达到 6 件。

（e）打造水生态文化传播品牌。"人水和谐"成为郴州市可持续发展的文化品牌，亚欧水资源研究和利用中心成为水领域科技交流、人才培养、文化展示和产业合作的国际性平台，水资源可持续利用与绿色发展东江湖论坛成为创新示范区"中国郴州"品牌。

（3）第三阶段：2030 年目标

到 2030 年，郴州市成功打造绿水青山样板区、绿色转型示范区、普惠发展先行区，为中国落实联合国《2030 年议程》做出重大贡献，对国内同类地区进行辐射，向世界同类地区提供可推广复制的可持续发展经验。

郴州市对标《2030 年议程》与《中国落实 2030 年可持续发展议程国别方案》，依据《中国落实 2030 年可持续发展议程创新示范区建设方案》和郴州市发展现状与需求，从创新驱动、生态环境、经济发展、社会进步、水资源可持续利用等五个方面设置了 33 项发展指标（见表 3-1）。

表 3-1 郴州市可持续发展规划指标体系

一级指标	二级指标	2017 年（基期）	2020 年	2025 年	2030 年	对应《2030 年议程》目标
创新驱动	全社会 R&D 经费投入强度（%）	1.07	2.50	3.00	3.50	目标 9
	万人发明专利拥有量（件）	1.54	3.00	6.00	12.00	目标 9
	高新技术产业增加值占 GDP 的比重（%）	24.1	30.0	41.0	49.2	目标 9
	劳动年龄人口平均受教育年限（年）	10.6	10.8	11.5	13.0	目标 4
生态环境	城市空气质量优良天数比例（%）	89.8	90.0	92.0	94.0	目标 11
	污染地块安全利用率（%）	87	90	93	>95	目标 2
	单位 GDP 化学需氧量（COD）排放强度（千克/万元）	3.76	≤ 3.50	≤ 3.00	≤ 2.00	目标 6
	单位 GDP 二氧化硫（SO_2）排放强度（千克/万元）	1.56	≤ 1.50	≤ 1.25	≤ 1.00	目标 12
	单位 GDP 氨氮（NH_3-N）排放强度（千克/万元）	0.44	≤ 0.40	≤ 0.30	≤ 0.20	目标 6
	单位 GDP 氮氧化合物排放强度（千克/万元）	1.78	≤ 1.60	≤ 1.30	≤ 1.00	目标 12

一级指标	二级指标	2017 年（基期）	2020 年	2025 年	2030 年	对应《2030 年议程》目标
生态环境	工业固体废物综合利用率（%）	79.3	85.5	90.0	95.0	目标 12
	畜禽养殖废弃物资源化利用率（%）	65	≥ 98	100	100	目标 2
	水土流失治理率（%）	3.5	23.8	49.6	75.3	目标 15
	森林覆盖率（%）	67.7	68.0	68.5	69.0	目标 15
	湿地保护率（%）	72.1	75.0	80.0	≥ 80.0	目标 15
经济发展	人均 GDP（万元）	5.0	5.9	8.0	10.0	目标 8
	单位建设用地 GDP（亿元 / 平方公里）	1.93	2.24	3.04	3.62	目标 8
	万元 GDP 能耗（吨标准煤）	0.54	0.49	0.45	0.42	目标 7
	第三产业（服务业）增加值占 GDP 比重（%）	41.6	45.0	50.0	55.0	目标 8
社会进步	城镇居民人均可支配收入（万元）	3.0	3.5	5.0	6.5	目标 10
	农村居民人均可支配收入（万元）	1.4	1.7	2.8	4.0	目标 10
	每千常住人口执业助理医师数（人）	2.33	2.45	2.77	3.10	目标 3
	农村卫生厕所普及率（%）	87.1	≥ 90.0	≥ 95.0	≥ 99.0	目标 6
	人口平均预期寿命（岁）	77.4	78.0	78.5	79.0	目标 3
	九年义务教育巩固率（%）	97.9	98.5	99.0	100.0	目标 4
	高中阶段毛入学率（%）	91.5	93.0	96.0	99.0	目标 4
水资源可持续利用	重要江河湖泊水功能区水质达标率（%）	85.7	≥ 91.0	≥ 93.0	95.0	目标 6
	地表水水质达标率（%）	97.4	100.0	100.0	100.0	目标 6
	万元工业增加值（2010 年可比价）用水量（立方米）	68.3	≤ 64.0	≤ 51.5	≤ 39.0	目标 8
	污水集中处理率（%）	94.6	95.0	96.5	98.0	目标 6
	农田灌溉水有效利用系数	0.515	0.544	0.571	0.597	目标 2
	建成区达到海绵城市指标要求的面积占比（%）	16.8	20.0	45.0	80.0	目标 11
	集中式饮用水水源地水质优良比例（%）	100	100	100	100	目标 6

（二）第一阶段建设行动设计

郴州市为推动可持续发展具体落地，针对可持续发展面临的瓶颈问题制定系统解决方案，通过技术的集成和体制机制创新，以重大行动和工程破解可持续发展面临的迫切难题，根据《郴州市可持续发展规划（2018–2030年）》，制定建设方案形成《郴州市国家可持续发展议程创新示范区建设方案（2018–2020年）》。

郴州市创新示范区建设的第一阶段，重点围绕郴州市水资源高效利用不足、重金属污染等瓶颈问题，通过健全生态保护体制机制、优化人才服务体制机制、创新投融资体制机制、完善公共参与体制机制等举措，集成应用东江水源保护与水生态提升、重金属点面内源污染防控、银铋钨等有色金属产业精深加工等技术，实施水源地生态环境保护、重金属污染及源头综合治理、生态产业和节水型社会建设、科技创新支撑等四大重点行动和东江湖水环境保护、重点流域重金属污染治理、公众可持续发展素养提升、创新企业培育等重点工程，着力持续提升水生态功能价值，构建水环境保护与生态产业绿色发展的协同体系，打造水资源可持续利用与绿色发展的郴州样板、湖南经验。郴州市创新示范区第一阶段建设方案设计如图3–2所示。

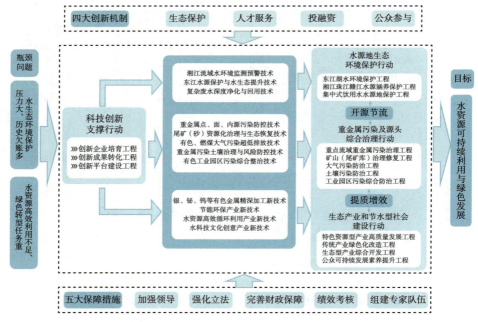

图 3–2　郴州市创新示范区第一阶段建设方案

聚焦制约郴州市可持续发展的瓶颈问题，围绕"护水创品牌、治水提形象、用水求效益"，郴州市以市县区联动、点线面结合的推进方式，探索水环境保护、水生态修复和生态产业发展的新模式、新动能和新业态，形成水资源可持续利用与绿色发展的系统解决方案，建设方案明确：重点实施水源地生态环境保护、重金属污染及源头综合治理、生态产业和节水型社会建设、科技创新支撑等四大行动，涉及 15 项重点工程和 91 个重点建设项目。

1. 水源地生态环境保护行动

针对东江湖、湘江珠江赣江源头和集中式饮用水水源地保护现实压力大等问题，郴州市实施东江湖水环境保护、湘江珠江赣江水源涵养保护、集中式饮用水水源地保护等三大工程，优化水资源保护功能区布局，构筑生态、防洪、灌溉、供水、信息"水利五网"，不断提高水环境保护能力，形成人水协调的现代水资源生态体系，技术思路见图 3-3。

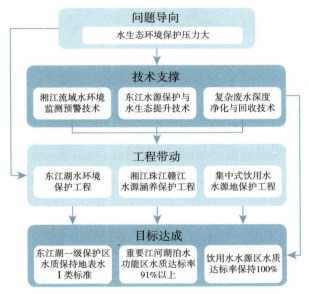

图 3-3　水源地生态环境保护行动技术路线

郴州市结合实施农村人居环境整治三年行动和推进"厕所革命"，加强水资源保护和水生态建设，完善森林生态体系，着力构建流域水环境安全保障技术支撑体系，开发湘江流域水环境监测预警技术、东江水源保护与水生态提升技术、复杂废水深度净化与回收技术等，解决以东江湖为重点的集中供水水源地，以及湘江、赣江、珠江源头流域的生态环境脆弱、水源涵养能力下降等突出问题，提升水资源保护、水环境安全和可持续性利用能力，确保 2020 年末全市饮用水水源区水质达标率继续保持 100%，重要江河湖泊水功能区水质达标率在 91% 以上，河湖水系省控断面Ⅲ类以上水质达标率 95% 以上，国家考核断面水质优良率 100%，地表水水质达标率 100%。

2. 重金属污染及源头综合治理行动

针对历史上矿产资源粗放开采带来的地表水和土壤重金属污染、矿山尾砂淤积，以及有色金属冶炼加工生产方式落后造成超标排放等问题，郴州市坚持水气土综合治理，生态环境修复与恢复同时推进，自然为主、人工为辅，重点实施重点流域重金属污染治理、矿山（尾矿库）治理修复、大气污染防治、土壤污染防治、工业园区污染综合防治等五大工程，加快推进流域重金属污染治理、水体污染治理、大气污染综合防治、工业危险废物综合处置、矿山复绿复垦和金属废渣无害化处理与循环利用，优化流域生态环境，实现生态环境治理体系和治理能力现代化，技术思路如图 3-4。

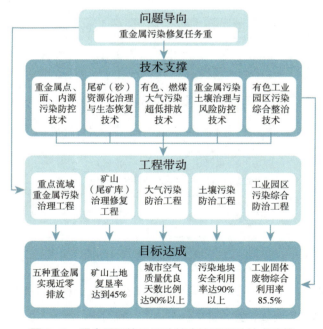

图 3-4　重金属污染及源头综合治理行动技术路线

郴州市全域推进绿色矿山建设，大中型矿山全部达到绿色矿山标准，小型矿山按照绿色矿山标准进行规范管理。重点推进重金属污染源头控制与过程减排，实施重金属点、面、内源污染防控技术，组织开展有色金属循环利用和危废安全处置成果推广应用，减少重金属污染源向水体的排入。构建尾矿（砂）等典型重金属污染源的管理与治理技术保障，推广应用有色工业园区污染综合整治技术。引进消化土壤污染检测先进技术和管理经验，加快土壤污染风险管控、安全利用、治理修复等共性关键技术研究，加大适用技术推广力度。研发、推广先进适用的有色、燃煤大气污染超低排放技术和装备，加强重点行业技术改造，支撑重点区域空气质量有效改善，确保 2020 年末矿区土地复垦率达到 45%、工业固体废物综合利用率达 85.5%、污染地块安全利用率达 90% 以上、城市空气质量优良天数比例达到 90% 以上。

3. 生态产业和节水型社会建设行动

郴州市立足水环境资源保护和水生态保护倒逼机制，以创新驱动产业可持续发展为核心，把水资源可持续利用与绿色发展相结合，针对优质水资源利用率不高、水环境友好型产业占比低等问题，实施特色资源型产业高质量发展工程、传统产业绿色改造工程、生态型产业综合开发工程、公众可持续发展素养提升工程，促进有色金属等传统产业创新升级，培育大数据产业、生态旅游、生态农业等新产业和新业态，巩固提升水生态文明城市和节水型城市创建成果，建设工业资源综合利用示范基地、水资源高值利用示范基地，努力实现"创新共山水一色，生态与产业齐飞"的人与自然和谐发展新格局，技术思路如图 3-5。

郴州市实施创新引领战略，推进生产方式与生活方式同时转变，围绕产业转型升级、资源高效利用、生态产业发展、生态文明素质提升等问题，重点推广应用银铋钨等有色金属产业精深加工新技术、节能环保产业新技术、水资源高效循环利用产业新技术、水科技文化创意产业新技术等，促进有色金属产业迈向中高端、战略性新兴产业特色发展、生产性服务业快速提质、生态旅游和高效生态农业成为经济新的增长极，持续调整和优化经济结构，确保 2020 年末高新技术产业增加值占 GDP 比重达到 30%、规模以上有色金属精深加工企业增加值占有色金属企业增加值比重超过 60%、新材料产品比重提高到 40%、万元 GDP 能耗降低到 0.49 吨标煤、万元工业增加值（2010 年可比价）用水量低于 64 立方米。

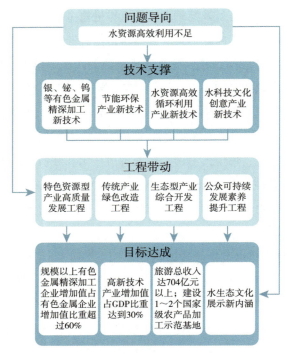

图 3-5　生态产业和节水型社会建设行动技术路线

4.科技创新支撑行动

　　针对创新人才不足、创新平台不优、研发能力不强等问题，郴州市重点实施创新企业培育、创新成果转化、创新平台建设等三大工程，积极对接国家、省级技术创新中心，构建以创新需求为导向、以企业为主体、以政产学研结合为支撑的可持续发展创新体系，增强可持续发展关键共性技术应用与转化能力，促进产业发展提质增效，有效支撑和引领水资源可持续利用与产业绿色发展。

　　深入实施创新驱动发展战略，围绕水资源可持续利用与绿色发展的重大创新需求，实施创新企业培育、创新成果转化、创新平台建设工程，促进科技人才集聚，增强企业创新能力，突破关键技术和共性技术，为水环境保护、水生态治理修复和产业质量齐升提供强有力的支撑，全社会 R&D 经费投入强度达到 2.5%，确保到 2020 年末培育科技创新示范企业达 50 家、高新技术企业突破 200 家、建设众创空间 20 个以上、科技企业孵化器 10 家以上、培育省级及以上研发机构达到 40 家。

三　创新示范区建设推进行动

多年来，郴州市坚持把创新示范区建设作为推动郴州市经济社会高质量发展的具体行动，深化"护水、治水、用水、节水"四水联动，积极探索"水立方"水资源可持续利用模式，引领产业绿色转型发展，推动郴州市建设提速、发展提质和民生提效。着眼于水资源保护、水污染治理、水生态修复、水安全保障等方面开展工作，郴州市着手构建生态与经济相融合的"水经济"体系，在水资源可持续利用与绿色发展以及经济、社会、生态协调可持续发展等方面进行积极探索；同时以水环境保护为切入点，进行护水、治水倒逼有色冶炼、采选等资源型产业转型升级、矿山治理与修复，确保水的高效、高质利用，促进产业循环化、低碳化、绿色化发展。

（一）完善组织领导机制

为高质量建设好创新示范区，湖南省委书记、省长高度重视、凝聚共识、协调推进，成立了省、市、县（市、区）三级创新示范区建设领导小组。省级层面建立了由省长任组长、分管副省长任副组长的高规格协调推进小组，每年召开湖南省创新示范区建设协调推进小组会议，全面总结当年建设成果，部署下阶段工作。自建设以来，主要领导多次批示部署、协调指挥，创新示范区建设写入省第十二次党代会报告，省政府主要领导4次主持召开创新示范区建设协调会议进行研究部署，并3次来郴专题调研创新示范区工作。

省委、省政府将创新示范区建设列入全省绩效考核之中，省政府出台《关于支持郴州市建设国家可持续发展议程创新示范区的若干政策措施》（湘政办发〔2019〕46号，以下简称"湘十条"）、《支持郴州市建设国家可持续发展议程创新示范区的若干政策措施》（湘政办发〔2022〕57号，以下简称新"湘十条"），自2020年起每年安排1.4亿元支持创新示范区建设，逐年制定重点任务及责任分工。省科技厅、发改委等省直部门与郴州市11个县市区建立对口支持机制，共同推动17个试点示范。省直相关单位主动对接国家部委，争取政策资金项目支持，结合各自职能职责，在创新示范区试点实践。

郴州市积极担当建设主体责任，召开领导小组会议和高规格推进大会，主要领导亲自抓，市委、市政府领导分工明确，分管建设创新示范区的任务责任，建立运行协调、项目实施、绩效考核推进机制，将创新示范区年度工作任务列入各级政府年度绩效考核内容，全面落实国务院《批复》要求和新老"湘十条"政策。坚持以创新示范区建设引领经济社会发展全局，各市级领导结合分管工作共抓可持续发展。县市区充分发挥党委总揽全局、协调各方的领导核心作用，保证创新示范区建设相关政策和决策部署在县域经济社会工作中得到全面贯彻和有效执行。由主要领导担任组长，结合区域特点和工作实际积极探索各具特色的县级专门工作推进机制。通过建立省市县联动齐抓共管的建设格局，不断提升各级领导干部可持续发展意识，形成以可持续发展统揽推动工作的思想自觉和行动自觉。

为推动组织管理机构的建设，郴州市成立了专门机构——郴州市可持续发展促进中心，印发专项行动工作方案及项目化、工程化推进清单，由点带面协调推进全市 30 余个市直部门和 11 个县（市、区）相关工作，集全市之力推进创新示范区建设；组建可持续发展创新平台——郴州市国家可持续发展议程创新示范区创新中心，由郴州现代可持续发展创新研究院、湖南郴州绿色技术银行、潇湘技术要素大市场郴州分市场、湖南国际低碳技术交易中心郴州分中心、科技合作交流中心和创新示范区展厅 6 个板块构成，将着力打造绿色信息的集成平台、绿色技术的交易平台、绿水金融的试验平台、绿色成果的转化平台和科技人才的聚集平台，为郴州市打造"绿水青山样板区、绿色转型示范区、普惠发展先行区"提供可操作、可复制、可推广的样本。

（二）推进激励制度建设

围绕创新示范区的制度建设在强制性"硬"制度和引导性"软"制度方面齐头并进，郴州市探索构建了高位推动、主体发力、多元参与的推进制度，构建了"1+N"精准政策支持体系，省级出台了支持郴州市创新示范区建设的政策措施文件，市级围绕创新示范区建设具体行动计划、重点工作任务、分工等方面内容出台文件，逐渐形成政策合力，展现出从省级到各县市区对于创新示范区建设工作的多级重视。

1. 实施"湘十条"

湖南省精准制定出台"湘十条"和新"湘十条"，自 2020 年起每年安排 1.4 亿元资金支持创新示范区建设，逐年制定重点任务及责任分工，对创新示范区建设形成极强的正向引领和支持作用（见图 3-6）。

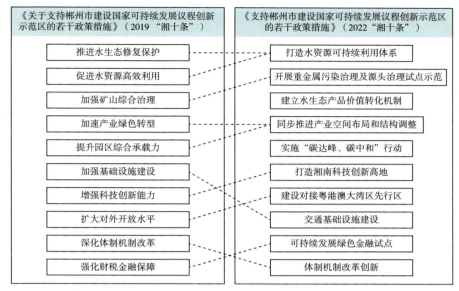

| 《关于支持郴州市建设国家可持续发展议程创新示范区的若干政策措施》（2019 "湘十条"） | 《支持郴州市建设国家可持续发展议程创新示范区的若干政策措施》（2022 "湘十条"） |

推进水生态修复保护 ---- 打造水资源可持续利用体系

促进水资源高效利用 ---- 开展重金属污染治理及源头治理试点示范

加强矿山综合治理 ---- 建立水生态产品价值转化机制

加速产业绿色转型 ---- 同步推进产业空间布局和结构调整

提升园区综合承载力 ---- 实施 "碳达峰、碳中和" 行动

加强基础设施建设 ---- 打造湘南科技创新高地

增强科技创新能力 ---- 建设对接粤港澳大湾区先行区

扩大对外开放水平 ---- 交通基础设施建设

深化体制机制改革 ---- 可持续发展绿色金融试点

强化财税金融保障 ---- 体制机制改革创新

图 3-6 "湘十条" 与新 "湘十条" 对比

湖南省直相关单位积极对接国家部委，争取政策资金项目支持，结合各自职能和工作在创新示范区试点实践。省科技厅注重以新技术、新成果、新模式来破解可持续发展难题；省工业和信息化厅支持嘉禾县引进 "树根互联" 加快锻铸造传统产业智能化改造；省生态环境厅支持临武三十六湾等重点区域水生态修复和重金属污染治理；省水利厅支持郴州市节水型社会建设和水系连通工程建设。

2. 推进市级体制机制改革创新

以可持续发展统揽经济社会发展全局，围绕新老 "湘十条" 政策的贯彻落实，郴州市先后出台了《郴州市人民政府办公室关于贯彻落实湘政办发〔2019〕46 号文件任务分解的通知》《郴州市建设国家可持续发展议程创新示范区三年行动计划（2019−2021 年）》《郴州市建设国家可持续发展议程创新示范区三年行动计划（2021−2023 年）》《湖南省支持郴州市建设国家可持续发展议程创新示范区重点工作任务及责任分工（2021.5−2022.5）》《郴州市国家可持续发展议程创新示范区建设 "十四五" 专项规划》等文件，整合梳理下辖 11 个县市区的实际情况与重点任务，扎实有效推进创新示范区建设。将创新示范区作为 "试验田"，支持在可持续发展政策制度上先行先试、精准发力，累计推出经济、社会、环境、创新等多个方面政策制度 20 余项（见图 3-7）。郴州市重

点建立了系统管护的治理机制，包括健全河长制、林长制、田长制、检察长＋河长等联合管护机制等；建立了区域联动的补偿机制，针对东江湖流域建立市内"一市三县"[1]断面考核和补偿机制，与衡阳市签订了流域跨界断面考核补偿协议，与广东省对接推动武水等重点流域建立生态补偿机制；建立了土地、金融等要素市场化配置的转化机制，探索建立"生态价值"水权交易机制，推动莽山供水使用权转让；建立了跨界共治的联动机制，推动湘江流域县、乡、村之间建立河流信息共享、重大水污染事故协商处置等制度，苏仙区等7个县市区建立了河段保洁联动机制，与韶关市、赣州市签订了三市跨区域水环境应急管理协议。

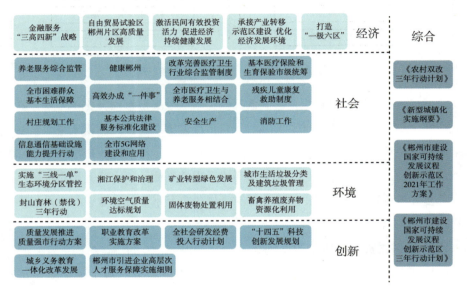

图 3-7　郴州市创新示范区制度

3. 多元参与，共建共享

通过政策规划引导，广泛凝聚企业、社会团体、群众等社会各界力量共同参与支持创新示范区建设。郴州市多次召开承办可持续发展相关会议，积极与高校、科研院所等开展合作共建，不断推进先进经验交流、技术研发创新和试验成果转化。郴州市水文局组织召开了郴州市水资源可持续利用与绿色发展研讨会，商务部国际经济技术交流中心、中国水科院水环境所等单位的专家围绕

1　"一市三县"：指资兴市、汝城县、桂东县、宜章县。

"水资源可持续利用与绿色发展"的建设主题，广泛深入地讨论了郴州市水资源利用、水环境治理、生态产业发展、节水型社会和节水型城市建设等问题。郴州市与中南大学、湖南本农环境科技有限公司共建郴州市可持续发展创新研究院有限公司，打造"政产学研用"相结合的新型研发机构，为高新技术产业化规模化搭建平台。探索建立有效市场参与机制，推动发展方式和生产方式转变。

成立湖南（郴州）国家可持续发展议程创新示范区建设专家咨询指导委员会，聘任 28 名院士专家为委员，对脐橙、辣椒产业发展和企业金融债务化解等具体问题进行指导，在重金属污染治理、水资源利用、固废资源化、农业产业、绿色技术等领域为郴州市创新示范区服务 20 余次，充分发挥智囊团作用，聚焦关键瓶颈问题，提出高质量的咨询意见，为郴州市创新示范区建设提供借鉴。

组建郴州市可持续发展志愿者协会（见图 3-8），通过市县同步推进，在全国首倡设立"五月可持续发展宣传月"，进机关、进企业、进社区、进学校、进基层、进园区（见图 3-9），倡导开展节能低碳、节水型城市建设等宣传活动，持续提升群众对可持续发展的认知度、支持度、参与度，促进生活方式转变；开展东江湖水源地保护等志愿活动，市雷锋志愿者之家坚持每月开展一次"河湖卫士"巡河行动，积极推广"党员河长""企业河长""退休干部河湖监督员""志愿者河长"等各类民间河长形式，2021 年底郴州市共有各类民间河长700 余人，引导群众真实参与到创新示范区的建设中。

图 3-8　郴州市创新示范区志愿者协会

图 3-9　可持续发展进校园活动

（三）实施可持续发展重大行动

多年来，郴州市围绕"水资源可持续利用与绿色发展"主题，聚焦制约郴州市可持续发展的瓶颈问题，以社会投入为主导，以产业发展作为主要投入方向，共投入 599.31 亿元，统筹推进建设创新示范区的四大行动和 15 项重点工程，取得较好的成效，创新示范区综合实力因此不断提升。

1. 水源地生态环境保护行动

郴州市围绕东江湖水环境保护、湘江珠江赣江水源涵养保护、集中式饮用水水源地保护三大工程投入共计 23 亿元，其中国家资金投入占比 52.17%，生态环境治理方面投资占比 37.52%。郴州市重要江河湖泊水功能区水质达标率由 2019 年的 90.9% 提升至 2021 年的 100%，12 处国控断面水质达标率 100%，53 处省控断面水质优良率达 98.1%，森林覆盖率达 68.1%，湿地保护率稳定在 72% 以上。郴州市水质综合指数改善幅度排名位列全省第 2，东江湖水质稳定保持Ⅰ类；集中式饮用水水源地隐患得到全面整改，县级及以上饮用水水源地达标率 100%，农村自来水普及率提升到 86%。

（1）东江湖水环境保护工程。郴州市通过健全保护机制、实行铁腕治理、组织系统修复、完善基础设施推动落实东江湖水环境保护，建立起了保障源头"碧水"、守护湖岸"清水"、实施湖中"净水"、强化制度"护水"的东江湖"四水联动"保护模式。

在"四水联动"保护模式的推进下，郴州市于 2020 年启动东江湖天然渔业资源生产性捕捞十年禁捕行动，沿岸 500 米范围内畜禽规模养殖场全部退养，实现网箱养殖污染和沿岸畜禽污染"清零"；同时实施荒山荒地造林、低产改造及补植补造林 21 万亩，建设水源涵养林面积 39 万亩，修复湖滨河滨湿地 4550 亩，推进农业面源污染治理、病虫害绿色防控技术集成应用 2 万亩，测土配方施肥 5.53 万亩，废石堆和露天采场生态复绿有效增加林地面积 218 公顷。东江湖每年可削减 COD 3431 吨、总氮 646 吨、氨氮 494 吨、总磷 56.8 吨，流域内水质稳中向好，成为中国中东部地区少有的出水稳定保持地表水 I 类的大型湖泊。

（2）湘江珠江赣江水源涵养保护工程。郴州市坚持山水林田湖草系统治理，切实提高水源涵养保护的综合效益，加强对生态公益林保护，生态公益林稳定在 776 万亩以上。郴州市持续推进湿地保护工作，在苏仙区、北湖区、桂阳县、永兴县和资兴市开展退耕还林还湿试点建设，试点总面积 1998.5 亩，其中还林面积 361.8 亩，还湿面积 1636.7 亩。同时，郴州市对包括源头水保护区、水库水源地、森林公园在内的 25 个区域开展小流域水土流失综合治理，完成相关县市区预防保护面积 377.25 平方公里、水土流失治理面积 108.99 平方公里，初步建立覆盖全市的水土流失监测和水土保持信息化体系。

（3）集中式饮用水水源地保护工程。郴州市持续推进农村饮水安全巩固提升工程，全面开展集中式饮用水水源地规范化建设。在临武县、桂东县等地推进城乡智能环卫一体化建设，推广智能城乡垃圾收运系统，推动城乡垃圾和废弃物资源化无害化处理，保障人畜用水安全。通过推进"以水惠民"工程——东江引水二期工程，破解了郴州市、桂阳县城严重缺水的发展瓶颈，项目一、二期工程全部完成后每年可为北湖区、苏仙区、桂阳县等地增加优质水源供水 2 亿吨。资兴市、宜章县、汝城县、桂东县共完成人工造林 5.85 万亩，森林抚育 61.15 万亩，封山育林 15.32 万亩，退化林修复 26.11 万亩。东江湖饮用水水源地已全部消灭宜林荒山，全部实行封山育林，有效改善了环东江湖流域的生态环境。

2. 水体重金属及污染源治理行动

针对重点流域重金属污染治理、矿山（尾矿库）治理修复、大气污染防治、土壤污染防治、城镇污水处理提质增效五大工程，郴州市共投入 516 亿元，构建了"治非、治矿、治山、治污、治水 + 转型"的"5+1"模式，重点推进重金属污染源头控制与过程减排，实施重金属点、面、内源污染防控技术，组织开展有色金属循环利用和危废安全处置成果推广应用，减少重金属污染源向水体的排入。

（1）重点流域重金属污染治理工程。郴州市全面实施三十六湾及周边区域、西河等 11 个重点流域重金属污染综合治理项目，2020 年度投资 7 亿元，采取"矿业整治—综合治污—绿色发展"治理模式，重点对重金属污染的河流实行系统治理。鲁塘、荷叶、太清、新田岭、三十六湾等矿区实现由乱到治，流经桂阳、嘉禾、临武三县的陶家河水质持续改善，从劣 V 类提升至接近Ⅲ类。三十六湾矿区山水林田湖草生态保护修复项目于 2020 年 12 月底顺利验收，治理效果显著。通过采矿挖损山体修复、采矿破坏水体修复、采矿压占林草地生态修复以及采矿损坏农田修复等工程，新增或修复林地 2500 亩、新增或修复草地 2000 亩，栽种高山杜鹃、红叶石楠、大叶女贞等本土乔木 15 万余株、灌木 2 万余株，藤本植物 17 万余株。同时，依托历史遗留采选、巷道、矿脉、花岗岩、节理等矿山地质遗迹，深度打造成矿业遗迹科普区。西河流域重金属污染治理和生态修复累计投入 14.8 亿元，治理后"无序"的矿山开采逐渐转变为"有序"的绿色矿山建设，饱受重金属污染的"废地"经过综合治理成为青山绿水、生活便利的"绿地"和"宝地"，中上游水质由原来的劣 V 类变为如今稳定在Ⅲ类及以上。2020 年，西河成功入选湖南省"美丽河湖"名单。

（2）矿山（尾矿库）治理修复工程。郴州市开展矿山地质环境综合治理，大力推进绿色矿山建设，截至 2021 年建成绿色矿山 85 家，占全省 25%，位列全省第 1，相关建设经验被自然资源部推介，并获评全国绿色矿山发展示范区，其中鲁塘矿区历史遗留废弃矿山利用市场化方式推进生态修复的经验在湖南全省推广。通过矿山整治整合、绿色矿山创建，全市大中型矿山 11 种主要矿种"三率"水平达标率达 95%，跨入先进行列，废石年排放量从 1780 万吨减至 920 万吨，下降 48%。同时，郴州市大力实施矿山（尾矿库）治理修复项目，应急、环保、自然资源等部门形成合力对全市 103 座尾矿库（其中 24 座已闭库）的主要信息定期统计上报，86 座需要编制污染防治方案的尾矿库已全部完成方案编制，90 座需要治理的尾矿库已全部完成治理任务，所有尾矿库均已建立污水处理设施，三级以上库建立了监测系统。创新示范区探索实施直接利用、稀贵金属回收、作改性粉体材料利用、膏体充填利用四种尾矿尾砂综合利用模式。

（3）大气污染防治工程。郴州市打响"蓝天保卫战"，积极推进创建空气质量达标示范城市，全面落地控尘、控车、控烧、控煤、控排行动，以北湖区、苏仙区、资兴市、桂阳县、宜章县、永兴县和郴州市高新区为重点，完善大气污染联防联控工作机制和特护期大气污染防治工作措施，完善郴州市重污染天气预报预警和应急应对体系。城市空气质量优良天数比例从94%增至97.8%，全省排名第2，荣获2019年"全球绿色低碳领域先锋城市蓝天奖"，城市绿色发展指数稳居全省第1。

（4）土壤污染防治工程。郴州市重点推进农业面源污染防治工作，对重度污染农田表土进行稳定化处置并进行种植结构调整。全面完成省定受污染耕地安全利用任务，安全利用区农产品抽样检测质量合格率达90%以上，全年未发生超标口粮流入市场造成的粮食安全问题。郴州市大力开展畜禽粪污资源化利用工作，全市1549家规模养殖场粪污处理设施配套率达100%，粪污资源化利用率92.42%。建立全市土壤环境质量监测网络、信息化管理平台和土壤环境基础数据库，基于大数据开展分类、分级、分区管理，并与省级土壤环境信息化管理平台对接，实现数据动态更新和信息共享。同时，郴州市加大土壤污染执法监管力度，重点打击非法排放有毒有害污染物、不正常使用污染治理设施、监测数据弄虚作假等环境违法行为。

（5）城镇污水处理提质增效工程。郴州市持续推进"城市污水治理提质增效三年行动"，市中心城区同心河黑臭水体治理工程全面完工，城市污水收集率由2017年的37.8%提升至2021年的71.36%，排名由全省第14位跃升至第2位。工业园区污水处理厂全部建成投入使用，县级及以上城镇污水处理率达到95.74%，农村污水处理率达到60%。第一污水处理厂完成提质改造，累计投入7344万元，出水水质从国家一级B达到国家一级A标准；第二污水处理厂采用A-A-O处理工艺，处理后的尾水经过紫外消毒流程后可达中水回用标准，用于厂区绿化浇灌、清洗市政道路和园林绿化浇灌等。

3. 生态产业发展和节水型社会节水型城市建设行动

在生态产业发展行动中，郴州市以创新驱动产业可持续发展为核心，实施特色资源型产业高质量发展、涉水特色产业培育、国家节水型城市建设等工程，打造人与自然和谐发展新格局。郴州市优化产业结构和布局，筛选145个绿色项目，投资277.9亿元，推动郴州市传统产业升级、延伸、完善和强化产业链条，逐步形成以旗滨中性硼硅医药玻璃等项目为代表的"原矿开采—硅微粉—高纯度硅基材料—光伏玻璃、医药玻璃"等硅全产业链（见图3-10），以全氟聚醚项目为代表的"原矿—萤石粉—无机氟—有机氟材料—新能源材料"氟产业链，以及从石墨球、石墨棒向高纯石墨、改性石墨延伸的石墨材料产业链。与此同时，郴州市引进世界500强企业正威集团，打造郴州市正威新材料科技城，填补湖南铜基新材料空白；目前铜基一期项目已正式投产，年产10万吨精密铜杆、产值过100亿元。

图3-10　资兴市旗滨集团药玻生产（实地调研拍摄）

在节水型社会节水型城市建设中，郴州市把节约用水作为水资源开发利用的前提，以国家节水行动方案为统领，全面建立资源节约集约循环利用制度，重点实施"海绵城市"建设、绿色节水型城镇建设等两大工程，打造了工业废水循环利用节水模式、农业灌区＋管网＋滴灌（喷灌）系统改造节水模式、公共机构互联网＋智慧水务节水模式和社区（小区）促节水模式四大模式（见图3-11）。向特色资源型产业高质量发展、传统产业绿色化改造、生态型产业综合开发、公众可持续发展素养提升四大工程共投入515亿元，内资投入占比94.29%，产业发展投入占比59.54%。郴州市共创建省级节水型公共机构40家、企业11家、居民小区21家、灌区1家，市级公共机构节水载体25家，建成

"郴州好水、城乡一体、管网相连"的供水一张网，全市农村饮水安全覆盖率达100%，苏仙区、嘉禾县和桂阳县先后建成国家级和省级县域节水型社会或节水型城市。2020年，郴州市用水效率位居全省第3，万元工业增加值用水量32.0立方米，低于全国平均的32.9立方米和全省平均的46.9立方米；农田灌溉水有效利用系数较2018年提高3.9%，达到0.545，优于全省的0.541。

图 3-11 郴州市第一人民医院利用生态后勤智慧运维平台监测节水情况

4. 科技创新支撑行动

郴州市把科技自立自强作为发展战略支撑，深入推进科技创新支撑行动，推进创新体系建设"六大计划"，即重点科技创新专项、创新型企业培育、创新平台建设、"林邑聚才"、创新生态优化、科技成果转化，全社会研发经费投入59.9亿元，同比增长97%，增幅位列全省第1；规模以上工业企业研发经费投入55.6亿元，同比增长93%，增速位列全省第1。针对创新型企业培育创新平台建设、创新生态转化三大工程共投入19亿元，内资占比77.55%，科技创新占比仍然最高且上升较快，达到43.79%。积极贯彻落实高新技术企业加计扣除相关优惠政策，举办"高新技术企业培育服务季"活动，推动创新型企业培育工程建设。全市高新技术企业从165家增加到281家，增长70%；入库登记科技中小型企业从138家增加到339家，增长146%。郴州市建成中南大学技术（郴州）转移中心，打造了湘南学院、高新区、经开区公共类和宜章县、永兴县企业类"3+2"科技成果转化中试基地，省水产产业技术体系湘南试验站和省数字水产试点建设等创新平台成功落户郴州市，与中国科学院、国家住宅与居住环境工程技术研究中心、湖南水科学研究院开展国家科技专项课题合作，建立产学研合作关系；入库培育中试项目 30 个，推进 8 个中试基地、13 个中试项目试点示范工作，目前高科孵化、金铖环保等中试基地已经开始向外提供中试服务。

（四）推进创新要素集聚发展

针对研发能力不强、创新平台不优等问题，郴州市开展科技创新支撑引领行动，重点实施创新型企业培育、创新成果转化、创新平台建设三大工程，不断增强科技创新对创新示范区建设的支撑引领能力，实现从不可持续向可持续转变的跨越。

一是加强创新型企业培育。郴州市坚持把创新贯穿于创新示范区建设全方位、全过程，以创新引领型企业培育为重点，建立"微成长、小升高、高变强"的创新引领型企业梯次培育机制，引导推动企业走"专精特新"[1]高质量发展道路；实施"郴州市高新技术企业倍增计划"，鼓励企业建立研发准备金，确保企业发展有足够资金支撑。全市高新技术企业从 2019 年的 211 家增加到 2021 年的 365 家；入库登记科技中小型企业从 2019 年的 93 家增加到 2021 年的 431 家；新增省级及以上科技企业孵化器和众创空间 10 家、星创天地 8 家。

二是加速创新成果转化。郴州市围绕有色冶炼、新材料、生物医药、智能装备等优势产业的技术需求，加快成果转移转化主体培育，引导和支持企业组建工程技术研究中心、重点实验室、企业技术中心、技术研发中心等研发平台，推动科技成果落地转化。2020～2021 年，省财政支持创新示范区建设专项资金 2 亿元，重点实施 64 个项目，共获得 81 项专利和成果，突破 46 项关键技术、新产品、新材料和新工艺，建立 7 项检测标准；推进建设 8 个中试基地、13 个中试项目试点；成立湖南（郴州）国家可持续发展议程创新示范区建设专家咨询指导委员会，聘任 28 名院士专家为委员，对脐橙、辣椒产业发展和企业金融债务化解等具体问题进行指导。

三是加快创新平台建设。郴州市积极推进创新示范区创新中心建设运营，

---

1 "专精特新"：指企业具有专业化、精细化、特色化、新颖化的发展特征。

与中南大学、武汉大学、湖南科技大学、湘南学院等高校签订战略合作协议，开展可持续发展领域科技合作，重点推动技术研发、攻关、中试及成果转化应用，为郴州市绿色转型发展提供强有力的平台支撑。依托亚欧水资源研究和利用中心，建立东江湖深水湖泊多维度智能监测体系、流域生态大数据与信息服务中心。目前，各创新平台正广泛汇聚各方资源、资金、技术、人才等创新要素，加快推动创新示范区高质量可持续发展。

多年来，郴州市坚持把创新作为引领发展的第一动力，围绕"水资源可持续利用与绿色发展"的主题，针对水源地保护压力大、重金属污染治理难、产业转型动能不足等遗留问题，高水平推进"研发平台—创新主体—创新人才—创新生态"等一体化布局，梳理形成技术需求清单，实施国家重点研发计划固废资源化重点专项、湖南省创新示范区科技专项 64 项，与中南大学等高校签订战略合作协议，组建了郴州现代可持续发展创新研究院等平台，设立 1.65 亿元人才发展专项资金，实施新时代"人才强市"战略，与深圳市人才集团战略合作组建了郴州市人才集团，成立了专家咨询指导委员会，聘任 28 名院士专家为委员，形成产学研协同攻关、区域协同创新的强大合力，为创新示范区建设提供科技支撑。

四　创新示范区建设阶段性成效

自创新示范区批复以来，郴州市经济社会发展主要指标均超过湖南省平均水平，2022 年 GDP 增速、高新技术产业增加值增速、绿色发展指数等均位居全省第 1。创新示范区各项指标持续稳定增长，较好地完成了《郴州市国家可持续发展议程创新示范区建设方案（2018–2020 年）》提出的相关要求。郴州市自主构建了水资源可持续利用"水立方"建设模式，系统推进"八水共治"，打造出"郴州好水，生活更美"的金字品牌，重要江河湖泊水功能区水质达标率、集中式饮用水水源地水质优良比例等涉水指标排名提升至全省首位，可持续助推高质量发展成效显著。有色金属、石墨、矿物宝石、精细化工、装备制造、电子信息等"六大产业集群"和"九大工业优势产业链"初具雏形，农业蔬菜、柑橘、茶叶、生猪等"四大百亿"产业蓬勃发展。郴州市成功获批中国（湖南）自由贸易试验区郴州片区，建成中国优秀旅游城市、全国文明城市、国家节水型城市，通过国家卫生城市复审，荣获联合国工发组织颁发的"全球绿色低碳领域先锋城市蓝天奖"（见表3-2）。辖区内资兴市"释放生态补偿红利，促进一湖碧水保护与发展"经验案例成为全省唯一入选的全国首批"绿水青山就是金山银山"实践模式和典型案例，"水资源可持续利用""绿色大数据中心"两个案例入选第一批湖南省生态文明案例。东江湖流域保护与治理工作经验在2022年全省总河长会议上作典型推介并入选省河长制工作创新案例汇编，东江湖、四清水库治理获评为全省美丽河湖建设优秀案例。

表3-2 创新示范区建设荣誉一览

获奖年份	荣誉称号	颁发机构
2019	中国优秀旅游城市	文化和旅游部
2019	全球绿色低碳领域先锋城市蓝天奖	联合国工发组织
2020	全国文明城市	中央精神文明建设指导委员会
2021	国家卫生城市	全国爱国卫生运动委员会
2022	国家节水型城市	住房和城乡建设部、国家发展和改革委员会

（一）推动发展理念转变

郴州市坚持以创新示范区建设引领经济社会发展全局，建立运行协调、项目实施、绩效考核推进机制，全面落实国务院批复要求和"湘十条"政策，着力培塑高质量发展独特优势。坚持以创新示范区建设凝聚全市上下共识，践行以人民为中心的发展思想，成立可持续发展促进中心，在全国首倡设定"可持续发展宣传月"，率先成立创新示范区建设志愿者协会，全市动员、全民参与，齐抓共管、齐心协力、齐头并进，加快推动发展方式、生产方式、生活方式、治理方式"四个转变"。

生态优先、绿色发展的理念在各级领导干部中得到了增强，"水立方"水资源可持续利用模式也随着创新示范区建设推进不断深入市县两级干部群众人心，成为指导创新示范区建设的重要方向。

（二）推动治理转化

郴州市紧扣"水资源利用效率低、重金属污染"等问题破题，统筹"四水联动"，推动"六大任务"，切实抓好中央和省环保督察反馈问题整改，实现由乱到治、由治及兴、由兴到好。

1. 源头治矿初现成效

郴州市坚持生态环境自然恢复与人工修复同时推进，创新推行"源头治矿—综合治理—有效开发"系统治理等模式，三年来（2019～2021年，下同），全市矿山总量从765家减少到119家；绿色矿山从19家增加至85家、居全省第1，获评全国绿色矿业发展示范区；尾矿库从103个减少到82个，全部建立污水处理设施和监测系统。三十六湾等重点矿区整治成效明显，流域断面氟化物、砷污染指标超标从20多倍降至0.5倍，三十六湾治理入选省长江流域重金属治理典型案例；甘溪河断面水质从劣Ⅴ类恢复到接近Ⅲ类，马家坪出境断面水质从劣Ⅴ类提升至Ⅳ类，秧溪河水质从劣Ⅴ类提升到Ⅲ类。

2. 系统治水效能提升

郴州市坚持河流上所有工程的运行以生态工程调度为主线，坚持山水林田湖草系统化治理，整体推进水安全、水生态、水环境、水资源、水产业、水科技、水文化、水管理"八水共治"，系统推进全市567条大小河流、1038座小型以上水库治理保护，东江湖水质稳定保持Ⅰ类，东江湖、四清水库治理被评为美丽河湖优秀案例；12个国控断面达标率稳定在100%；县级及以上饮用水水源地达标率保持在100%；重要江河湖泊水功能区水质达标率由90.9%提升至100%，全省排名从第11提升至第1，全市水质综合指数改善幅度排名全省第2；万元工业增加值用水量从64.83立方米下降到19.48立方米，规模以上工业企业重复用水率达到91%。

3. 科学治理成效显现

郴州市围绕"六大任务"梳理创新示范区技术需求50项，实施科技专项66项，新田岭钨矿采取膏体充填利用、改性粉体材料，年减少尾砂排放125万吨；临武三十六湾矿区采用纳米零价铁技术修复水体、高耐受高效率优势植物修复土壤等先进技术；城市污水收集率从37.8%提升至71.35%，由全省倒数第1跃升至全省第2。

（三）推动产业转型

聚焦传统产业转型升级、新兴产业培育、生态产业发展三个领域，郴州市围绕价值链、产品链、创新链、供应链的打造，不断加快建链、补链、强链、延链。坚持产业布局与产业结构调整同步推进，加快产业高端化、智能化、绿色化改造，提升产业"含金量""含新量""含绿量"。

1. 低端转向高端

郴州市推进传统资源型产业转向新型战略产业，打造新材料、装备制造、电子电池、新能源、数字经济等千亿产业集群，全市高加工度工业、高技术制造业增加值年均增幅均超过 10%。强化创新赋能，组建南岭现代种业研究院、可持续创新中心等平台，实施"人才新政 52 条"，设立 1.8 亿元人才发展专项资金，组建郴州市人才集团；旗滨中性硼硅药玻、郴州市氟化学"全氟聚醚"等技术打破国外垄断、填补国内空白；2021 年高新技术产业增加值增速排名全省第 1。郴州市微晶石墨新材料被纳入全省 20 条新兴产业链。引进了世界 500 强企业正威集团，总投资 50 亿元，打造正威新材料科技城；引进了"中国制造业 100 强企业"山东万华集团投资建设司空新家装项目，实现"稻草—板材—家具—家装"的全产业链发展。

2. 粗放转向集约

郴州市推进重点矿区整顿整合，坚持一个优势矿种对接一个行业龙头企业和战略投资者，有色金属采选综合能力、冶炼能力居全国前列，建成全国最大的白银、铋、微晶石墨生产基地和全省最大的铅锌生产基地。聚焦招大引强选优，推动"老乡回家乡、存量变增量、资源换财源、龙头来牵头"，引进投资额亿元以上重大招商项目 573 个，总投资 2531 亿元，正威、三一重工、龙源电力等 81 个"三类 500 强"[1] 项目落户郴州市。加快建设"五好"园区[2]，全市园区规模工业增加值占比达到 75.3%，主导产业集聚度提升至 72%；创建国家级和省级"专精特新"小巨人企业 17 家、88 家。

3. 黑色转向绿色

郴州市持续淘汰落后产能，取缔关闭高污染企业 1000 多家，全市万元规模工业增加值能耗年均下降超过 5%，获批全国工业资源综合利用基地，永兴县积极探索循环经济"永兴样板"、获批国家大宗固废综合利用示范基地，嘉禾县淘汰落后产能经验被列入全国典型案例库。加快完善绿色制造体系，推动资源型

---

1 "三类 500 强"：指世界财富 500 强、中国企业 500 强和民营企业 500 强。

2 "五好"园区：指规划定位好、创新平台好、产业项目好、体制机制好、发展形象好的园区。

产业绿色转型，建成智能制造示范车间（企业）28 个、绿色工厂 6 个、绿色园区 2 个，永兴晶讯光电获评"国家级绿色工厂"。

4. 绿色转型发展示范加快推进

郴州市统筹推进产业绿色化转型升级，推动传统产业绿色转型及示范，形成新的经济增长源。全市 9 家企业被纳入省绿色制造体系创建计划，1 家企业被列入国家第四批"绿色制造"名单，舜华鸭业被评为"国家级绿色工厂"。资兴市获评"全国第三批'绿水青山就是金山银山'实践创新基地"。嘉禾铸锻造产业集群数字化转型入选工信部典型案例名单。探索了稀贵金属回收、膏体充填、作改性粉体材料等多种尾砂综合利用模式。

（四）推动价值转换

郴州市坚定践行绿色发展理念，加快新旧动能转换，着力构建现代化经济体系，绿色产业发展水平持续提升。大力探索推行生态补偿、生态产品价值评价交易、绿色资源保护性开发等"两山"转换机制，推动绿水青山变为金山银山。莽山五指峰、飞天山等项目加快推进，郴州市文化旅游体育产业迈上千亿台阶。会展业蓬勃兴起，2019 年，郴州市入选"中国十佳优秀会展城市"。绿色生态农业高效推进，柑橘、蔬菜、茶叶、生猪逐渐形成"四大百亿产业"。

1. 产业生态化

郴州市实施文旅产业"千百十一"工程[1]，深化红绿融合，大力发展红色研学、生态康养、避暑度假等文旅产业，沙洲景区建设获评"全国红色旅游发展典型案例"，莽山建成全国首个无障碍山岳旅游景区，北湖仰天湖通过保护修

---

1 "千百十一"工程："千"就是全力建设千亿文旅产业；"百"就是全力推进 101 个文旅项目建设，涵盖红色文旅项目、景区景点提质改造项目、温泉康养提质扩容项目、森林康养提质扩容项目、文旅融合发展项目、工旅融合项目、体旅融合项目、文旅带动乡村振兴项目，以及文旅消费集聚区、旅游快进慢游、智慧旅游服务、民宿提质扩容、旅游星级宾馆酒店提质扩容等项目；"十"就是成立高规格的加快推进文旅产业高质量发展领导小组、强化市级领导联系重点文旅项目制度、牢固树立"项目为王"的理念、建立促进文旅恢复发展的常态化疫情防控体系和机制、出台一个支持文旅产业恢复发展的综合性政策文件、制定一套"引客入郴"优惠政策、开展一系列文旅营销推广活动、举办一系列文旅重点项目招商签约活动、组织全市文旅行业服务质量提升大比武活动、组织一次文创产品大赛活动十大举措；"一"就是实现"努力把郴州打造成为新时代国内外知名旅游目的地"这一目标。

复打造成为新的网红景点，桂东县把"凉资源"变成"热产业"，全力打造避暑胜地，康"氧"产业空前火爆，2022 年 1～7 月已接待游客超过 100 万人次，实现旅游总收入过 10 亿元。加快发展生态农业，打造"郴品郴味"，做优"一桌郴州饭"，全市绿色、有机、地理标志农产品认证有效总数达到 262 个，实现畜禽类、水产类绿色食品零的突破，认定粤港澳大湾区"菜篮子"生产基地 212 个、居全国第 2。加快建设全省风光水储多能互补示范基地，可再生能源装机容量占比达 66%，新能源电力装机容量、并网规模全省第 1。

2. 生态产业化

郴州市积极探索水资源高效利用，三年建设涉水产业项目 21 个，总投资 313 亿元。利用冷水资源打造东江湖大数据产业园，入选国家绿色数据中心、全国十大低碳节能园区、生态环境部 2021 年绿色低碳典型案例；利用热水资源大力发展"温泉＋康养"等新业态；利用净水资源发展生物医药、食品饮料等产业，着力开发原麦鲜啤、海藻苏打水、优质矿泉水等高端水产品。

3. 生态产品价值化

郴州市建立生态补偿、生态产品价值评价交易、土地资源绿色化开发等机制，市域内针对东江湖流域建立断面考核和补偿机制，与衡阳市签订流域跨界断面考核补偿协议，积极推动与广东省建立武水流域生态补偿机制。探索建立"生态价值"水权交易机制，推动莽山供水使用权转让。

（五）推动提质增效

郴州市坚持创新驱动、转型发展，围绕建设"五个郴州"，动态挖掘可持续发展潜力，不断在新的挑战和机遇中实现新突破。

1. 建设提速

郴州市三年实施创新示范区项目 188 个，完成项目 165 个，完成投资 756 亿元。建设方案确定的 31 项指标已达标 24 项，在全国前两批 6 个创新示范区中排名靠前，12 项共性指标中有 8 项居前 3。探索形成"一湖一策"水源地生态保护模式、"治水治矿"统筹推进矿山治理模式、"优水优用"涉水产业发展模式、"以水惠民"生态普惠发展模式、"无废循环经济"模式、"共建共享"全民参与模式等，成功构建郴州市水资源可持续利用"水立方"建设模式；资兴市"绿水青山就是金山银山"经验案例等入选全国、全省生态文明典型案例。

2. 发展提质

2021 年，郴州市 GDP 增长 8.8%，增幅居全省第 1，为 7 年来首次；财政质量、全口径税收增幅均居全省第 1，获湖南省政府真抓实干督查激励事项、典型经验推介 58 项，总量居全省第 3。2022 年，全市地区生产总值、地方财政收入、全口径税收收入等 9 项主要经济指标增速排名湖南省第 1 位。近三年，全市单位 GDP 能耗累计下降 7.85%，市城区空气质量保持国家二级标准，成功创建全国文明城市、全国节水型城市，获批国家级土壤污染综合防治先行区。

3. 民生提效

郴州市全体居民人均可支配收入从 2018 年的 2.35 万元提升至 2021 年的 2.96 万元。公共生态环境满意度达 94.4%，高于全省平均水平。东江引水一二期、莽山水库等工程改善 200 余万人饮水质量；全市农村饮水安全覆盖率达 100%，农村自来水普及率达 90.7%，城乡供水一体化被评为"全国民生示范工程"。

4. 创新能力持续提升

2022 年，郴州市全社会研发经费投入同比增长 97%，增幅位列全省第 1；全市高新技术产业投资、高加工度工业、高技术工业增加值同比分别增长 67.7%、8%、5.22%，高新技术产业增加值增速位列全省第 3；绿色技术银行、潇湘科技要素大市场郴州分市场等绿色创新平台启动建设。绿色技术转化渠道进一步畅通，组织实施了第一批技术专项 39 个，"尾矿新型胶凝材料""智能变频水力发电设备"等一批高校成果在郴州市中试转化。示范区建设以来，国家高新技术企业、国家科技型中小企业数量分别增长 2.2 倍、8.6 倍。国家专精特新"小巨人"企业实现零的突破。

CHAPTER 4

第四章
郴州市 SDGs 进展评估

"无法测量则无法管理"，对郴州市 SDGs 进展进行科学的评估能够更加具体地展示郴州市在落实可持续发展目标方面取得的成效，为可持续发展优先事项的确定提供参考。借鉴 SDSN 和贝塔斯曼基金会在全球层面和美国、欧洲城市层面的 SDG 指数与指示板的评估实践，结合城市层面可持续发展评估经验和郴州市国家可持续发展议程创新示范区建设主题，本章构建了由 16 项目标（郴州市不涉及 SDG14 水下生物）和 115 项指标组成的郴州市 SDGs 进展评估本地化指标体系，采用指标评估和目标评估的方式评价了郴州市落实 SDGs 的进展情况。对照《郴州市国家可持续发展议程创新示范区建设方案（2018–2020年）》确定的目标和行动，考虑第一阶段行动效果评估需求和已有工作基础，兼顾数据的可获得性，郴州市 SDGs 进展评估的时间段确定为 2015～2020 年。

一　SDGs 进展评估方法

聚焦城市层面落实《2030 年议程》的需求，围绕联合国 SDGs 和中国城市发展战略的有效衔接，通过可持续发展本地化方法将中国实际情况与 SDGs 对接，形成了符合 SDGs 语境的中国本地化 SDGs 指标体系，并将可持续发展目标诊断工具 / 方法与中国本地化 SDGs 指标体系结合，对郴州市国家可持续发展议程创新示范区开展可持续发展水平评价（评价思路见图 4–1），为其科学决策提供理论基础。

（一）指标选择

基于中国落实《2030 年议程》的实际行动和监测需求，以 IAEG–SDGs 提出的全球指标框架为基本框架，系统考虑 SDGs 语境下 17 项目标、169 项具体目标、231 个指标的考核基础条件，统筹国内外 SDGs 本地化的研究与实践进展，对接 SDSN 和贝塔斯曼基金会等关于可持续发展进展评估的典型做法，充分考虑国家发布的中长期专项发展规划里明确提出的考核指标，以及国家行动中对地方政府明确考核的指标，进行 SDGs 中国本地化探索，保留 IAEG–SDGs 提出的中国有可靠资料来源的指标。对于无法直接使用的 IAEG–SDGs 确定的指标，参考 SDSN 发布的全球 SDG 指示板，汇总中国中长期专项发展战略规划与行动计划里明确提出的 644 个考核指标，综合考虑指标权威性、通用性等因

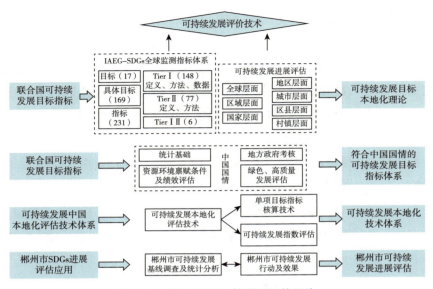

图 4-1 基于 SDGs 的进展评估思路

素，将无法直接使用的 SDGs 指标进行替换，最终形成一套符合 SDGs 语境的中国本地化指标体系。

基于 SDGs 中国本地化指标体系，参考 SDSN 对于欧洲及美国、意大利城市的评估实践，对接绿色低碳重点小城镇建设评价、国家生态文明建设试点示范区建设、中国人居环境评价等城市层面的评价指标，衔接郴州市可持续发展规划指标体系和示范区考核指标体系，结合实际情况，综合考量郴州市统计口径及各部门诉求，根据指标的相关性、普适性，数据的准确性、及时性、可靠性和普及性等原则，最终确定了包含 115 项指标的郴州市 SDGs 进展评估本地化指标体系（评价指标见附录）。郴州市 SDGs 进展评估指标体系创建路径如图 4-2 所示。

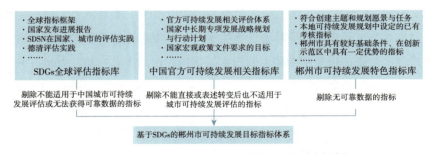

图 4-2 郴州市 SDGs 进展评估指标体系创建路径

（二）数据收集

2015 年是《2030 年议程》正式实施的前一年（基准年）；2020 年是郴州市建设国家可持续发展议程创新示范区工作第一阶段的收官年，且 2021 年部分指标的数据为估算数据，数据缺口较大，影响评估的准确性。基于上述原因选择收集 2015 ～ 2020 年数据对郴州市 SDGs 进展进行评估。

数据主要来源于《中国城市统计年鉴》《中国城乡建设统计年鉴》《湖南统计年鉴》《郴州统计年鉴》《郴州市国民经济和社会发展统计公报》《郴州市政府工作报告》《郴州市水资源公报》《郴州市年度环境状况公报》等官方公布的统计报告，除此之外的其他数据通过郴州市可持续发展基线调查的部门访谈及专家调研等途径获取。对于剩余无法获取的少量缺失数据指标，采取线性插值法[1]进行处理，将指标数据补齐。

（三）数据处理与测算

1. 确定指标上下限 / 阈值

由于计算方法的限制，确定数据的上限和下限可能会给指标评价带来意想不到的影响，尤其是下限，其对异常值特别敏感，因为它可能会影响到数据的排名。因此，为尽可能保证科学性，本研究指标上下限 / 阈值的确定严格参考以下 6 项内容。

（1）SDSN 与贝塔斯曼基金会发布的全球和城市评价体系（欧洲、美国、意大利）中指标的阈值；

（2）《国家可持续发展议程创新示范区建设情况评估报告》中指标的最优值和最差值；

（3）国家明确考核要求中规定的约束性阈值（如《美丽中国建设评估指标体系及实施方案》《绿色发展指标体系》《生态文明建设考核目标体系》《国家生态文明建设示范市县建设指标》等相关文件要求）；

（4）可持续发展目标和具体目标中概述的绝对数量阈值，如 SDG1（无贫穷）中，选择 0% 作为贫困发生率的上限值；

---

1 线性插值法：是数学、计算机图形学等领域广泛使用的一种简单插值方法。

（5）对于污染地块安全利用率、水土流失治理率、社会保障卡持卡人口覆盖率等指标，可考虑选择公认理想值作为其上限值；

（6）对于所有其他指标，对中国全部城市各项指标表现进行排名，使用"表现最好"前 5 名的平均值作为上限，剔除"表现最差"中 2.5% 的观测值以消除异常值对评分的干扰后，得到下限值，即最差值。

2. 指标得分计算

本研究构建的指标体系中，为了对数据进行重新标度和标准化处理，得分计算采用了 SDSN 和贝塔斯曼基金会开发的方法。具体如下：在确定指标上限和下限数值之后，运用下列公式对变量进行 ［0，100］ 范围内的线性转换：

$$x' = 100 \times \frac{x - min(x)}{max(x) - min(x)}$$

其中，x 是原始数据值；max / min 分别表示同一指标下所有数据的最优值和最差值，x' 是计算后的标准化值。通过该方法将各项指标数据都重新标度为 0 ~ 100 的数值，0 表示与目标最远（最差），100 表示与目标最接近（最优）。所有指标的表现将都能够按照得分进行比较，即更高的数值意味着距离发展目标更近。每个指标分布都将进行审查，所有超过最优值的指标得分为 100，低于最差值的指标得分为 0。

3. 指标加权及聚合

由于到 2030 年要求实现所有可持续发展目标，所以选择相等的权重赋予体系下的每一项目标 / 指标，以此来反映决策者对这些目标平等对待的承诺，并将其作为"完整且不可分割"的目标集。指标加权聚合主要分为以下两个步骤。

（1）利用标准化后的指标得分计算算术平均值，得出每项目标的得分；

（2）用算术平均来对每个目标的得分进行聚合，得出郴州市 SDG 指数（得分）。具体加权及聚合的方法见下式：

$$I_i = \sum_{j=1}^{N_{ij}} \frac{1}{N_{ij}} I_{ij}$$

$$I = \sum_{i=1}^{N_i} \frac{1}{N_i} I_i$$

其中，I_i 表示第 i 个目标的分数，N_i 表示郴州市参评目标数。N_{ij} 表示郴州市第 i 个目标内包含的指标数，I_{ij} 表示第 i 个目标内的指标 j 的分数。

4. 内部阈值的确定及颜色分配

为评估郴州市在可持续发展方面的进展，本研究构建了 SDG 指示板，根据得分分配色标确定评级。色标是通过创建内部阈值来制定的，这些阈值是实现 SDGs 的基准。通过将指标颜色映射到百分制 [0，100]，即将已经调整为 0～100 的得分指标分为 4 个等级，相应的等级对应不同的颜色，其中 0～30 是红色，30～60 是橙色，60～80 是黄色，80～100 是绿色，并保证每个间隔的连续性（见图4-3）。

图 4-3 指标数值阈值与颜色示意

颜色反映以下等级：红色——表现差；橙色——表现较差；黄色——表现中等；绿色——表现良好；灰色——无数据，信息不可用。值得注意的是，绿色不代表该项指标/目标已经达到可持续发展的要求，而是表明到 2030 年，郴州市有很大的可能会实现该项目标。与"绿色"相对应的"红色"评级意味着郴州市与一系列城市相比距离目标实现仍有很大差距。

（四）SDGs 进展趋势判断

为衡量郴州市在各项目标上的实现进度，本研究进行 SDGs 趋势判断，即利用 2015～2020 年的数据来估算郴州市向 SDGs 迈进的速度，并推断该速度能否保证郴州在 2030 年前实现目标。判断 SDGs 趋势的过程如下。

第一步，计算为实现某一项 SDG，2015～2030 年所需要的线性年均增长率。

第二步，计算每一项 SDG 最近一段时期（2015～2020 年）的年均增长率。

第三步，比较第一步和第二步计算出的年均增长率的差异，并转换为"四箭头系统"来描述 SDGs 实现的趋势。如图 4-4 所示，红色箭头代表"下降"趋势，对应近年来增速为负；橙色箭头代表"停滞"趋势，对应近年来增速为 0，或低于 2030 年前实现 SDGs 所需增速的 50%；黄色箭头代表"适度改善"趋势，对应近年来增速高于 2030 年前实现 SDGs 所需增速的 50%，但低于 2030 年前实现 SDGs 所需增速；绿色箭头代表"步入正轨趋势"，对应近年来增速大于等于 2030 年前实现 SDGs 所需增速。

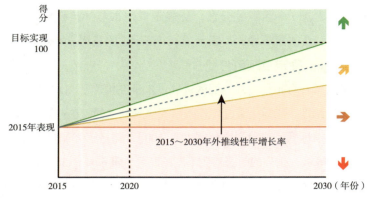

图 4-4　可持续发展目标趋势方法

第四步，结果修正。鉴于目标得分在一定范围内的波动属于正常情况，若出现某一目标近 5 年评级均表现为绿色，但由于得分的波动在第三步的计算中被判定为"下降"的情况，应将其最终趋势结果修正为"步入正轨"。

二　郴州市 SDGs 指标进展（单项指数）评估

（一）在全球消除一切形式的贫困

消除贫困是各项人权全面发展的基础，SDG1 基于"不让任何一个人掉队"的根本原则，要求所有人在任何时刻任何地点都不贫困，也不会返贫，同时要求构建良好的社会保障体系。

郴州市落实精准扶贫，通过产业扶贫、消费扶贫等方式推进脱贫攻坚工作，实现当前标准下的全面脱贫；教育局、人社局、卫健委、住建局等多部门通过采取投资建设、政策补贴等举措保障贫困人口在教育、就业、医疗、住房等生活方面的权利，社会保障体系逐步完善。SDG1 的得分由 2015 年的 62.27 分增加至 2020 年的 80.32 分，自 2018 年以来评级为绿色（见图 4-5）。各指标得分及指示板如表 4-1 所示。

1. 实现全面脱贫

郴州市开展一系列扶贫活动，聚焦"微心愿＋微服务"等工程，将资源、措施投向贫困村、贫困户进行精准扶贫。通过"千企帮千村"等行动，引进、培植

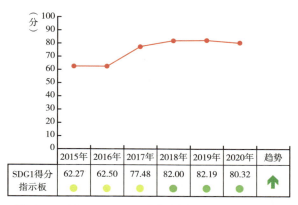

	2015年	2016年	2017年	2018年	2019年	2020年	趋势
SDG1得分 指示板	62.27	62.50	77.48	82.00	82.19	80.32	⬆

图 4-5 2015 ～ 2020 年郴州市 SDG1 得分情况

表 4-1 2015 ～ 2020 年 SDG1 指标进展情况

单位：分

指标	2015年	2016年	2017年	2018年	2019年	2020年	趋势	进展分析
贫困发生率	89.26	91.55	95.48	98.63	99.61	100.0	⬆	在现行标准下，郴州市的贫困发生率从 2015 年的 7.79% 降至 2020 年的 0%，已经实现全面脱贫
农村恩格尔系数[1]	66.85	65.46	71.75	78.50	76.50	71.00	⬈	郴州市农村恩格尔系数从 2015 年的 33.3% 下降至 31.6%，但仍高于世界相对富裕水平标准（30%），消费结构有待进一步优化
城乡居民最低生活保障人数占城乡人口比例	0.00	0.00	49.72	57.89	59.00	57.31	⬈	郴州市的城乡低保人口百分比从 2015 年 7.62% 持续下降至 2.86%，优于全国平均表现
社会保障卡持卡人口覆盖率	92.96	92.96	92.96	92.96	93.66	92.96	⬆	近年来郴州市社会保障卡持卡人口占比稳定在 95% 以上

产业扶贫项目 1367 个，联结贫困户达 5.78 万户 18.3 万人，带动贫困户年均增收 2100 元，利用消费扶贫累计销售扶贫产品 10.85 亿元。郴州市形成了"政府搭台、银行帮扶、企业唱戏、贫困户受益"的扶贫互动模式。2015 ～ 2020 年，在现行贫困标准下，郴州市贫困发生率从 7.79% 逐步降至 0%（见图 4-6），全

---

1 农村恩格尔系数：农村居民食品支出总额占个人消费支出总额的比重，表征农村居民家庭经济的富裕程度。

市累计 45.2 万人实现脱贫，贫困群众人均年纯收入由 2015 年的 2346.67 元提高到 2020 年的 10539 元。

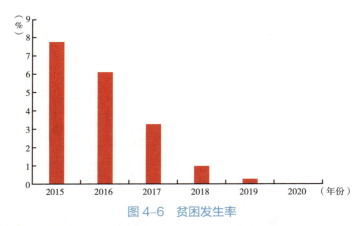

图 4-6　贫困发生率

2.社会保障体系逐步完善

2015 ～ 2020 年，郴州市城乡居民最低生活保障人数占城乡人口比例从 7.62% 降至 2.86%（见图 4-7），社会保障卡持卡人口覆盖率稳定在 95% 以上，城乡居民社会保障水平得到一定提升，但距离实现可持续发展目标仍存在一定距离。

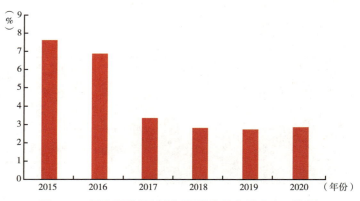

图 4-7　城乡居民最低生活保障人数占城乡人口比例

（二）消除饥饿，实现粮食安全，改善营养状况和促进可持续农业

粮食安全是人民生活的基础保障，是人类发展的基础保障，但世界上仍有许多人口长期处于饥饿或营养匮乏状态。SDG2 要求为所有人提供充足、安全的粮食保障，

同时要求发展可持续的农业。

郴州市立足农业资源禀赋和特色优势，打造以蔬菜、柑橘、茶叶、生猪"四大百亿"为核心的农业特色产业，促进农业经济收益提升。鼓励现代化、规模化种植，永久基本农田优先种植三大主粮，确保粮食生产面积，稳定发展粮食生产；按照源头减量、过程控制和末端利用的原则，减少耕地污染，建设处理农业废弃物的相关设施，构建农业可持续发展格局。SDG2 评级由 2015 年的橙色逐步过渡到绿色，整体呈向好趋势（见图 4-8）。各指标得分及指示板如表 4-2 所示。

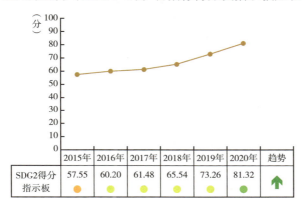

图 4-8　2015～2020 年 SDG2 得分情况

表 4-2　2015～2020 年 SDG2 指标进展情况

单位：分

指标	2015年	2016年	2017年	2018年	2019年	2020年	趋势	进展分析
每公顷面积粮食产量	79.35	81.24	81.23	82.04	82.58	83.52	⬆	郴州市粮食单产量从 2015 年的 5.6 吨 / 公顷增长至 2020 年的 5.9 吨 / 公顷，领先《可持续发展报告》绿色标准（2.5 吨 / 公顷）
食用农产品抽检合格率	98.12	98.10	98.10	98.05	98.07	97.75	⬆	2015～2020 年，郴州市食用农产品抽检合格率基本稳定在 98% 左右
5 岁以下儿童低体重率	85.43	86.01	89.82	90.55	90.98	92.52	⬆	郴州市 5 岁以下儿童低体重率始终保持绿色评级
农业劳动生产率[1]	28.73	36.17	31.53	33.84	44.79	59.93	⬆	2015～2020 年，郴州市农业劳动生产率从 3 万元 / 人提升至 4.9 万元 / 人，提升 63%

1　农业劳动生产率：平均每个农业劳动者在单位时间内生产的农产品量或产值。

指标	2015年	2016年	2017年	2018年	2019年	2020年	趋势	进展分析
农村居民人均可支配收入	9.78	16.16	23.15	30.91	39.52	47.30	⬆	郴州市农村居民人均可支配收入从 1.2 万元增加至 1.8 万元，但评级仍未达到黄色，存在进步空间
秸秆综合利用率	76.02	79.42	82.00	81.60	85.00	86.85	⬆	2015～2020 年，郴州市秸秆综合利用率增长至 85% 以上，按照当前增长速度有望达到郴州市"十四五"规划目标（90%）
畜禽粪污综合利用率	0.00	0.00	0.00	20.00	55.94	91.89	⬆	2015～2020 年，郴州市畜禽粪污综合利用率快速提升，但距离"十四五"规划目标（95%）仍有一段距离
农田灌溉水有效利用系数	83.00	84.50	86.00	87.35	89.22	90.78	⬆	2016～2020 年，郴州市农田灌溉水有效利用系数保持在 0.5 以上，并保持不断提升的趋势

1. 粮食单产量不断提高

郴州市严格落实耕地保护制度，保证粮食播种面积，建设高标准农田；同时推动开展集中育秧和农药化肥减量等农业技术研究，提升粮食单产量，保障粮食充足供给。2015～2020 年，郴州市每公顷粮食产量从 5596 千克增长至 5879 千克（见图 4-9）。

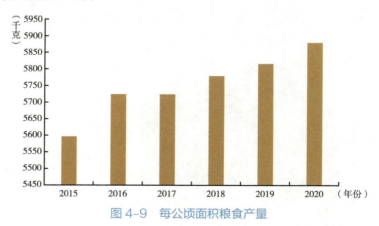

图 4-9 每公顷面积粮食产量

2. 食用产品安全得到保障

郴州市各级农业农村部门推进农业标准化、规模化生产，构建农产品质量安全监管体系。瞄准创建"国家级农产品质量安全市"的目标，实行"农产品质量安全例行监测、产地准出、产品追溯和市场准入"四项监管制度，完善"市、县、乡、村"四级农产品质量安全监管体系，并配套农产品追溯管理制度，加大农产品质量安全执法力度。2015～2019

图4-10　资兴杨梅品质优良（实地调研拍摄）

年，郴州市农产品抽检合格率稳定在98%以上，2020年稍有下降（97.75%）。图4-10为郴州市资兴市特色农产品杨梅。

3. 农业经济收益提升

郴州市探索"绿水青山就是金山银山"的转化路径，立足生态资源优势，通过产业改革创新，活跃土地、劳动力、绿色资源、自然风光等要素，大力发展中药材、茶叶、生态养殖等特色产业，让资源变资产、资金变股金、农民变股东，将绿水青山蕴含的生态产品价值转化为金山银山。郴州市农业经济收益也随之提升。2015～2020年，农业劳动生产率从3万元/人提升至4.9万元/人，提升63%。农村居民人均可支配收入从1.2万元增加至1.8万元（见图4-11）。农村居民和农业从业者的收入均显著提高。

图4-11　农业劳动生产率和农村居民人均可支配收入

4. 农业废弃物高效利用

郴州市依据"保供给"与"保环境"并重的原则，加大农业废弃物综合利用相关设施投入和建设力度，积极探索秸秆、畜禽粪污、农膜等废弃物处理和资源化利用新模式。2015～2020年，郴州市秸秆综合利用率增长至85%以上（见图4-12），但距离2020年中国平均水平（90%）仍有一定差距。

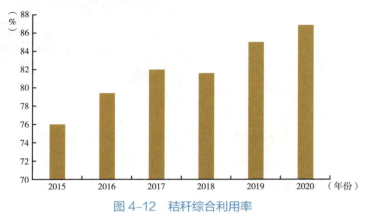

图4-12　秸秆综合利用率

（三）确保健康的生活，促进各年龄段人群的福祉

确保人民身体健康，营造健康生活环境，是人民生活的美好追求，也是国家发展的基本目标。SDG3要求所有人能够拥有健康生活以及普及的医疗保健服务。

郴州市不断强化医疗服务体系建设，医疗卫生和公共卫生服务水平进一步提升，卫生健康事业得到发展。SDG3由2015年的75.10分增加至2020年的86.81分，自2016年以来评级均为绿色（见图4-13）。各指标得分及指示板如表4-3所示。

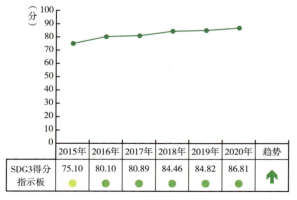

图4-13　2015～2020年SDG3得分情况

表 4-3　2015 ～ 2020 年 SDG3 指标进展情况

单位：分

指标	2015年	2016年	2017年	2018年	2019年	2020年	趋势	进展分析
孕产妇死亡率	98.84	97.96	98.77	98.69	99.59	99.78	↑	郴州市的孕产妇死亡率从2015年的12.83人/10万人下降至2020年的5.2人/10万人，达到《可持续发展报告》绿色标准（≤70人/10万人）
5岁以下儿童死亡率	97.00	97.20	97.95	97.51	97.98	98.10	↑	郴州市5岁以下儿童死亡率从2015年的6.43‰下降至2020年5.02‰，达到《可持续发展报告》绿色标准（≤25‰）
婴儿死亡率	93.03	92.77	93.68	93.83	94.84	95.57	↑	郴州市新生婴儿死亡率从2015年的3.79‰降至2020年的2.81‰，达到《可持续发展报告》绿色标准（≤12‰）
因道路交通伤所致死亡率	100.0	100.0	90.88	100.0	100.0	100.0	↑	郴州市因道路交通伤所致死亡率基本保持在2例/10万人以内，达到《可持续发展报告》绿色标准（≤8.4例/10万人）
人均预期寿命	75.58	76.57	77.23	78.55	79.54	80.54	↗	郴州市的人均预期寿命从2015年76.7岁增长至2020年78.2岁，优于中国平均水平（77.93岁）
每千名未感染者中艾滋病毒新感染病例数	98.87	98.34	98.31	98.12	98.04	98.16	↑	郴州市未感染者中艾滋病新感染病例数从2015年的6.21人/10万人增至2020年的10.1人/10万人，指标评级稳定在绿色
每10万人中的结核病发生率	86.57	87.32	87.17	86.28	87.16	89.10	↑	郴州市结核病发病率从2015年的75人/10万人下降至2020年的61人/10万人
每10万人中的乙型肝炎发生率	84.01	82.70	80.03	75.45	71.73	69.27	↓	郴州市乙型肝炎发生率从2015年的177人/10万人增长至2020年的315人/10万人
自杀死亡率	79.02	81.91	83.87	89.52	89.66	93.46	↑	郴州市自杀死亡率呈现下降趋势，表现优于全国平均水平
法定传染病发生率	93.74	92.51	93.35	90.55	80.52	91.59	↑	除2019年外，2015～2020年间，郴州市法定传染病发生率均控制在800人/10万人以下

指标	2015年	2016年	2017年	2018年	2019年	2020年	趋势	进展分析
每千人口医疗卫生机构床位数	7.05	40.56	57.32	93.47	100.0	100.0	⬆	郴州市每千人医疗卫生机构床位数从 2015 年的 6.08 张增至 2020 年的 7.66 张，整体呈上升趋势，高于国家平均水平（6.37 张）
每千人口执业（助理）医师人数	0.00	0.00	0.00	0.00	6.00	15.33	➡	每千人中执业（助理）医师人数从 2015 年的 2.06 人增至 2020 年的 2.73 人，整体呈上升趋势，但距离国家平均水平（6.12 人）仍有较大进步空间
适龄儿童免疫规划疫苗接种率	62.60	93.40	93.00	96.00	97.60	97.60	⬆	适龄儿童免疫规划疫苗接种率从 2015 年的 98.13% 增长至 99.88%

1. 传染病防治能力亟待提升

传染病的防治是保障城市公共安全的重要工作，2015～2018 年，郴州市法定传染病发生率从 573.97 人/10 万人增加至 794.69 人/10 万人，2019 年激增至 1488.5 人/10 万人，但 2020 年得到一定控制，发生率下降至 722.58 人/10 万人（见图 4-14）。

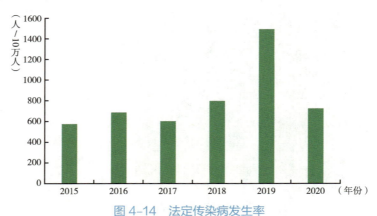

图 4-14　法定传染病发生率

2. 医疗队伍不断壮大

郴州市按照国家和省里的统一安排和部署，通过开展农村订单定向医学生免费培养、全科专业住院医师规范化培训、助理全科医生培训和全科医生转岗培训等多种方式建设医生队伍。2015 ~ 2020 年，郴州市每千人中执业（助理）医师人数从 2015 年的 2.06 人增至 2020 年的 2.73 人（见图 4-15），整体呈上升趋势，但与目标要求和人民的健康需求差距较大。

图 4-15　每千人口执业（助理）医师人数

3. 居民身心健康水平不断提高

郴州市在社区和农村开展定期免费体检，开办心理健康知识讲座，开展健康宣传活动，推动全民强身健体，对各区域进行卫生健康领域"双随机"抽查。在全市构建"15 分钟的健身圈"，公共体育设施免费或低收费实现 100%，提升居民健康水平。2015 ~ 2020 年，郴州市人均预期寿命从 76.7 岁增长至 78.2 岁（见图 4-16），但仍与国际优秀水平[1]（≥ 80 岁）存在差距。

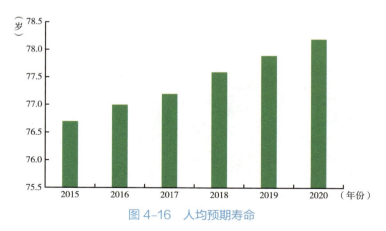

图 4-16　人均预期寿命

1　国际优秀水平：指在《可持续发展报告》中的指标评级为绿色的数值。

（四）确保包容和公平的优质教育，让全民终身享有学习机会

获得高质量的教育是改善人民生活和实现可持续发展的必备条件。SDG4 要求推广学前教育，所有适龄学童都能够接受免费的初等、中等教育，人人都应当有机会接受优质高等教育。

郴州市注重优化城乡学校规划布局，加速推进"两类"学校[1]和芙蓉学校[2]建设，保障教育普及性；开展教育教学改革，推进高等教育、职业教育、民办教育、特殊教育、终身教育等全面发展。SDG4 评级在 2020 年提升至绿色，呈现向好的态势（见图 4-17）。各指标得分及指示板如表 4-4 所示。

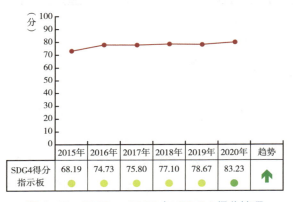

	2015年	2016年	2017年	2018年	2019年	2020年	趋势
SDG4得分指示板	68.19	74.73	75.80	77.10	78.67	83.23	⬆

图 4-17 2015 ~ 2020 年 SDG4 得分情况

表 4-4 2015 ~ 2020 年 SDG4 指标进展情况

单位：分

指标	2015年	2016年	2017年	2018年	2019年	2020年	趋势	进展分析
学龄人口入学率	100.0	100.0	100.0	100.0	100.0	100.0	⬆	2015 ~ 2020 年，郴州市学龄人口入学率始终保持 100%
小学生师比[3]	23.31	28.08	32.08	33.77	38.15	46.31	⬆	郴州市小学生师比从 2015 年的 1∶24.97 一路升至 2020 年的 1∶21.98，水平有所提升，但距离国家要求（1∶19）仍有一定差距

---

1 "两类"学校：指乡村小规模学校和乡镇寄宿制学校。
2 芙蓉学校：指主要面向贫困学生招生的中小学校。
3 小学生师比：评价指标指小学专任教师总数与小学在校生总数之比。

指标	2015年	2016年	2017年	2018年	2019年	2020年	趋势	进展分析
普惠性幼儿园在园幼儿数占总在园幼儿数的百分比	35.83	67.69	66.39	69.95	73.17	85.58	⬆	郴州市普惠性幼儿园在园幼儿数占总在园幼儿数的百分比从2015年的35.83%增长至85.58%，占比显著提升
特殊教育学生入学率	85.00	87.00	90.10	92.00	93.20	100.0	⬆	郴州市特殊教育学生入学率从2015年的85%增长至2020年的100%
劳动年龄人口平均受教育年限	65.00	65.63	66.25	66.88	67.50	67.50	➡	郴州市的劳动年龄人口平均受教育年限从10.4年增长至10.8年
15岁以上人口文盲率	100.0	100.0	100.0	100.0	100.0	100.0	⬆	2015～2020年，郴州市15岁以上人口文盲率始终保持为0

1. 义务教育普及稳定保持

在国家统一实施的九年义务教育制度背景下，郴州市在确保所有男女童获得受教育机会方面表现良好，自2015年起学龄儿童净入学率始终保持100%，符合国家所规定的入学要求，义务教育巩固率达98.6%，使全市儿童获得公平的受教育机会。图4-18为郴州市汝城县"沙洲芙蓉学校"。

图4-18　沙洲芙蓉学校（段王洁 摄）

2. 学前教育加大普惠性覆盖率

学前教育的推广可以为儿童带来更加基础和完善的知识体系，是推进教育体系现代化、增强全年龄段知识素养、提升社会幸福度的重要举措。郴州市通过加大资金投入等方式在学前教育特别是普惠性幼儿园建设方面做出了一定的努力，普惠性幼儿园在园幼儿数占总在园幼儿数的百分比从2015年的35.83%增长至85.58%（见图4-19），学前教育的公益性和普惠性增强。

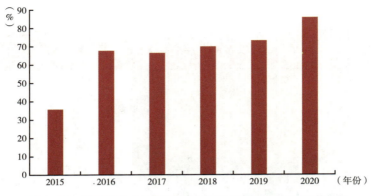

图 4-19　普惠性幼儿园在园幼儿人数占总在园幼儿数的比重

3. 特殊教育收获社会持续关注

自 2015 年以来，郴州市特殊教育学生入学率不断提高，从 2015 年的 85% 上升到 2020 年的 100%（见图 4-20），超额完成《第二期特殊教育提升计划（2017–2020 年）》中提出的到 2020 年达到 95% 的目标，保证社会弱势群体能够得到公平的受教育机会。

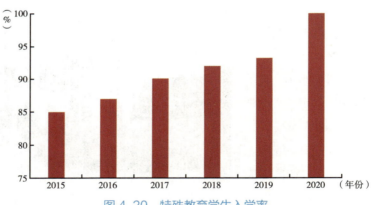

图 4-20　特殊教育学生入学率

（五）实现性别平等，增强所有妇女和女童的权能

性别平等与妇女发展是人类追求公平、正义与平等的永恒主题，是社会文明进步的衡量尺度，也是人类实现可持续发展的重要目标。SDG5 要求消除对妇女和女童的歧视与伤害，保障男女拥有平等地获取政治资源、教育资源等方面的权利。

郴州市结合本地妇女发展和男女平等的实际情况，通过发布《郴州市妇女发展规划（2016–2020年）》等政策规划并落实的方式实现对妇女合法权益的保障，提高妇女社会地位，推动妇女依法行使民主权利，使其平等参与社会经济发展，平等享有发展成果。SDG5 评级一直为黄色，得分有小幅度波动（见图4–21）。各指标得分及指示板如表 4–5 所示。

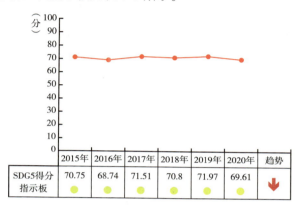

	2015年	2016年	2017年	2018年	2019年	2020年	趋势
SDG5得分	70.75	68.74	71.51	70.8	71.97	69.61	⬇
指示板	🟡	🟡	🟡	🟡	🟡	🟡	

图 4–21　2015～2020 年 SDG5 得分情况

表 4–5　2015～2020 年 SDG5 指标进展情况

单位：分

指标	2015年	2016年	2017年	2018年	2019年	2020年	趋势	进展分析
小学女童入学率	100.0	100.0	100.0	100.0	100.0	100.0	⬆	2015～2020 年，郴州市小学女童入学率保持 100%
市人大代表和市政协委员中女性百分比	57.28	51.23	59.55	60.14	58.20	57.60	➡	2015～2020 年，郴州市人大代表和政协委员中女性百分比始终保持在 30% 左右
公务员中女性百分比	54.98	54.98	54.98	52.25	57.70	51.23	⬇	2015～2020 年，郴州市公务员中女性百分比在小范围内波动，评级始终为橙色，总体呈现下降趋势

2015～2020 年，郴州市人大代表和政协委员中女性百分比（见图 4–22）、公务员中女性百分比两项指标均在 30% 左右，在小范围内波动，超过湖南省和全国的平均水平。妇女参政程度较为稳定。

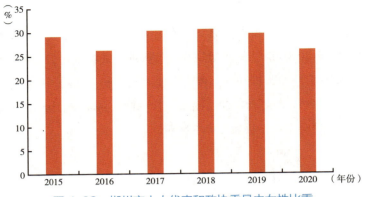

图 4-22　郴州市人大代表和政协委员中女性比重

（六）为所有人提供水和环境卫生并对其进行可持续管理

6 清洁饮水和
卫生设施

水是生命之源，是保障可持续发展的基本资源。SDG6 旨在确保人人享有水和卫生设施并对其进行可持续管理，落实 SDG6 对于社会经济发展、能源和粮食生产、生态系统健康以及人类自身的存活都至关重要。

郴州市统筹饮用水水源地保护、水环境治理（水污染防治）、水资源保障、水生态保护修复、水环境风险防控、水生态环境监测和管理等一系列工作，对辖区内三大流域和五大水系实行精准治理，着力打造护水、治水、用水、节水多向发力的"四水联动"郴州模式。SDG6 的进展表现良好，SDG6 的得分由 2015 年的 77.75 分上升至 2020 年的 88.55 分，近年评级保持绿色，得分在 90 分附近波动（见图 4-23）。各指标得分及指示板如表 4-6 所示。

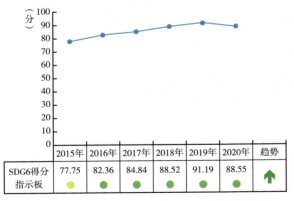

	2015年	2016年	2017年	2018年	2019年	2020年	趋势
SDG6得分指示板	77.75 ●	82.36 ●	84.84 ●	88.52 ●	91.19 ●	88.55 ●	⬆

图 4-23　2015～2020 年 SDG6 得分情况

表 4-6 2015 ~ 2020 年 SDG6 指标进展情况

单位：分

指标	2015年	2016年	2017年	2018年	2019年	2020年	趋势	进展分析
城市集中式饮用水水源地水质达标率	100.00	100.00	100.00	100.00	100.00	100.00	↑	2015 ~ 2020 年，郴州市城市集中式饮用水水源地水质达标率保持在100%
村镇饮用水卫生合格率	100.00	100.00	100.00	100.00	100.00	100.00	↑	2015 ~ 2020 年，郴州市村镇饮用水卫生合格率保持在100%
农村卫生厕所普及率	77.08	82.83	100.00	100.00	100.00	86.71	↑	2015 ~ 2020 年，郴州市农村卫生厕所普及率由79.3% 上升至 88%
城镇污水处理率	83.33	84.52	88.33	73.36	88.81	89.05	↑	2015 ~ 2020 年，郴州市城镇污水处理率总体保持增长，由93% 上升至 95.4%，2018 年出现短暂下滑
地表水质量达到或好于Ⅲ类水体比例	93.76	93.76	93.76	87.29	87.29	93.76	↑	2018 年和 2019 年郴州市地表水质量达到或好于Ⅲ类水体比例为 94.7%，2015 年、2016 年、2017 年和 2020 年环境水体良好比例均保持在 97.4%
万元地区生产总值用水量	72.57	75.27	78.24	79.64	79.24	83.71	↑	2015 ~ 2020 年，郴州市万元地区生产总值用水量从121 立方米下降至 73.2 立方米，降幅为 39.5%，超过《中国落实 2030 年可持续发展议程国别方案》中下降 23% 的目标
水资源开发利用率	85.05	87.81	81.66	80.96	87.43	85.95	↑	2015 ~ 2020 年，郴州市水资源开发利用率波动较大，2018 年达到最大值 15.04%，2020 年回落至 11.1%
重要江河湖泊水功能区水质达标率	10.22	34.70	51.03	100.00	100.00	69.18	↑	2015 ~ 2020 年，郴州市重要江河湖泊水功能区水质达标率上升至 91%，其中 2018 年和 2019 年达到100%，基本完成《郴州市国家可持续发展议程创新示范区建设方案（2018–2020 年）》中重要江河湖泊水功能区水质达标率在 91.0% 以上的目标

1. 饮用水水源地水质全域达标，地表水水质改善

2015～2020年，郴州市城市集中式饮用水水源地水质达标率和村镇饮用水卫生合格率均保持100%，评级保持绿色。地表水质量达到或好于Ⅲ类水体比例，2018年和2019年短暂下降到95%以下，略低于湖南省地表水质量水平（95.4%）；2020年该比例回升至97.4%，远超全国平均水平（83.4%），评级保持绿色（见图4-24）。

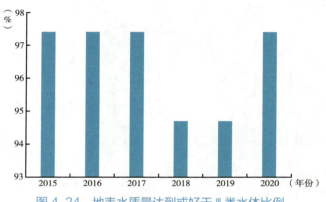

图 4-24　地表水质量达到或好于Ⅲ类水体比例

2. 污水处理能力提高，水和环境卫生持续改善

2015年以来，郴州市城镇污水处理率呈整体增长态势，由93%提升至95.4%（见图4-25）。农村卫生厕所普及率由79.3%提升至88%，超过湖南省（80%）和全国（68%）的平均水平。

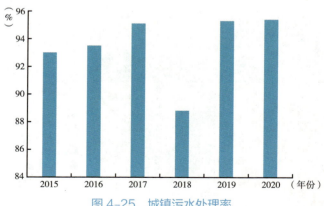

图 4-25　城镇污水处理率

3. 水资源利用效率提升

郴州市通过采取工业废水循环利用、农业灌区系统改造、公共机构智慧水务、社区促节水等多种模式，探索高效利用水资源的方式。2015～2020年，郴州市万元地区生产总值用水量呈现逐年下降的趋势，2020年郴州市万元地区生产总值用水量下降至73.2立方米（见图4-26），但仍高于全国平均水平（57.2立方米），存在改善空间。

图 4-26　万元地区生产总值用水量

4. 重要江河湖泊水功能区水质达标率波动明显

郴州市对东江湖流域内林地实行全面封山育林、禁伐保护，同时实现荒山荒地造林、补植补造林，建设水源涵养林；实施杭溪河湿地、兴宁河入湖河口湿地等项目，修复湖滨河滨湿地。东江湖水质稳中向好，成为中国中东部地区少数长期保持地表水Ⅰ类水质的大型湖泊。2015～2020年，郴州市重要江河湖泊水功能区水质达标率表现良好，在2018年、2019年均为100%，超越全国平均达标率（86.9%）（见图4-27），整体趋势步入正轨。

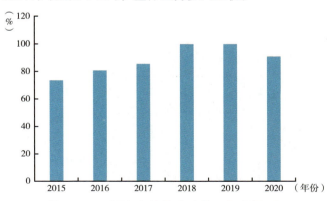

图 4-27　重要江河湖泊水功能区水质达标率

（七）确保人人获得负担得起的、可靠和可持续的现代能源

7 经济适用的清洁能源

能源转型是当今社会共同关注的问题，SDG7 要求确保可持续能源的普及、可靠性、可负担性和现代化。探索能源的清洁化、经济化利用途径，将为我们提供改变生活方式、改善经济运行和保护地球的绝佳途径。

郴州市大力发展新能源产业，实行全面改造清洁能源的行动，发展新型可再生能源、清洁替代能源、太阳能光伏等新能源产业，在能源结构的调整、能源利用效率的增加、节能减排、电力普及等方面开展了一系列的政策行动。郴州市 SDG7 的得分由 2015 年的 70.89 分上升至 2020 年的 81.28 分，评级在 2016 年由黄色转绿色并保持（见图 4–28）。各指标得分及指示板如表 4–7 所示。

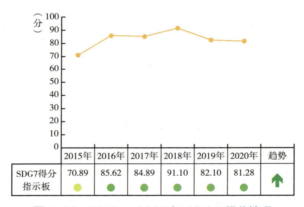

	2015年	2016年	2017年	2018年	2019年	2020年	趋势
SDG7得分指示板	70.89	85.62	84.89	91.10	82.10	81.28	⬆

图 4–28　2015 ～ 2020 年 SDG7 得分情况

表 4–7　2015 ～ 2020 年 SDG7 指标进展情况

单位：分

指标	2015年	2016年	2017年	2018年	2019年	2020年	趋势	进展分析
用电覆盖率	100.00	100.00	100.00	100.00	100.00	100.00	⬆	2015 ～ 2020 年，郴州市用电覆盖率保持在 100%
燃气普及率	54.00	56.35	75.70	67.35	88.65	92.50	⬆	2015 ～ 2020 年，郴州市燃气普及率由 90.8% 提高至 98.5%，完成《中国人居环境奖评价指标体系（试行）》中设定的 98% 的燃气普及率目标

指标	2015年	2016年	2017年	2018年	2019年	2020年	趋势	进展分析
可再生能源发电量占全部发电量的百分比	100.00	100.00	100.00	100.00	90.53	87.24	↑	2015～2020 年，郴州市可再生能源发电量占全部发电量的百分比出现下滑，由 55.89% 下降至 44.84%
非化石能源占一次能源消费比重	69.86	63.49	64.91	71.40	58.16	60.92	↓	2015～2020 年，郴州市非化石能源占一次能源消费比重整体呈下降趋势
万元 GDP 能耗	98.18	98.45	98.61	98.92	99.01	99.02	↑	2015～2020 年，郴州市万元 GDP 能耗由 0.6205 吨标准煤下降至 0.457 吨标准煤
单位 GDP 能耗下降率	74.21	82.26	55.00	100.00	44.77	20.53	↓	2015～2020 年，郴州市单位 GDP 能耗下降率波动较大，2018 年达到最大值 11.3%，2020 年回落至 0.46%
能源消费弹性系数	0.00	100.00	100.00	100.00	85.72	100.00	↑	2015～2020 年，郴州市能源消费弹性系数波动较大，2017 年达到最小值 -4.52，2020 年增加至 -1.639
大数据产业电源使用效率（PUE）					90.00	90.00	↑	郴州市大数据产业电源使用效率（PUE）基本稳定在 1.2 以下

1. 可再生能源推广进入瓶颈期

2015～2020 年，郴州市可再生能源发电量占全部发电量的百分比由 55.89% 下降到 44.84%，尽管仍然高于全国平均水平（29.5%），但该指标从 2019 年开始出现明显的回落；非化石能源占一次能源消费比重呈下降趋势（见图 4-29）。

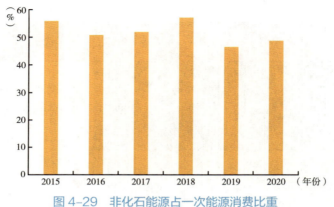

图 4-29　非化石能源占一次能源消费比重

2. 能源利用效率显著提升

2015 ～ 2020 年，郴州市万元 GDP 能耗由 0.6205 吨标准煤下降到 0.457 吨标准煤（见图 4-30）。根据《生态县、生态市、生态省建设指标（修订稿）》的规定，万元 GDP 能耗应小于 0.9 吨标准煤，郴州市 2015 ～ 2020 年的万元 GDP 能耗均符合标准要求。单位 GDP 能耗下降率变化波动较大，整体得分为下降趋势，2018 年达到最大值 11.3%，评级为绿色，而 2020 年的下降率仅为 0.46%，评级为红色；能源消费弹性系数同样呈现极大波动，2020 年系数为 −1.639，呈现适度改善的趋势。

图 4-30　万元 GDP 能耗

3. 大数据产业园开辟节能减排路径

大数据产业是郴州市水资源高效、可持续利用发展的典型产业，自 2017 年运行以来，东江湖数据中心（见图 4-31）PUE 值基本稳定在 1.05 ～ 1.16，远低于目前全球最大的 624 家 IT 公司的 PUE 平均值，在国内排名第一、世界排名第二。

图 4-31　郴州市东江湖大数据产业园效果图

（八）促进持久、包容和可持续的经济增长，促进充分的生产性就业和人人获得体面工作

8 体面工作和经济增长

SDG8 要求经济持续和包容地增长，推动社会进步，为所有人创造体面的就业机会，并改善生活水平。

郴州市经济保持中高速增长，在财税、投资、土地、金融、人才等方面加大政策支持力度，同时采取多种方式拓宽就业渠道。2015 ~ 2020 年，郴州市全体居民人均可支配收入年均增长 8.5%，累计实现城镇新增就业 37 万余人。SDG8 评级保持橙色，得分由 2015 年的 49.11 分下降至 2020 年的 47.67 分，2030 年达到 SDG8 目标面临严峻挑战（见图 4-32）。各指标得分及指示板如表 4-8 所示。

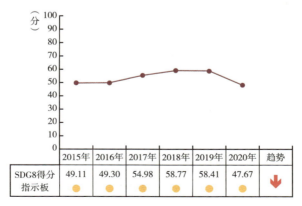

	2015年	2016年	2017年	2018年	2019年	2020年	趋势
SDG8得分	49.11	49.30	54.98	58.77	58.41	47.67	⬇
指示板	🟡	🟡	🟡	🟡	🟡	🟡	

图 4-32　2015 ~ 2020 年 SDG8 得分情况

表 4-8　2015 ～ 2020 年 SDG8 指标进展情况

单位：分

指标	2015年	2016年	2017年	2018年	2019年	2020年	趋势	进展分析
人均 GDP	22.86	24.89	25.15	27.59	30.19	31.42	⬈	2015～2020 年，郴州市人均 GDP 由 39113.7 元上升至 52701 元
GDP 年均增长幅度	100.00	100.00	100.00	100.00	100.00	45.66	⬇	2015～2019 年，郴州市 GDP 年均增长幅度小幅波动，2020 年增长幅度为近年最低（3.6%）
城镇恩格尔系数 [1]	66.75	69.50	72.50	76.50	77.50	73.75	⬈	2015～2019 年，郴州市城镇恩格尔系数持续下降，2020 年出现反弹（30.5%），但仍然高于全国平均水平（29.2%）
全员劳动生产率	18.75	20.60	20.22	22.03	26.97	26.26	⬈	2015～2020 年，郴州市全员劳动生产率总体保持上升趋势，由 55077 元/人增加到 72155 元/人，但与湖南省平均水平还存在一定差距
在岗职工平均工资	9.96	15.75	20.45	24.51	26.13	32.34	⬆	2015～2020 年，郴州市在岗职工平均工资持续增长，由 4090 元增加到 6177 元，但在 70 个三线城市中排名位于最后 30%
城镇居民人均可支配收入	0.00	0.00	0.00	6.51	17.14	24.20	➡	2015～2020 年，郴州市城镇居民人均可支配收入由 25534 元增加至 36989 元，超过湖南省平均水平
城镇登记失业率	87.83	88.27	88.31	89.13	92.87	91.69	⬆	2015～2019 年，郴州市城镇登记失业率持续下降，2020 年出现反弹（2.61%）
每 10 万人安全生产事故死亡人数	81.00	67.45	76.40	87.35	86.68	60.67	⬇	2015～2019 年，郴州市每 10 万人安全生产事故死亡人数由 1.14 人下降至 0.8 人；2020 年出现反弹，达到 2.36 人，未能实现《国别方案》中较 2015 年下降 30% 的目标

---

[1]　城镇恩格尔系数：城镇居民食品支出总额占个人消费支出总额的比重，表征城镇居民家庭经济富裕程度。

指标	2015年	2016年	2017年	2018年	2019年	2020年	趋势	进展分析
旅游业增加值占地区生产总值的比重	53.00	55.80	58.90	61.20	61.80	65.04	⬈	2015～2020年，郴州市旅游业增加值占地区生产总值的比重持续上升，由5.3%上升至6.5%，远远超过2020年全国平均比重4.01%
第三产业生产总值占地区生产总值的百分比	0.00	0.00	42.81	51.63	52.52	44.66	⬈	2015～2019年，郴州市第三产业生产总值占地区生产总值的比重持续上升，达到51.8%，2020年小幅回落至50.02%，产业结构调整整体取得一定成效
存贷比 [1]	100.00	100.00	100.00	100.00	70.66	28.67	⬇	2015～2020年，郴州市存贷比由49.02%增加至71.35%，金融业对实体经济的支持力度持续增强，但逼近国家规定75%的限值范围

1. 经济总量保持增长，经济增速放缓

2015～2020年，郴州市人均GDP保持上升态势，由39113.7元增长到52701元，增长34.74%，评级在2019年由红色转为橙色，趋势表现为适度改善；但GDP年均增长幅度在2020年明显回落（见图4-33）。

图4-33 人均GDP和GDP年均增长幅度

---

1 存贷比：指商业银行贷款总额与存款总额的比率，通常反映资金的活跃程度。

2.落实就业优先政策，推动高质量就业

2015～2020年，郴州市在岗职工平均工资逐年提升，由4090元上升至6177元；城镇登记失业率由3.59%降低至2.61%，总体上呈现逐渐降低的态势，其中2020年相较于2019年的2.31%出现小幅度反弹（见图4-34）。

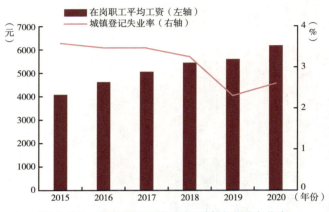

图4-34　在岗职工平均工资和城镇登记失业率

（九）建设具备抵御灾害能力的基础设施，促进具有包容性的可持续工业化，推动创新

基础设施建设、工业发展与科技创新是推动发展的三个主要动力，能够释放经济活力、提高经济竞争力，从而创造就业岗位和收入。SDG9要求推动可持续的工业化，并积极鼓励创新。

郴州市把科技创新作为经济社会发展的重要推手，培育高新技术产业，改善创新发展环境，促进创新资源加速集聚，现获批建设国家可持续发展议程创新示范区和中国（湖南）自由贸易试验区郴州片区等。SDG9得分由2015年的19.78分增加至2020年的31.92分，评级于2020年由红色转为橙色（见图4-35）。各指标得分及指示板如表4-9所示。

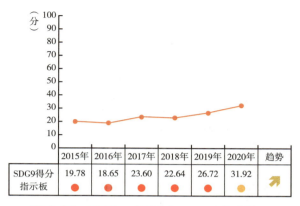

图 4-35　2015 ～ 2020 年 SDG9 得分情况

表 4-9　2015 ～ 2020 年 SDG9 指标进展情况

单位：分

指标	2015年	2016年	2017年	2018年	2019年	2020年	趋势	进展分析
单位 GDP 货物周转量	29.83	21.23	25.14	19.27	17.77	15.86	⬇	2015 ～ 2020 年，郴州市单位 GDP 货物周转量由 0.21 吨公里 / 元下降至 0.17 吨公里 / 元，落后于全国平均水平
单位 GDP 旅客周转量	0.00	0.00	0.00	0.00	0.00	0.00	➡	2015 ～ 2020 年，郴州市单位 GDP 旅客周转量由 0.016 人公里 / 元下降至 0.005 人公里 / 元，低于全国平均水平，且无改善趋势
研究与发展经费支出占地区生产总值的比重	17.03	25.41	31.08	31.62	48.65	62.16	⬆	2015 ～ 2020 年，郴州市研究与发展经费支出占地区生产总值的比重逐年增长，由 0.63% 上升至 2.3%，评级实现了由红色到橙色再到黄色的跨级发展，呈现步入正轨趋势
每万人研究与试验发展人员全时当量	0.00	0.00	1.60	1.66	0.00	2.76	➡	2015 ～ 2020 年，郴州市每万人研究与试验发展人员全时当量逐年增长，但幅度较小，进展停滞

指标	2015年	2016年	2017年	2018年	2019年	2020年	趋势	进展分析
每万人口发明专利拥有量	0.74	1.11	1.25	1.53	1.74	1.96	↗	2015～2020年，郴州市每万人口发明专利拥有量由0.95件上升至2.36件
技术市场成交合同金额占地区GDP比重	51.00	29.36	60.36	48.17	66.36	87.75	↑	2015～2020年，郴州市技术市场成交合同金额占GDP的比重总体上保持上升趋势，2020年评级首次达到绿色
科技进步贡献率	44.44	48.44	52.00	57.33	60.00	64.44	↑	2015～2020年，郴州市科技进步贡献率保持在55%左右，接近完成《"十三五"国家科技创新规划》中提出的2020年科技进步贡献率达到60%的目标
每10万人拥有高新技术企业数	0.00	0.00	1.15	4.16	6.86	11.30	→	2015～2020年，郴州市每10万人拥有高新技术企业数上升至6.02个，但仍然与湖南省2020年平均水平（9.32个）存在差距
战略性新兴产业增加值占地区生产总值比重	34.99	42.30	39.83	40.01	39.13	41.05	↗	2015～2020年，战略性新兴产业增加值占地区生产总值比重在24%上下波动，但始终高于全省平均水平（10.03%）

1. 创新水平稳步增长

2015～2020年，郴州市全社会研发投入占GDP比重增长明显，累计新增高新技术企业214家，城市创新竞争力首次进入全国百强，城市创新活力显著提升。研究与发展经费支出占地区生产总值的比重逐年增长，由0.63%上升至2.3%，但仍然落后于2020年全国（2.4%）和湖南省（3.31%）平均水平；技术市场成交合同金额占GDP的比重存在波动，但总体保持上升趋势（见图4-36）。

图 4-36　研究与发展经费支出、技术市场成交合同金额占 GDP 的比重

2. 战略性新兴产业进一步发展

郴州市战略性新兴产业增加值占地区生产总值比重保持增长趋势（见图 4-37），完成了郴州市《关于加快培育和发展战略性新兴产业的决定》中 2020 年全市战略性新兴产业增加值占 GDP 比重达到 20% 左右的目标。

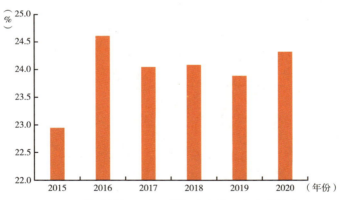

图 4-37　战略性新兴产业增加值占地区生产总值比重

（十）减少国家内部和国家之间的不平等

不平等现象普遍存在于年龄、性别、种族、收入和机会等方面。SDG10 旨在减少国家内部和国家之间的不平等现象，并确保不让任何一个人在实现可持续发展过程中掉队，对实现可持续发展目标至关重要。

郴州市 SDG10 的得分由 2015 年的 68.37 分下降至 2020 年的 53.18 分，自 2019 年起评级由黄色转为橙色，在缩小不平等方面仍存在较大挑战（见图 4-38）。各指标得分及指示板如表 4-10 所示。

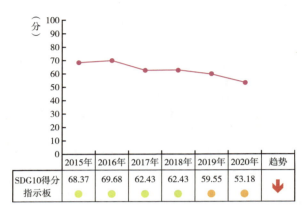

	2015年	2016年	2017年	2018年	2019年	2020年	趋势
SDG10得分	68.37	69.68	62.43	62.43	59.55	53.18	↓
指示板	🟢	🟢	🟢	🟢	🟠	🟠	

图 4-38　2015 ～ 2020 年 SDG10 得分情况

表 4-10　2015 ～ 2020 年 SDG10 指标进展情况

单位：分

指标	2015年	2016年	2017年	2018年	2019年	2020年	趋势	进展分析
基尼系数[1]	56.00	56.00	40.00	34.67	26.67	18.67	↓	2015 ～ 2020 年，郴州市基尼系数呈上升趋势，居民整体收入差距加大
城乡居民收入水平对比[2]（农村居民=1）	53.28	53.04	53.20	53.68	53.92	56.00	→	2015 ～ 2020 年，郴州市城乡居民收入差距缩小，比值由 2.17 下降至 2.1，完成《全面建成小康社会统计监测指标体系（2020）》中提出的 2020 年城乡居民收入水平对比小于 2.8 的目标
城乡恩格尔系数比值[3]	95.83	100.00	94.08	98.94	98.07	84.87	↑	2015 ～ 2020 年，郴州市城乡恩格尔系数比值由 0.99 下降至 0.965，城乡居民家庭富裕程度差距加大

1　基尼系数：国际上通用的、用以衡量一个国家或地区居民收入差距的常用指标。
2　城乡居民收入水平对比：城乡居民人均可支配收入的比值，反映城乡居民人均可支配收入的差距。
3　城乡恩格尔系数比值：反映城乡居民家庭富裕程度的差距。

2020 年，郴州市农村居民人均可支配收入达到 17532.08 元，6 年间实现了 48.86% 的大幅度增长，尽管城乡居民收入比稳步下降（见图 4-39），但城乡差距改善仍然较少，指示板颜色保持橙色，整体趋势为停滞状态；基尼系数和城乡恩格尔系数比值得分呈现下降趋势。缩小城乡差距、减少不平等仍需努力。

图 4-39　城乡居民收入比

（十一）建设包容、安全、有抵御灾害能力和可持续的城市和人类住区

作为人类聚集的重要载体之一，城市的可持续发展是实现可持续发展目标的重要阵地。SDG11 期望城市可通过提高资源的利用率和减少污染等方式，解决城市在发展过程中面临的诸多挑战。

郴州市通过创新城市人居环境建设发展观念、开拓城市人居环境建设发展思路、破解城市人居环境建设发展难题，城镇化水平稳步提升，住房条件持续改善，城市承载能力不断增强，城市空气质量持续改善，城市建设、管理和可持续发展能力不断提升。SDG11 得分由 2015 年的 54.19 分提高至 2020 年的 75.92 分，自 2016 年起评级由橙色变为黄色，趋势为步入正轨（见图 4-40）。各指标得分及指示板如表 4-11 所示。

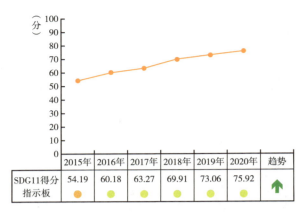

	2015年	2016年	2017年	2018年	2019年	2020年	趋势
SDG11得分	54.19	60.18	63.27	69.91	73.06	75.92	
指示板	●	●	●	●	●	●	⬆

图 4-40　2015～2020 年 SDG11 得分情况

表 4-11　2015～2020 年 SDG11 指标进展情况

单位：分

指标	2015年	2016年	2017年	2018年	2019年	2020年	趋势	进展分析
城镇居民人均居住面积	100.00	100.00	100.00	100.00	100.00	100.00	⬆	郴州市城镇居民人均居住面积由 2015 年的 41.89m² 提高到 2020 年的 51m²，高于全国平均水平
城市公交出行分担率	38.26	44.86	49.20	62.60	62.40	71.27	⬆	郴州市城市公交出行分担率表现逐渐变好，评级由橙色过渡到黄色，已达到郴州市出台的《关于进一步加强和改进城市规划建设管理工作的实施意见》中 30% 的目标值
公路密度	100.00	100.00	100.00	100.00	100.00	100.00	⬆	2015～2020 年，郴州市公路密度评级均为绿色，表现较好
单位 GDP 建设用地占用面积	61.09	65.34	65.43	70.06	70.43	70.43	⬆	郴州市单位 GDP 建设用地占用面积 6 年评级一直为黄色，从 2015 年的 60.9 公顷/亿元降为 2020 年的 50.8 公顷/亿元，降幅达 16.58%，土地利用效率呈现改善趋势
城市垃圾分类覆盖率	88.20	91.70	95.20	98.70	99.20	100.00	⬆	2015～2020 年郴州市城市垃圾分类覆盖率逐年提高

指标	2015年	2016年	2017年	2018年	2019年	2020年	趋势	进展分析
城市空气质量优良天数比例	70.87	84.51	86.61	86.75	92.13	93.96	⬆	郴州市城市空气质量优良天数比例在全省居于前列，2020年市城区环境空气质量优良率为95.4%
PM$_{2.5}$年均浓度	74.83	78.32	80.42	85.31	86.01	87.41	⬆	2020年，郴州市PM$_{2.5}$年均浓度达到国家二级标准，2015～2020年降幅为39%，改善明显
PM$_{10}$年均浓度	0.00	0.00	19.51	21.95	43.90	73.17	⬈	2020年，郴州市PM$_{10}$年均浓度达到国家二级标准。2015～2020年降幅为48%，治理成效显著
臭氧日最大8小时平均浓度值	73.71	84.26	63.16	67.68	63.16	59.09	⬇	郴州市臭氧日最大8小时平均浓度值达到《环境空气质量标准》（GB 3095-2012）二级标准，但与国际水平相比仍存在差距
污染地块安全利用率	4.67	30.67	48.00	100.00	100.00	100.00	⬆	郴州市2018～2020年的污染地块安全利用率均为100%，达到《郴州市土壤污染防治工作方案》中提出的目标（≥90%）
建成区人均公园绿地面积	26.19	30.00	35.12	38.21	45.71	47.50	⬆	2015～2020年，郴州市建成区人均公园绿地面积由11.8m^{2}增加到13.59m^2，略低于全国平均水平（14.1m^2）
人均拥有公共文化体育设施用地面积	0.00	0.00	0.00	0.00	0.00	0.00	➡	郴州市人均拥有公共文化体育设施用地面积较低，2015～2020年均在2m^{2}以下，低于湖南省市州全面建成小康社会考评指标体系中规定的一类目标值（3m^2）
建成区绿化覆盖率	54.36	58.28	59.17	59.93	59.93	59.99	➡	2015～2020年，郴州市建成区绿化覆盖率均优于全国平均水平（37.9%）
建成区达到海绵城市指标要求的面积占比	66.50	74.50	84.00	87.50	100.00	100.00	⬆	2018年1月，郴州市人民政府批准实施《郴州市海绵城市建设专项规划（2017-2030年）》，2019年郴州市达到海绵城市指标要求

1. 城镇化水平稳步提升，住房条件持续改善

随着国家新型城镇化综合改革试点工作的推进，郴州市城市人口与城市建成区面积均有所增长，2020年郴州市常住人口城镇化率达到56.8%（见图4-41），比2015年末提高5.3个百分点。城镇居民人均居住面积由2015年的41.89m²提高到2020年的51m²（见图4-42）。郴州市开展城镇老旧小区改造工作，针对市中心城区管网老化、漏损率高的问题，编制《产销差率控制三年规划》，改造中心城区18.6公里老旧管网，完成100余个小区的监控总表安装，供水漏损率降低到17%。

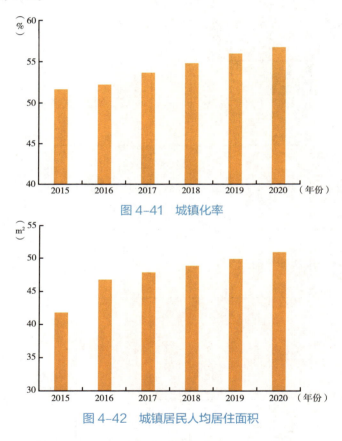

图 4-41　城镇化率

图 4-42　城镇居民人均居住面积

2. 城市承载能力不断增强，人居环境更加生态宜居

通过政府和自然资源和规划局不断健全节约集约用地机制，以及加强对土地供应和开发利用的监管，2015～2020年，郴州市单位GDP建设用地占用面积逐步减小，建设用地利用效率逐步提高。郴州市编制了《郴州市城市绿地

系统规划（2010-2030）》，构建"一圈两环、蓝脉绿网、十山十湖"绿地格局，2020 年郴州市建成区绿化覆盖率达到 46.56%，人均公园绿地面积 13.59m^2（见图 4-44），两项指标均位列全省前列。所有县市均成功创建省级以上园林城市（县城），其中 3 个为国家园林城市（县城）。

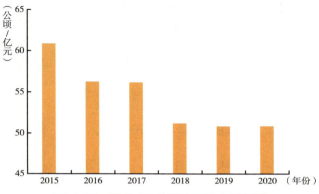

图 4-43　单位 GDP 建设用地占用面积

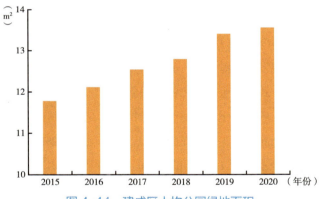

图 4-44　建成区人均公园绿地面积

3. 城市空气质量持续改善

郴州市推进移动源污染防治行动，开展郴州市大气污染源排放清单和重污染天气应急减排清单修订，努力改善重污染天气应对措施；建立大气环境综合分析平台，运用颗粒物激光雷达、走航监测系统等监测手段，对空气质量实行 24 小时不间断全方位监控。2015 ～ 2020 年，城市细微颗粒物年均浓度总体呈下降趋势，PM$_{2.5}$ 和 PM$_{10}$ 年均浓度的降幅分别为 39%、48%（见图 4-45）。

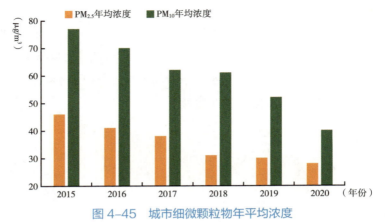

图 4-45　城市细微颗粒物年平均浓度

（十二）采用可持续的消费和生产模式

消费和生产活动是全球经济的基础，是可持续发展的两个实现机制，贯穿于可持续发展的各个方面。SDG12 要求减少源头的资源消耗和加强末端的废弃物处理，推动生产力和生产效率的提高。

郴州市坚持绿色发展理念，危废管控逐年强化，污染物排放总量也得到有效控制。郴州市重视发展新型工业，构建科技含量高、资源消耗低、环境污染少的产业结构和生产方式。如今郴州市的石墨新材料、大数据、有色金属、电子信息、食品医药、节能环保、化工新材料、矿物宝石、装备制造及农用机械十大优势产业链逐渐成形，2020 年总产值占全市工业总产值的 82% 以上。SDG12 得分由 2015 年的 46.89 分上升至 2020 年的 69.30 分，评级在 2017 年转为黄色，整体趋势为步入正轨（见图 4-46）。各指标得分及指示板如表 4-12 所示。

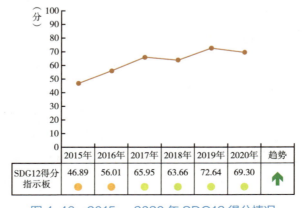

图 4-46　2015 ～ 2020 年 SDG12 得分情况

表 4-12 2015 ～ 2020 年 SDG12 指标进展情况

单位：分

指标	2015年	2016年	2017年	2018年	2019年	2020年	趋势	进展分析
单位面积农用化肥使用量	18.22	16.38	39.19	40.53	41.56	41.97	⬆	郴州市化肥使用量从 2016 年起逐年降低，实现《郴州市到 2020 年农作物化肥使用量零增长行动实施方案》中提出的目标
单位面积农药使用量	43.16	43.98	45.07	45.85	46.80	49.04	➡	郴州市 2016 年农药使用量为 7323 吨，2020 年下降至 6900.04 吨，但未能实现《郴州市农药使用量零增长行动实施方案》化学农药使用总量减少 20% 以上的目标
万元 GDP 废气烟（粉）尘排放量	71.15	87.99	91.89	92.33	90.92	79.69	⬆	郴州市万元 GDP 废气烟（粉）尘排放量在 2020 年未能继续保持前 5 年的良好发展态势，但 2015 ～ 2020 年整体仍呈现步入正轨趋势
万元 GDP 废气氮氧化物排放量	43.58	58.73	78.70	83.19	85.01	64.89	⬆	2020 年，郴州市万元 GDP 废气氮氧化物排放量得分出现明显下滑，未能继续保持 2015 ～ 2019 年的良好发展态势
万元 GDP 废气二氧化硫排放量	26.74	79.97	81.21	81.75	84.78	82.97	⬆	郴州市万元 GDP 废气二氧化硫排放量这一指标改善趋势明显，虽然 2020 年出现波动，但整体上呈现步入正轨趋势
万元 GDP 废水氨氮排放量	0.00	0.00	0.00	0.00	67.05	58.81	⬈	2015 ～ 2018 年，郴州市万元 GDP 废水氨氮排放量一直评级为红色，在 2019 年、2020 年有所改善
万元 GDP 废水化学需氧量排放量	42.82	62.13	65.48	68.88	100.00	84.15	⬆	2019 年，郴州市万元 GDP 废水化学需氧量排放量下降明显，尽管在 2020 年稍有回升，但在 2015 ～ 2020 年整体呈步入正轨趋势

指标	2015年	2016年	2017年	2018年	2019年	2020年	趋势	进展分析
农村生活垃圾收集处理率	95.08	96.29	97.58	98.54	100.00	100.00	⬆	郴州市农村垃圾治理水平明显提升，农村生活垃圾收集处理率在2019年实现100%全覆盖
危险废物处置利用率	88.66	90.02	89.42	78.79	91.36	84.76	⬇	2015~2020年，郴州市危险废物处置利用率波动较为明显，尽管在2020年评级为绿色，但整体呈现下降趋势
工业固体废弃物综合利用率	39.49	24.57	71.00	46.77	55.18	46.77	⬆	2020年，郴州市工业固体废物综合利用率达到62%以上，但近年来该指标上下波动明显，2020年仅表现为橙色
绿色矿山比例					36.36		—	郴州市已有绿色矿山52家，其中国家级绿色矿山18家，持续领跑全省，但仍有进步空间

1. 危废管控逐年强化

郴州市开展排查固体废物特别是危险废物的环境违法行为。开展危险废物大调查大排查专项督导帮扶工作，强化全市危险废物全过程监管、严格危险废物转移审批。但近年来危险废物处置利用率上下波动明显，不能保持在较好水平，尽管危险废物处置利用率在2019年达到了91.36%，但2020年回落至84.76%（见图4-47）。

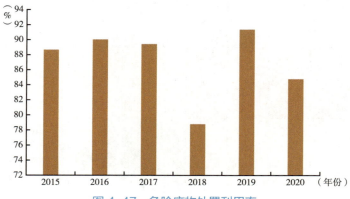

图4-47　危险废物处置利用率

2. 坚持绿色发展理念，污染物排放总量得到有效控制

郴州着力转变发展方式、优化经济结构、转换增长动力。2018～2020年，全市共取缔证照不全、污染较大的烧结墙体材料生产企业96家，拆除锻铸造行业冲天炉261座、落后造纸生产线246条；淘汰或改造10蒸吨以下工业燃煤锅炉86座。2020年，全市化学需氧量、氨氮、二氧化硫、氮氧化物排放量均完成省里下达的减排目标，较2015年有大幅下降（见图4-48、图4-49）。郴州市作为传统资源型城市、全国有名的"有色金属之乡"，尽管在绿色、高质量发展背景下，高耗能产业转型发展采取了一些措施、取得了一些成效，但由于长期形成的高耗能产业对当地经济支柱作用明显，转型发展仍任重道远。

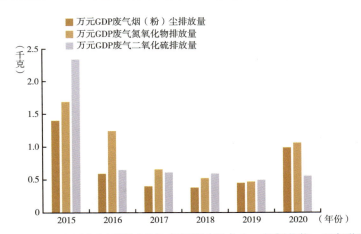

图 4-48　2015～2020 年万元 GDP 废气烟（粉）尘、氮氧化物、二氧化硫排放量

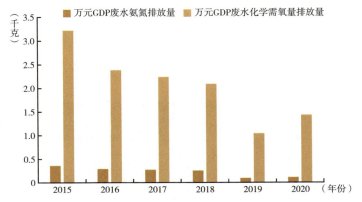

图 4-49　2015～2020 年万元 GDP 废水氨氮、化学需氧量排放量

（十三）采取紧急行动应对气候变化及其影响

气候变化和全球变暖引起的负面事件日益频繁，影响逐渐加重，严重阻碍了人类可持续发展。SDG13 呼吁社会各方力量共同努力应对和适应气候变化所带来的影响，促进社会经济深度脱碳。

为了应对气候变化和全球变暖，郴州市提高了灾害预防预警和应急能力，加强防灾减灾理念宣传，推动郴州市绿色低碳循环发展，建设碳达峰碳中和先行示范区。近年来，郴州市围绕绿色发展，通过支持、培育和引进节能环保产业链条上关键环节的项目，发展包括节能环保产业在内的战略性新兴产业，降低经济社会发展的资源成本和环境代价，为应对气候变化做出了积极贡献。SDG13 得分在 90 分上下波动，评级保持绿色，且表现较为稳定（见图 4-50）。各指标得分及指示板如表 4-13 所示。

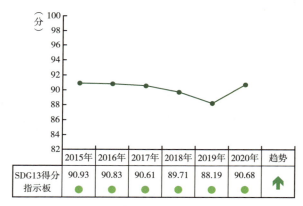

	2015年	2016年	2017年	2018年	2019年	2020年	趋势
SDG13得分	90.93	90.83	90.61	89.71	88.19	90.68	⬆
指示板	🟢	🟢	🟢	🟢	🟢	🟢	

图 4-50　2015 ～ 2020 年 SDG13 得分情况

表 4-13　2015 ～ 2020 年 SDG13 指标进展情况

单位：分

指标	2015年	2016年	2017年	2018年	2019年	2020年	趋势	进展分析
每 10 万人当中因灾害死亡、失踪和直接受影响的人数	100.00	100.00	100.00	100.00	86.88	97.33	⬆	郴州市因灾害死亡、失踪和直接受影响的人数在 2019 ～ 2020 年增加，得分较前几年有所下滑，但评级仍为绿色

指标	2015年	2016年	2017年	2018年	2019年	2020年	趋势	进展分析
人均二氧化碳排放量	72.80	72.50	71.83	69.13	77.70	74.72	→	郴州市人均二氧化碳排放量评级为黄色，2015～2020年得分存在小幅波动，整体呈现停滞的发展态势
面向中小学生开展气候变化减缓、适应、减少影响和早期预警等方面的教育和宣传活动覆盖率	100.00	100.00	100.00	100.00	100.00	100.00	↑	郴州市面向中小学生开展气候变化减缓、适应、减少影响和早期预警等方面的教育和宣传活动覆盖率连续六年保持100%

1. 灾害预防预警和应急能力提高

郴州暴雨洪涝、山体滑坡、泥石流等自然灾害多发易发。近年来，郴州市不断完善突发自然灾害应急管理体系，坚持"以人为本"的理念和"以防为主，防、抗、救相结合"的工作方针，通过健全抗灾救灾组织体系和运行机制，提高灾害预防预警和应急能力，加强灾害紧急救助和灾后重建工作，提高灾害救助水平，最大限度地减轻了人民群众的生命和财产损失。2019年郴州成功应对15轮较强降雨和"白鹿"强台风，组织防汛救援3200余人次，紧急转移安置受困群众10960人。每10万人当中因灾害死亡、失踪和直接受影响的人数由2019年的0.105人降至2020年的0.0214人。图4-51为郴州市气象观测基地。

图 4-51 郴州市气象观测基地

2. 推动郴州市绿色低碳循环发展，建设碳达峰碳中和先行示范区

2020 年，郴州市人均二氧化碳排放量较 2015 年有所下降（见图 4-52）。2020 年，郴州市本级新能源纯电公交车 648 辆，市本级新能源公交纯电动化率达到 68.4%。中心城区现已实现绿色建筑占新开工民用建筑比例达 100%，中心城区装配式建筑面积占新开工建筑面积的 37.3%，在湖南省排名靠前。

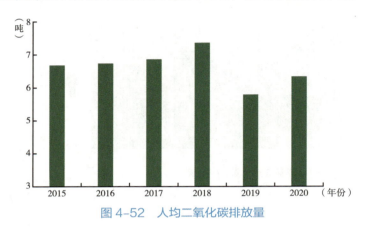

图 4-52　人均二氧化碳排放量

3. 加强防灾减灾理念宣传

通过开展各类科普培训，大幅提升应对气象灾害知识的公众普及率，开展防雷减灾和气象防灾减灾宣传进学校，面向中小学生开展气候变化减缓、适应、减少影响和早期预警等方面的教育和宣传活动覆盖率为 100%。鼓励和引导社会资源和力量积极参与防灾减灾工作。图 4-53 为郴州市在五岭广场开展的"全国防灾减灾日"集中宣传活动。

图 4-53　"全国防灾减灾日"集中宣传活动

（十四）保护、恢复和促进可持续利用陆地生态系统，可持续管理森林，防治荒漠化，制止和扭转土地退化，遏制生物多样性的丧失

可持续管理森林资源、制止土地退化和荒漠化并进行修复、保护生物多样性，是保护、恢复和促进可持续利用陆地生态系统（SDG15）的三个重要内涵。

郴州市坚持生态优先、绿色发展，出台一系列与加强生态系统保护相关的政策文件并实施具体保障措施。陆地生态系统保护情况良好，森林覆盖率持续增加，生态修复效果显著，先后获得全国生态文明典范城市、国家森林城市、全国绿化模范城市、全国林业信息化示范市、全国森林旅游示范市等荣誉。SDG15 得分由 2015 年的 80.02 分下降至 2020 年的 66.70 分，评级从 2016 年起转为黄色（见图 4-54）。各指标得分及指示板如表 4-14 所示。由于良好的先天禀赋，该目标中的增量评估指标表现不佳，数据的缺失也是该目标得分下降的原因之一。

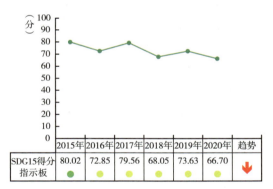

	2015年	2016年	2017年	2018年	2019年	2020年	趋势
SDG15得分	80.02	72.85	79.56	68.05	73.63	66.70	⬇
指示板	🟢	🟡	🟡	🟡	🟡	🟡	

图 4-54　2015 ~ 2020 年 SDG15 得分情况

表 4-14　2015 ~ 2020 年 SDG15 指标进展情况

单位：分

指标	2015年	2016年	2017年	2018年	2019年	2020年	趋势	进展分析
自然保护地与重点生态功能区面积比值	54.13	29.66	34.25	35.78	35.78	28.75	⬇	郴州市自然保护地与重点生态功能区面积比值这一指标表现始终欠佳，评级主要为橙色，得分低且近年无增长趋势

指标	2015年	2016年	2017年	2018年	2019年	2020年	趋势	进展分析
森林覆盖率	100.00	100.00	100.00	100.00	100.00	100.00	↑	郴州市近年的森林面积均在合理范围内适当增加，评级均为绿色，森林覆盖率稳步提升到68.1%，有较为丰富的森林资源
活立木蓄积量增长率	81.83	63.26	98.94	28.36	70.43	27.27	↑	郴州市活立木蓄积量增长率这一指标数据近年变化波动较大，但活立木蓄积量仍呈增长趋势，2020年郴州市活立木蓄积量增长率为3.92%，对于林木资源较为丰富的地区而言，表现良好，结合森林覆盖率表现，可以初步判断郴州市在森林可持续管理方面表现较好
可治理沙化土地治理率	100.00	100.00	100.00	100.00	100.00	100.00	↑	2015～2020年，郴州市可治理沙化土地治理率这一指标在指示板中表现始终保持绿色，治理率为100%
生态环境状况指数（EI）	100.00	100.00	100.00	100.00	100.00	100.00	↑	2015～2020年，郴州市生态环境状况表现较好，评级均为绿色，EI值达79以上（优），领先于全国平均水平（51.3，一般）
重点生态区域生态修复率					65.00		—	由于数据缺失，重点生态区域生态修复率的发展趋势无法判定，需要加强数据监测管理。2019年郴州市重点生态区域生态修复率为65%，生态修复取得了一定的成效
湿地保护率	44.18	44.18	44.18	44.18	44.18	44.18	→	作为普查数据，湿地保护率这一指标具有一定的滞后性，评级为橙色。单从湿地保护面积来看，数值为35761.07公顷，居全省前列

1. 森林覆盖率持续增加

郴州市是"林中之城",古树名木品类和数量繁多,天然林资源也十分丰富。2020年,郴州市森林面积为120.53万公顷,全省名列前茅;活立木蓄积量6727.41万立方米;近15年森林覆盖率均超过60%,2020年已增长至68.1%(见图4-55),森林覆盖率较高、植被覆盖良好。

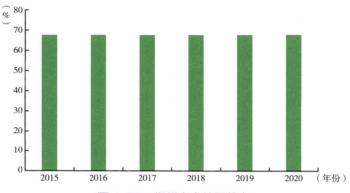

图 4-55　郴州市森林覆盖率

2. 生态修复效果显著

郴州市坚持生态修复与恢复同时推进。2015～2020年,推广测土配方施肥技术544万亩,建立化肥减量示范区4万亩,土地面源污染得到有效控制;累计治理责任主体灭失矿山迹地150处,复垦披绿矿山62平方公里。通过采矿挖损山体修复、采矿压占林草地生态修复以及采矿损坏农田修复等工程,重点改善了临武县三十六湾矿区癫子岭等生态环境和人居环境,同时解决因采矿引发的农村饮水困难人员1.5万人。邀请专家、教授对郴州市仰天湖大草原土壤、植物进行现场勘测,探索"水肥调控"工作,利用蓄水池收集并利用废水进行循环使用,完成草皮复绿86150平方米,草原覆盖率从2018年的64%提高到85%。图4-56为郴州市三十六湾香花岭矿区癫子岭修复前后对比。

图 4-56　三十六湾香花岭矿区癫子岭修复前实景(左)和
修复后效果(右)对比(修复后照片由周开发拍摄)

（十五）创建和平、包容的社会以促进可持续发展，让所有人都能诉诸司法，在各级建立有效、负责和包容的机构

16 和平、正义与强大机构

从 MDGs 到 SDGs，联合国始终将社会保障作为重点关注的目标之一。减少犯罪、减少暴力冲突、维护司法权益、建设和平包容社会（SDG16），能够为可持续发展提供稳定的社会基础，从根本上形成可持续发展的最基础保障。

郴州市始终坚持"以民为先"的原则，充分保障人民平等参与、平等发展权利，建设平安郴州、法治郴州。SDG16 整体评级为黄色（仅在 2016 年评级为绿色），呈现小幅度波动（见图 4–57）。各指标得分及指示板如表 4–15 所示。在 2030 年实现 SDG16 仍存在一定挑战。

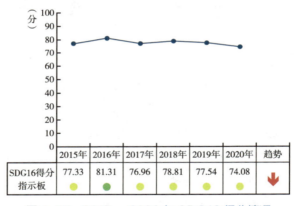

（分）	2015年	2016年	2017年	2018年	2019年	2020年	趋势
SDG16得分	77.33	81.31	76.96	78.81	77.54	74.08	⬇
指示板	🟡	🟢	🟡	🟡	🟡	🟡	

图 4–57　2015 ～ 2020 年 SDG16 得分情况

表 4–15　2015 ～ 2020 年 SDG16 指标进展情况

单位：分

指标	2015年	2016年	2017年	2018年	2019年	2020年	趋势	进展分析
刑事案件发案率	88.17	100.00	92.98	97.64	95.15	87.98	⬆	郴州市刑事案件发案率表现较为稳定，评级始终为绿色，但从得分上看稍有下滑

指标	2015年	2016年	2017年	2018年	2019年	2020年	趋势	进展分析
乡镇（街道）公共法律服务工作站覆盖率	100.00	100.00	100.00	100.00	100.00	100.00	⬆	郴州市乡镇（街道）公共法律服务工作站覆盖率这一指标数据连续 6 年均为 100%，优于全国平均水平（96.79%）
财政自给率	43.82	43.94	37.90	38.79	37.47	34.27	⬇	郴州市财政自给率指标表现相对较弱，评级为橙色且呈现下降趋势

2015 ～ 2020 年，郴州市刑事案件立案数和罪犯总数尽管出现较大波动（见图 4–58），但刑事案件发案率基本与国家平均水平持平，2019 年每 10 万人中故意杀人案的直接受害者人数为 0.525 人，远低于世界平均水平。2015 ～ 2020 年，乡镇（街道）公共法律服务工作站覆盖率均为 100%，基层公共法律服务体系初见成效。平安郴州、法治郴州建设持续推进。

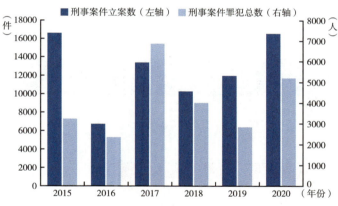

图 4–58　郴州市刑事案件立案数和刑事案件罪犯总数

（十六）加强执行手段，重振可持续发展全球伙伴关系

实现《2030 年议程》，需要各级政府、民间社会、企业、基金会、学术界和其他相关部门达成前所未有的合作，并找到全新的工作方式。只有加强全球伙伴关系和合作（SDG17），才能实现可持续发展目标。

郴州市提升开放水平，成功获批建设郴州国家综合保税区、中国（湖南）自由贸易试验区郴州片区、国家跨境电子商务综合试验区，入选"中国外贸百强城市"。SDG17 得分由 2015 年的 27.75 分提升至 2020 年的 53.81 分。尽管评级仍为橙色，但表现出步入正轨的发展趋势（见图 4-59）。各指标得分及指示板如表 4-16 所示。

	2015年	2016年	2017年	2018年	2019年	2020年	趋势
SDG17得分	27.75	32.57	31.51	37.10	39.96	53.81	⬆
指示板	🔴	🟡	🟡	🟡	🟡	🟡	

图 4-59　2015～2020 年 SDG17 得分情况

表 4-16　2015～2020 年 SDG17 指标进展情况

单位：分

指标	2015年	2016年	2017年	2018年	2019年	2020年	趋势	进展分析
互联网普及率	40.25	68.48	52.12	71.82	77.75	81.87	⬆	郴州市互联网普及率在 2020 年达到 82.05%，相比 2015 年增长了 100.86%，超过全国整体水平
地区税收占财政预算的比例	9.83	0.00	0.00	0.00	0.00	20.14	➡	郴州市地区税收占财政预算的比例这一指标表现较弱，在 2020 年尽管分数有所提升，地区税收占财政预算的比例达到 71.66%，但仍低于全国整体水平
实际利用外商投资额占财政预算比例	48.34	50.85	57.14	57.87	63.85	95.28	⬆	郴州市实际利用外商投资额占财政预算比例这一指标进步显著，由 2015 年的 4.76% 增长到 2020 年的 9.24%，评级也从橙色变为绿色
货物进出口总额占生产总值比例	12.57	10.93	16.77	18.71	18.25	17.96	⬆	与 2015 年相比，郴州市 2020 年货物进出口总额占生产总值比例这一指标表现有所进步，但较全国整体水平仍有差距

郴州市在2015～2020年共引进2亿元以上项目437个，总投资3144亿元，其中"500强"项目45个。与全球156个国家和地区开展贸易往来，累计完成外贸进出口总额213亿美元，年均增长14.5%。但货物进出口总额占生产总值比例偏低，仍存在较大的进步空间。实际利用外资总量连续多年居全省第2位。

除资金流通和贸易往来外，郴州市也积极利用建设以"水资源可持续利用与绿色发展"为主题的国家可持续发展议程创新示范区的机遇，成功举办如"亚欧城市水管理研讨会暨湖南（郴州）水资源可持续利用与绿色发展博览会"（见图4-60）等一系列全国性和国际性重大活动，向世界贡献郴州力量。

图4-60　第四届亚欧城市水管理研讨会暨湖南（郴州）水资源可持续利用与绿色发展博览会

三　郴州市SDGs目标进展（综合指数）评估

郴州市国家可持续发展创新示范区自获批以来，在党中央国务院、省委省政府的正确领导下，国家科技部的指导和支持下，紧扣"水资源可持续利用与绿色发展"主题、"绿水青山样板区、绿色转型示范区、普惠发展先行区"定位和"一年有势头、两年有看头、三年有突破"目标，抓实抓细各项建设工作，并取得了阶段性成效。总体上看（见表4-17），2015年以来郴州市SDG指数得分介于62～71分，从2015年的62.31分提升至2020年的70.90分，可持续发展水平呈不断改善的态势。根据现有数据分析的变化趋势来看，其向好发展的增速暂未达到2030年实现可持续发展目标的所需增速，整体被评定为"适度改善"。下一步，郴州应持续采取积极措施推进国家可持续发展议程创新示范区建设，进一步推动郴州市在 2030 年成为全球实现 SDGs 的样板城市。按目标表现可将 16 项 SDG 分为三类：一是表现较好的目标（目标指示板颜色为绿色的目标）：SDG1（无贫穷）、SDG2（零饥饿）、SDG3（良好健康与福祉）、SDG4（优质教育）、SDG6（清洁饮水和卫生设施）、SDG7（经济适用的清洁能源）、SDG13（气候行动）；二是表现较为平稳的目标（目标指示板颜色为黄色、改善提升效果较为明显的目标）：SDG5（性别平等）、SDG11（可持续城市和社区）、SDG12（负责任消费和生产）、SDG16（和平、正义与强大机构）；三是表现欠佳的目标（指标颜色为橙色或红色、实现可持续发展压力较大的目标，或指示板颜色为黄色、得分持续下降的目标）：SDG8（体面工作和经济增长）、SDG9（产业、创新和基础设施）、SDG10（减少不平等）、SDG15（陆地生物）、SDG17（促进目标实现的伙伴关系）。

表 4-17　2015 ～ 2020 年郴州市 SDGS 目标得分及趋势

单位：分

目标	2015 年	2016 年	2017 年	2018 年	2019 年	2020 年	趋势
SDG1	62.27	62.50	77.48	82.00	82.19	80.32	↑
SDG2	57.55	60.20	61.48	65.54	73.26	81.32	↑
SDG3	75.10	80.10	80.89	84.46	84.82	86.81	↑
SDG4	68.19	74.73	75.80	77.10	78.67	83.23	↑
SDG5	70.75	68.74	71.51	70.80	71.97	69.61	↓
SDG6	77.75	82.36	84.84	88.52	91.19	88.55	↑
SDG7	70.89	85.62	84.89	91.10	82.10	81.28	↑
SDG8	49.11	49.30	54.98	58.77	58.41	47.67	↓
SDG9	19.78	18.65	23.60	22.64	26.72	31.92	↗
SDG10	68.37	69.68	62.43	62.43	59.55	53.18	↓
SDG11	54.19	60.18	63.27	69.91	73.06	75.92	↑
SDG12	46.89	56.01	65.95	63.66	72.64	69.30	↑

目标	2015 年	2016 年	2017 年	2018 年	2019 年	2020 年	趋势
SDG13	90.93	90.83	90.61	89.71	88.19	90.68	⬆
SDG15	80.02	72.85	79.56	68.05	73.63	66.70	⬇
SDG16	77.33	81.31	76.96	78.81	77.54	74.08	⬇
SDG17	27.75	32.57	31.51	37.10	39.96	53.81	⬆
SDG 指数得分	62.31	65.35	67.86	69.41	70.87	70.90	⬈

1. SDG1、SDG2、SDG3、SDG4、SDG6、SDG7、SDG13 七项 SDG 目标表现较好，应通过高标准落实新发展理念、高水平实施乡村振兴确保其始终处于良好的状态

SDG1 由 2015 年的 62.27 分增加至 2020 年的 80.32 分，自 2018 年以来评级为绿色。在涉及的 4 项评价指标中，贫困发生率、社会保障卡持卡人口覆盖率两项指标评级为绿色，农村恩格尔系数评价为黄色，城乡居民最低生活保障人数占城乡人口比例评价为橙色，尚待提升，表明郴州市脱贫攻坚战取得了良好成效，处于国际和国内较好水平。

SDG2 评级由 2015 年的橙色逐步过渡到绿色，整体呈向好趋势。在涉及的 8 项评价指标中，每公顷面积粮食产量、食用农产品抽检合格率、5 岁以下儿童低体重率、秸秆综合利用率、畜禽粪污综合利用率、农田灌溉水有效利用系数 6 项指标表现较好，评级为绿色；农业劳动生产率、农村居民人均可支配收入、畜禽粪污综合利用率 3 项指标近年来得到较大幅度提升，评级由 2015 年的红色逐步提升为橙色或绿色，亟须通过实施乡村振兴战略和发展生态循环农业进一步改善指标的现状。

SDG3 由 2015 年的 75.10 分增加至 2020 年的 86.81 分，自 2016 年以来评级为绿色。在涉及的 13 项评价指标中，孕产妇死亡率、5 岁以下儿童死亡率、婴儿死亡率、因道路交通伤所致死亡率、每千名未感染者中艾滋病毒新感染病例数、每 10 万人中的结核病发生率、法定传染病发生率 7 项指标连续 6 年评级为绿色；自杀死亡率、适龄儿童免疫规划疫苗接种率两项指标自 2016 年评级由黄色转为绿色并一直为绿色，人均预期寿命指标得分不断平稳增长，在 2020 年

评级达到绿色，每千人口医疗卫生机构床位数指标进步最快，评级由 2015 年的红色自 2018 年转为绿色，充分显示了郴州市近五年的社会进步。但每千人口执业（助理）医师人数指标表现较差、评级一直为红色，每 10 万人中的乙型肝炎发生率指标得分持续下降，评级自 2018 年由绿色转为黄色，亟待提升。

SDG4 评级在 2020 年提升至绿色，表现较为平稳，呈现小幅度增加的态势。在涉及的 6 项评价指标中，学龄人口入学率、特殊教育学生入学率、15 岁以上人口文盲率 3 项指标表现较好，一直评级为绿色；普惠性幼儿园在园幼儿数占总在园幼儿数的百分比指标进步较快，评级由 2015 年的橙色转为 2020 年的绿色；劳动年龄人口平均受教育年限有所改善，评级一直为黄色，仍有进一步提升的空间；小学生师比指标表现有所进步，在 2020 年评级为橙色，但仍需进一步改善。

SDG6 由 2015 年的 77.75 分增加至 2020 年的 88.55 分，自 2016 年以来评级为绿色。在涉及的 8 项评价指标中，城市集中式饮用水水源地水质达标率、村镇饮用水卫生合格率、农村卫生厕所普及率、城镇污水处理率、地表水质量达到或好于Ⅲ类水体比例、水资源开发利用率 6 项指标评价整体上为绿色，重要江河湖泊水功能区水质达标率指标评价由 2015 年的红色自 2018 年转为绿色，说明郴州市水环境质量改善效果明显，但在 2020 年得分下降，因此对于水环境质量改善的成果需要注意巩固。郴州市人均水资源量较高，整体上属于富水城市，万元地区生产总值用水量指标表现一般，评级为黄色，但得分始终平稳提升，评级在 2020 年提升至绿色。

SDG7 由 2015 年的 70.89 分增加至 2020 年的 81.28 分，自 2016 年以来评级为绿色。在涉及的 8 项评价指标中，用电覆盖率、可再生能源发电量占全部发电量的百分比、万元 GDP 能耗、能源消费弹性系数、大数据产业电源使用效率（PUE）5 项指标评级整体为绿色；燃气普及率指标进步较为明显，评级由 2015 年的橙色自 2019 年转为绿色；非化石能源占一次能源消费比重、单位 GDP 能耗下降率 2 项指标得分存在波动，特别是单位 GDP 能耗下降率，在 2020 年评级为红色，尚待提升。

SDG13 自 2015 年一直评级为绿色，且表现较为稳定。在涉及的 3 项评价指标中，每 10 万人当中因灾害死亡、失踪和直接受影响的人数和面向中小学生开展气候变化减缓、适应、减少影响及早期预警等方面的教育和宣传活动覆盖率 2 项指标评级为绿色，人均二氧化碳排放量评级一直为黄色，随着碳达峰、碳中和行动的实施，预计该指标未来有进一步改善的空间。

2. SDG5、SDG11、SDG12、SDG16 四项 SDG 目标表现平稳，通过持续开展国家可持续发展议程创新示范区建设未来改善的潜力最大

SDG5 评级一直为黄色，有小幅度波动。在涉及的 3 项评价指标中，小学女童入学率表现较好，评级一直为绿色；市人大代表和市政协委员中女性百分比、公务员中女性百分比 2 项指标整体上呈现橙色，说明在性别平等方面有待进步。

SDG11 由 2015 年的 54.19 分增加至 2020 年的 75.92 分，呈现稳步增加态势，评级由橙色逐渐转为黄色。在涉及的 14 项评价指标中，城镇居民人均居住面积、公路密度、城市垃圾分类覆盖率、城市空气质量优良天数比例、$PM_{2.5}$ 年均浓度、污染地块安全利用率、建成区达到海绵城市指标要求的面积占比 7 项指标表现较好，评级较早达到绿色；城市公交出行分担率、单位 GDP 建设用地占用面积、PM_{10} 年均浓度 3 项指标表现尚可，2020 年评级为黄色；建成区人均公园绿地面积、建成区绿化覆盖率两项指标表现一般，虽然得分呈现增加趋势，但评级仍为橙色，需进一步改善；臭氧日最大 8 小时平均浓度值指标得分呈现下降趋势，评级也由 2015 年的黄色转为橙色，人均拥有公共文化体育设施用地面积指标评级始终为红色，是未来需要重点关注的指标。

SDG12 由 2015 年的 46.89 分增加至 2020 年的 69.30 分，呈现稳步增加态势，评级由橙色逐渐转为黄色。在涉及的 11 项评价指标中，万元 GDP 废气二氧化硫排放量、万元 GDP 废水化学需氧量排放量、农村生活垃圾收集处理率、危险废物处置利用率 4 项指标表现较好，评级为绿色；单位面积农用化肥使用量、单位面积农药使用量、万元 GDP 废气氮氧化物排放量、万元 GDP 废水氨氮排放量指标、工业固体废弃物综合利用率等指标有所改善，绿色矿山比例指标评级为橙色，万元 GDP 废气烟（粉）尘排放量指标得分有所波动，尚需持续发力提升。

SDG16 整体上评级为黄色（仅在 2016 年评级为绿色），呈现小幅度波动。在涉及的 3 项评价指标中，乡镇（街道）公共法律服务工作站覆盖率和刑事案件发案率指标表现较好，评级一直为绿色；财政自给率指标得分变化较大且整体呈下降趋势，评级为橙色。

3. SDG8、SDG9、SDG10、SDG15、SDG17 五项 SDG 目标表现欠缺，是未来制约郴州市可持续发展的短板，应着力提升相关目标的表现

SDG8 得分在 2015～2019 年一直稳定提升，但在 2020 年出现较大幅度下降，评级始终为橙色。在涉及的 11 项评价指标中，GDP 年均增长幅度、城镇登记失业率两项指标表现较好，整体上评级为绿色，但 GDP 年均增长幅度指标在 2020 年得分显著下降，评级转为橙色；城镇恩格尔系数、每十万人安全生产事故死亡人数、旅游业增加值占地区生产总值的比重 3 项指标表现尚可，评级为黄色；人均 GDP、在岗职工平均工资、第三产业生产总值占地区生产总值的百分比 3 项指标虽然进步较快，评级由最初的红色提升为橙色，但未来进一步改善面临的压力较大；全员劳动生产率、城镇居民人均可支配收入两项指标评级一直为红色，存贷比指标连续两年得分大幅下滑，评级由绿色转为红色，这 3 项指标表现欠佳，亟须高水平推进。

SDG9 进步缓慢，2020 年评级由红色转为橙色。在涉及的 9 项评价指标中，研究与发展经费支出占地区生产总值的比重、技术市场成交合同金额占地区 GDP 比重、科技进步贡献率 3 项指标进步较为明显，特别是技术市场成交合同金额占地区 GDP 比重，指标评级由橙色转为绿色；战略性新兴产业增加值占地区生产总值比重指标得分平稳提升，但受制于基础较为薄弱，评价始终为橙色，仍需持续发力；单位 GDP 货物周转量、单位 GDP 旅客周转量、每万人研究与试验发展人员全时当量、每万人口发明专利拥有量、每十万人拥有高新技术企业数 5 项指标进展缓慢，评级一直为红色，是未来推进绿色高质量发展和实施创新驱动战略的关键制约因素。

SDG10 是持续下降的两项目标之一，得分由 2015 年的 68.37 分下降至 2020 年的 53.18 分，评级由黄色转为橙色。在涉及的 3 项评价指标中，城乡恩格尔系数比值指标表现较好，评级保持绿色；城乡居民收入水平对比指标进展缓慢，评级保持为橙色；基尼系数呈现下降态势，评级由原来的橙色下降为红色后保持红色。如何缩小城乡收入差距是郴州市未来国家可持续发展议程创新示范区建设应重点关注的社会问题。

SDG15 是持续下降的两项目标之一，得分由 2015 年的 80.02 分下降至 2020 年的 66.70 分，评级由绿色转为黄色。在涉及的 7 项评价指标中，森林覆

盖率、可治理沙化土地治理率、生态环境状况指数（EI）3 项指标表现较好，评级一直为绿色；重点生态区域生态修复率指标表现尚可，评级为黄色；自然保护地与重点生态功能区面积比值、活立木蓄积量增长率、湿地保护率无明显进展，这 3 项与生态保护和恢复水平相关的指标有待进一步提升。

SDG17 得分进步大，但相对 2030 年可持续发展目标进展相对缓慢，得分由 2015 年的 27.75 分提升至 2020 年的 53.81 分，评级由最初的红色提升为橙色。在涉及的 4 项评价指标中，互联网普及率、实际利用外商投资额占财政预算比例两项指标表现较好，评级由橙色提升为绿色；地区税收占财政预算的比例、货物进出口总额占生产总值比例两项指标表现较差，评级一直为红色，需加强对外贸易合作与交流。

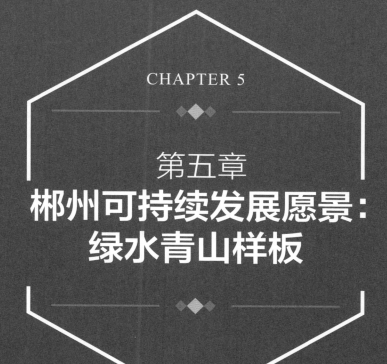

CHAPTER 5

第五章
郴州可持续发展愿景：
绿水青山样板

绿色是大自然的底色，更是生命的表征。郴州古称林邑，意为"林中之城"，绿色曾是郴州最鲜明的特色和最美的底色，绵延数千年。然而，随着工业化、城镇化的推进，作为生命表征的绿色一度有偏离"林中之城"之势，使得人与自然的关系处于紧张状态。

找回曾经的"绿色"，已经成为当下普遍的共识。为回归曾经"城在林中、林在城中、人在绿中"的"林中之城"，郴州市以"既要金山银山，又要绿水青山"的可持续发展理念为指引，实施一系列前所未有的污染治理与生态修复举措，如东江湖流域保护、仰天湖草原生态修复以及西河流域的污染治理等，恢复大自然的本色；郴州市依靠科技创新、制度创新，科学合理地利用生态资源的服务功能，推动生态资源的单要素（属性）利用向多要素（属性）综合利用的转变，不断增添"绿水青山"发展活力，正在书写"绿水青山样板区"绚丽而璀璨的篇章。本章基于第四章的指标体系和数据，对"绿水青山"的多目标进展进行评估，结合郴州市在"水碧""山青""景秀"等方面的成功做法、特色亮点和经验的分析，梳理出郴州市在"绿水青山"中的求"变"之道。

一 "绿水青山样板"进展评估

为了评价郴州市在"绿水青山样板区"建设方面的进展，基于遴选的、本地化后的郴州市 SDGs 指标，对相关评估指标进行归类和划分，并构建郴州市"绿水青山样板区"评价指标体系；在此基础上，对郴州市"绿水青山样板区"的建设成效以及可能存在的不足进行评估和分析。

（一）评估指标构建

依据"绿水青山样板区"基本概念和内涵的界定，对郴州市"绿水青山样板"相关的 SDGs 进行遴选、归纳和划分。"绿水青山样板"建设效果的评估主要由两部分组成；一部分是借助水、空气、土壤、森林等生态资源本底指标以及减碳降耗、污染防治等环境治理指标，对郴州市生态环境状况进行评估，据此我们选取了包含水、空气、土壤、森林、污染物控制等指标，具体包括 SDG6、SDG11、SDG12、SDG13 以及 SDG15 等；另一部分是针对守护"绿水青山"所需的科技创新手段，尤其是污染治理的科技支撑以及科技投入效果的评估，据此我们选取了 SDG7 和 SDG9 中的部分指标。最终选取的绿水青山综合指数由 31 个指标构成，包含水环境、空气质量、气候变化、森林资源、能源与低碳、废弃物处理、土壤修复治理以及科技投入产出等 8 个二级指标，这些指标分别归类为生态环境指数和科技创新指数这两大类指数。

（二）结果与分析

绿水青山综合指数主要由生态环境指数和科技创新指数构成。生态环境指数主要是评判郴州市在生态环境保护和污染治理方面所取得的进展情况；科技创新指数用于评价科技进步对生态环境改进所做出的贡献（见表 5-1）。

表 5-1　郴州市绿水青山综合指数及构成（2015 年 = 100）

年份	2015 年	2016 年	2017 年	2018 年	2019 年	2020 年
绿水青山综合指数	100	102.63	105.57	107.01	108.86	113.11
生态环境指数	100	102.11	104.96	105.44	107.02	109.29
科技创新指数	100	111.74	116.48	134.66	141.22	180.48

据表 5-1 可知，郴州市的绿水青山综合指数呈现平稳增长的趋势，从 2016 年的 102.63 增长到 2020 年的 113.11，表明经历了新冠疫情的冲击，郴州市"绿水青山"的增长趋势并没有受到太大的影响，揭示了"绿水青山样板"建设对于外界的冲击具有较强的承受能力并能保持良好的发展趋势。郴州市绿水青山综合指数的增长得益于生态环境指数和科技创新指数的贡献，生态环境指数从 2016 年的 102.11 增长到 2020 年的 109.29，增加 7.18 个点；科技创新指数从 2016 年的 111.74 增长到 2020 年的 180.48，增加 68.74 个点，增长幅度远高于生态环境指数，表明科技创新指数已经取代生态环境指数，成为主要的贡献源（见图 5-1）。

从图 5-1 可以看出，生态环境指数对于绿水青山综合指数的贡献率由 2016 年的 31.15 下降到 2020 年的 12.67，科技创新指数的贡献率由 2016 年的 68.85 上升到 2020 年的 87.33，显示出科技创新对推动郴州市"绿水青山样板"建设的作用越来越大。这种贡献率的变化表明郴州市以科技创新驱动"绿水青山样板"建设的潜力远大于其生态环境改善的潜力，未来"绿水青山样板"建设成效的提升，应当重点关注以科技创新驱动来实现其生态价值的转化。

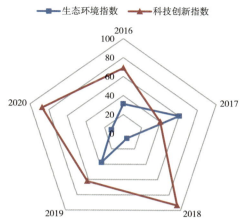

图 5-1　2016～2020 年郴州市生态环境指数和科技创新指数的贡献率变化

通过区域间横向对比分析，可以展示出郴州市在"绿水青山样板"建设方面取得的成就。考虑到数据的可得性，研究仅从郴州市与全国平均水平在"绿水青山样板"建设方面的对比展开，以此衡量郴州市在"绿水青山样板"建设上的进展。基于现有的郴州市"绿水青山"指标评价框架，对全国的数据进行采集，计算得出全国绿水青山综合指数的评估结果（见图 5-2）。

图 5-2　2015～2020 年郴州市绿水青山综合指数评估结果与全国平均水平的对比

从图 5-2 可以看出，郴州市与全国平均水平的绿水青山综合指数评估值均呈现稳定的增长势头，分别从 2015 年的 72.51 分和 68.35 分增长到 2020 年的 82.01 分和 77.00 分。2015～2020 年，郴州市绿水青山综合指数评估值一直领先于全国平均水平，并且这种领先的优势还在不断扩大，两者间的差值从 2015 年的 4.16 分增加到 2020 年的 5.01 分，展示出郴州市在"绿水青山样板区"建设上成效显著，为全国其他地区的"绿水青山"建设起到示范带头作用。

郴州市能够在绿水青山综合指数评估值上高于全国平均水平，得益于郴州市在水环境、空气质量、森林资源、能源低碳化、废弃物处理、土壤修复等方面取得的成效。

郴州市水环境质量领先全国平均水平（见图5-3）。一方面，郴州市在水资源可持续利用方面，采取一系列行动包括政策、措施和制度上予以支持等（见专栏5-1），确保水环境指标包括农村饮用水安全保障率、农田灌溉水有效利用系数等达到一个较高的水平（见图5-4）；另一方面，尽管面临环境治理难度较大、环保投入边际效益递减等难题，郴州市依然在水环境污染治理上取得显著成绩。生态环境的不断改善，具体体现在地表水达到或好于Ⅲ类水体比例在94%～99%之间浮动、城镇污水处理率连续几年稳定在95%左右等方面（见图5-5）。

图 5-3 2015 ～ 2020 年郴州市水环境评估结果与全国平均水平的对比

图 5-4 2015 ～ 2021 年郴州市农村水环境演变情况

图 5-5　2015 ～ 2021 年郴州市城镇水环境演变情况

相比较而言，全国其他城市水环境质量改善上更加明显，呈现快速追赶势头，与郴州市的差距逐渐缩小，两者的差距由 2015 年的 13.63 下降到 2020 年的 6.44。例如全国地表水达到或好于Ⅲ类水体比例从 2015 年的 64.5% 提升到 2021 年的 84.9%，增加了 20.4 个百分点，万元国内生产总值用水量也从 2015 年的 90 立方米降低至 2021 年的 51.8 立方米，降幅达 42.4%。对于郴州市而言，要确保水环境在全国的领先地位，还需要在水环境改善尤其是水资源利用效率提升方面加大力度。统计数据显示，2021 年郴州市的农田灌溉水有效利用系数为 0.5506，较全国平均水平低 0.017 个点，万元地区生产总值用水量为 72.11 立方米，比全国平均水平高 20.31 立方米，这些都表明，郴州市在提升水资源的利用效率方面依然有较大的潜力。

 专栏 5-1 ————————————————————————————

"十三五" 期间，郴州市水资源可持续利用行动 [1]

节水理念融入水资源开发、利用、管理的各个环节。自 2014 年以来，郴州市先后印发《郴州市最严格水资源管理制度实施方案》《郴州市城市节水规划（2015–

1　《郴州：节水优先促进水资源可持续利用》，http://slt.hunan.gov.cn/slt/xxgk/slxw/sxsl/202004/t20200408_11873188.html。

2025）》《国家节水行动郴州市实施方案》等相关规划和实施方案，明确提出要坚持节水优先方针，实行水资源消耗总量和强度双控，同时，还制定了 2020 年、2022 年和 2035 年的万元 GDP 用水量、万元工业增加值用水量、规模以上工业用水重复利用率、农田灌溉水有效利用系数、公共供水管网漏损率等控制目标，推动节水制度、政策、技术、机制等创新，加快推进用水方式由粗放向节约集约转变，强化水资源承载能力刚性约束，全面推进水资源可持续利用和绿色发展。

"地毯式"核查保障取水监督到位。按照"属地管理"和"谁审批、谁负责"相结合的原则，以县级行政区为单元，采用影像识别、实地走访、现场查勘、电话询问等多种方式，完成 6309 处取水许可工程（设施）的核查登记、10 座重点中型灌区、3245 处农村饮水安全工程的取水许可，清理规范了一大批规模以上养殖取水户和水电站的取水许可档案，将取水工程（设施）核查登记工作纳入河长制工作年度考核的重要内容，并将整改提升贯穿核查登记工作全过程。

节水载体建设促进节水型社会建设。通过节水技改工程建设、推广应用节水新技术以及实施中水回用系统等途径，创建包括餐饮酒店、选矿冶炼、政府机关等在内的节水型企业、单位和小区 69 家。实施莲塘、盘江等 6 处中型灌区续建配套和节水改造，新增高标准农田面积 28 万亩。郴州技师学院与湖南水务发展有限公司签订的全省第一个合同节水示范项目正式落户郴州。积极开展县域节水型社会达标建设，苏仙区成为第一批通过省级县域节水型社会达标建设技术评估的县市区之一，嘉禾、永兴、汝城 3 县正按批复的县域节水型社会达标建设方案有序推进。

空气质量方面，郴州市与全国平均水平的空气质量评估结果均呈现稳定的增长势头，分别从 2015 年的 66.49 和 45.06 增长到 2020 年的 83.67 和 69.75，年均增长速度分别为 4.7% 和 9.1%（见图 5-6）。

可以看出，郴州市空气质量的评估值与全国平均水平之间基本保持 20 点左右的差距，优势较为明显。郴州市在空气质量上领先幅度较大，是由于郴州市大力开展空气污染治理行动，为郴州市拥有优良的空气质量打下坚实的基础，其中，空气质量达标率和城市空气质量优良天数比例分别比全国平均水平高出 35.5 个和 8.4 个百分点。2020 年，湖南省生态环境厅发布一季度全省城市环境

图 5-6　2015～2020 年郴州市空气质量评估结果与全国平均水平的对比

空气质量状况，郴州市空气质量综合指数为 2.66，排湖南省第一。郴州市空气质量较全国平均水平有较大的领先优势，但这种优势在缩小，从 2016 年相差的最高点 23.66 下降至 2020 年的 13.92，这表明如何确保空气质量在现有的基础上进一步改善，并始终保持对全国平均水平的领先优势，是郴州市需要应对的一个重大挑战。

在森林资源方面，郴州市与全国平均水平的森林资源评估结果整体趋势上看变化不是很明显。全国平均水平的森林资源评估结果由 2015 年的 46.57 增长至 2020 年的 48.84，增幅不大，年均增长速度为 0.96%；郴州市的森林资源评估结果在 88 这个分值上下小幅度波动，从 2015 年的 87.7 增长到 2020 年的 88.73，年均增长速度仅为 0.23%，小于全国平均水平的增速。郴州市的森林资源评估值与全国平均水平的差距较为明显，基本保持在 40 这个分值上下波动（见图 5-7）。

郴州市在国土绿化、森林管护、自然保护地体系的构建以及在林业产业文化等方面采取和实施的诸多行动和措施（见专栏 5-2），是其生态环境指标值远高于全国平均水平的重要原因。例如，2020 年郴州市森林覆盖率几乎是全国平均水平的 3 倍；生态环境状况指数几乎是全国平均水平的 1.6 倍。根据生态环境状况指数所划分的等级来评价，郴州市的生态环境状况为优，郴州市也因此成为湖南省唯一的全国森林旅游示范市。

图 5-7　2015～2020 年郴州市森林资源评估结果与全国平均水平的对比

 专栏 5-2 ─────────────────────────

"十三五"期间，郴州市国土绿化成效专项行动[1]

国土绿化行动。郴州市实施长江珠江重点防护林、石漠化综合治理、退耕还林、生态廊道建设、森林质量精准提升等系列重点生态工程，完成人工造林127.76 万亩、中幼林抚育 518.49 万亩、封山育林 181.98 万亩，实施油茶低产低效林改造 28 万亩，义务植树超过 4000 万株。

森林资源管护行动。郴州市累计投入天然林补贴资金 20295.77 万元，市级以上财政累计投入公益林补偿资金 59868.98 万元，开展封山育林（禁伐）三年行动，实施林地保护利用规划，严格征占用林地管理，严厉打击非法侵占林地、乱砍滥伐等违法行为，积极推进天然林、公益林保护工程，实现林地保有量、活立木总蓄积量分别达到 2077.95 万亩、6727.41 万立方米，天然林保有量达 788.1 万亩，国家、省级公益林保有量达到 701.55 万亩。完成禁食陆生野生动物人工繁育主体退出补偿及动物处置工作，退出陆生野生动物人工繁育主体152 家，补偿金额 2643.26 万元。

自然保护地体系构建行动。通过开展自然保护地整合优化，2016 年郴州市

---

1 《郴州市林业发展"十四五"规划》，http://app.hnsx.gov.cn/html/zwgk/ztbd/13199/60720/content_3364143.html#_Toc 81835422。

新增湖南嘉禾钟水河国家湿地公园试点，湖南桂阳春陵国家湿地公园、湖南郴州西河国家湿地公园和湖南安仁永乐江国家湿地公园先后通过国家试点验收，成功创建宜章赤石国家石漠公园和桂阳泗洲山国家石漠公园，宜章莽山省级地质公园于 2017 年升级为国家地质公园，初步建成由八种类型 48 个自然保护地组成的自然保护地体系。

提振林业生态文化行动。郴州市积极开展美丽庭院、生态文明随手拍、《生态文明教育读本》进课堂、送树苗下乡、宣讲"世界湿地日""世界野生动植物日""爱鸟周"、《森林法》《野生动植物保护法》《种子法》等系列活动，积极参展中国森林旅游节等节日展会。

能源低碳化方面，郴州市与全国平均水平的能源低碳化评估结果均呈现稳定的增长势头，分别从 2015 年的 84.64 和 77.76 增长到 2020 年的 89.96 和 83.36。由于能源低碳化评估值的增长幅度略低于全国平均水平，郴州市在能源低碳化的领先优势呈现波动下降的趋势，从 2015 年的 6.88 下降到 2020 年的 6.60（见图 5-8）。

图 5-8　郴州市能源低碳化评估结果与全国平均水平的对比

郴州市能源低碳化领先于全国平均水平，有三个方面的原因。其一，从总量上看，由于郴州市工业化进程相对滞后，且早期的工业发展主要依赖于矿产资源开发利用，随着增长方式的转变，尤其是能源消耗型的"矿经济"向低能

图 5-9　郴州市与部分城市的规模工业企业能源消费量

注：部分城市没有将规模工业企业的能源消费从工业中区分出来，或者有些城市没有将能源消费单位换算成标准煤，因而没有采集这些城市的数据。郴州市和长株潭的能源消费资料来源于《2021年湖南统计年鉴》，其他城市能源消费资料来源于《城市统计年鉴》。

源消耗、生态服务价值型的"水经济"转化，其能源消费规模并没有伴随经济规模的扩大而出现大幅度的增加，反而与工业化程度较高的地区或城市相比小很多（见图 5-9）。

据图 5-9，东部经济较为发达的苏州和宁波，能源消费均超过 9000 万吨标准煤，是郴州市的 20 倍。中部地区的武汉，其能源消费量是郴州市的 11.6 倍。其他诸如柳州、成都、福州和哈尔滨等城市的能源消费量也是郴州市的数倍。与全国大多数城市相比，郴州市的能源消费总量仍处于一个较低的水平。

其二，能源结构方面，郴州在绿色、低碳以及低能耗的能源开发利用上取得较大进步，表现在与能源相关的各类指标上，诸如电力覆盖率实现 100% 全覆盖、城市燃气普及率达到 98%、单位 GDP 能耗下降幅度较大等，尤其是可再生能源占比已经与发达国家处于同一层次，其中，与德国和英国相差无几，超过日本的水平（见图 5-10）。

其三，能源效率方面，东中部经济发达城市如苏州、宁波和武汉等的单位规模工业企业增加值能源消费量，是郴州市的 2～3 倍，但与这些城市能源消费总量是郴州的 20 倍左右相比，其能源效率不低。郴州市的能源效率与福州、柳州以及湘潭等城市处于相近水平，与西安、成都、株洲、长沙等城市相比，还有不小的差距。因此，提升能源消费效率，是郴州市确保未来在能源低碳化方面领先全国大多数城市的关键（见图 5-11）。

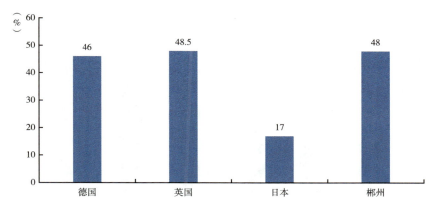

图 5-10　2019 年郴州可再生能源发电量占比与发达国家的对比

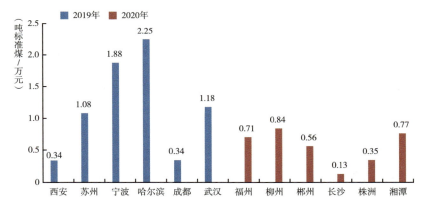

图 5-11　郴州市规模工业企业单位工业增加值能源消费量与部分城市的对比

注：能源消费量采用规模工业企业的数据。由于大部分城市没有统计规模工业企业的增加值，因而采用工业增加值来替代，数据来自城市统计年鉴和统计公报。

　　废弃物处理方面，郴州市与全国平均水平的废弃物处理评估值均呈现稳定的增长势头，分别从 2015 年的 76.22 和 78.1 提高到 2020 年的 87.33 和 85.07。2015 年、2016 年郴州市的废弃物处理能力低于全国平均水平，至 2017 年才超越全国平均水平（见图 5-12）。

　　废弃物处理能力从落后到对全国平均水平的超越，表明郴州市对污染治理的重视，尤其是在工业固废综合利用方面加大支持力度，不仅提高固废的综合利用率，还从稀贵及有色金属回收上获取良好的经济效益，实现污染治理和经济收益的双赢（见专栏 5-3）。

图 5-12   2015～2020 年郴州市废弃物处理评估结果与全国平均水平的对比

 专栏 5-3 ————————————————————————————————————

"十三五"期间，郴州市固废资源综合利用成效 [1]

郴州市依托丰富的优势资源，按照"减量、集聚、改造、提升"的思路，积极推进大宗工业废弃物综合利用能力建设，大力发展金、银、铋、铂等稀贵及有色金属综合回收循环经济产业；开展以"关停并转"和"绿色改造"为主要方式的废弃物处置利用专项整治等重大行动，持续整顿和规范资源综合利用秩序，推进企业入园集聚发展，组织实施绿色制造体系建设，推动建立绿色低碳循环发展综合利用产业体系。

据统计，2020 年，郴州市工业固体废弃物综合利用量达到 3685 万吨；工业废水、废气、余热、余压利用企业覆盖面达到 70%，综合利用率达到 80%，各类有色金属冶炼渣料年处置利用量近百万吨，经济效益逐年攀升。2022 年，郴州市永兴县的稀贵金属的回收利用产值达 850 亿，实现了环境效益和经济效益的双丰收。

————————————————————————————————————

土壤修复方面，郴州市与全国平均水平的土壤修复评估结果均呈现稳定的

---

1 《郴州市工业固体废物资源综合利用示范工作取得新成效》，http://www.hunan.gov.cn/hnszf/hnyw/szdt/202103/t20210317_14870739.html。

图例：
■ 全国土壤修复评估值（左轴）　■ 郴州土壤修复评估值（左轴）
─○─ 两者差值（右轴）

图 5-13　2015～2020 年郴州市土壤修复评估结果与全国平均水平的对比

增长势头，分别从 2015 年的 44.82 和 74.07 增长到 2020 年的 58.47 和 78.85。但是，郴州市自 2015 年到 2020 年的土壤修复评估值一直低于全国平均水平（见图 5-13），这与郴州市过去依赖矿产开发利用、过度施用化肥和农药等造成的土壤污染有一定关系。

值得指出的是，郴州市高度重视对土壤污染的治理和修复工作，有针对性地制定了相关土壤修复和污染治理规划与实施方案并付诸实施，取得了非常显著的成效。从评估结果来看，郴州市土壤修复年均增长速度为 5.46%，高于全国平均水平的 1.26%，两者之间的差距在不断缩小。郴州在土壤修复上还有极大的改进空间，未来在污染治理方面需要重点关注该领域。

总的来看，郴州市在"绿水青山样板"建设方面取得显著成效。一方面，由于郴州市最鲜明的特色和最美的底色——"绿色"的筑基，在开展水资源保护和开发利用、空气质量提升、土壤污染治理和修复等行动过程中，无须付出太大的代价，即可实现生态环境质量的持续改善；另一方面，借助科技创新和制度创新等举措，扩大生态资源价值实现途径、提升生态服务的品质和价值层次，推动"绿水青山"的经济价值转化，实现生态效益和经济效益的双赢。

本章随后三部分通过梳理郴州市"绿水青山样板"建设在"水碧""山青""景秀"三个方面的典型案例，总结凝练其践行"绿水青山就是金山银山"理念的做法，揭示其生态服务价值提升和兑现的逻辑与实现途径，以便更好地展示郴州市"绿水青山样板区"的建设成效。

二 "绿水青山"之"水碧"：东江湖

郴州全市多年平均降水量 1504 毫米，水资源总量 164.4 亿立方米，其中湘江水系 124.4 亿立方米、北江水系 32.0 亿立方米、赣江水系 8.0 亿立方米，分别占 76%、19% 和 5%。全市共有水库 1087 座，其中大型 3 座、中型 40 座、小型 1044 座，总库容 116 亿立方米。正常库容 81.2 亿立方米的东江水库，是国家良好湖泊，也是湖南省战略水源地。

东江湖作为湘江流域重要的饮用水源，承担生态补水、防洪调峰、保护生物多样性等多重作用。郴州市平衡生态保护与百姓生计，采取组合措施，经过系列治理工程，使东江湖生态环境得到全方位、全流域、全过程的系统保护，东江湖沿岸的生态价值得到进一步发掘。

（一）背景

东江湖位于湖南省郴州下辖的资兴市，湖面总面积 160 平方公里，于 1986 年正式完成蓄水。蓄水后平均水深 51 米，蓄水量达 81.2 亿立方米，占全市水资源总量的 50.8%，规模相当于半个洞庭湖，享有"湘南洞庭"之美称。东江湖整体水质优，长期稳定保持地表水 Ⅱ 类、出湖水质 Ⅰ 类，不仅是郴州市、湘江流域的主要水源地和湖南省战略水源地重要的饮用水源，更是郴州市区域内生态补水、防洪调峰、保护生物多样性的战略水资源（见图 5-14）。

图 5-14 碧水蓝天东江湖（实地调研拍摄）

20 世纪以来，"靠山吃山、靠水吃水"的粗放利用理念，一度导致东江湖面临水资源保护和利用的诸多困难和问题。东江湖流域范围内的居民曾主要靠挖矿、伐木、养鱼、喂猪、种果等方式来维持生计，而资源的过度开发和利用，导致水生态状况也受到影响。各类污染物质通过各种途径进入地表水系，给东江湖区域的水体造成严重污染，由此带来的高预防成本、健康损害、生产力损失以及自然灾害等后果已经直接影响到该区域的社会、经济、文化以及生态多样性等的健康和可持续发展。

进入 21 世纪，郴州市加大东江湖水环境保护力度，先后实施了网箱退水上岸、退果还林、生猪退养等一系列措施；这些措施的实施尽管起到了一定的积极作用，但也导致产业与保护的冲突，湖区居民面临着"有土不能耕、有水不能渔、有猪不能养、有树不能砍"的困境，四大主导产业受到了不同程度冲击。仅以网箱养殖为例，2010 年东江湖区共有网箱 1.3 万口、面积 34.68 万平方米，年产值达 2.2 亿元；而到 2015 年，随着网箱退水上岸措施的推行，网箱面积被压缩到了 10 万平方米以内，压缩了 70% 以上，而仅此一项就使居民经济收入减少了 1.74 亿元。为平衡好东江湖水资源保护和湖区群众生产生活需求之间的矛盾，进一步减少污染、改善水质、提高用水效率，确保优质饮用水能够得到持续地取用和供应，郴州市从体制机制建立健全、湖区生态建设以及综合治理模式构建等角度出发，探索东江湖水环境保护模式，并取得良好成效。

（二）做法

资兴市委、市政府践行"绿水青山就是金山银山"的理念，结合实际创新生态补偿机制，构建保障源头"碧水"、守护湖岸"清水"、实施湖中"净水"、强化制度"护水"的一湖一策保护模式。以科学理念指导生态湖区推进工作，运用科学技术手段进行综合整治，同时通过争取国家重点湖泊专项资金支持以及申请亚行贷款和足额地方配套等方式筹集资金，为统筹推进东江湖流域"山水林田湖草"系统治理，提供资金保障。[1] 经过多年的持续努力，在东江湖流域内逐步建立起较完善的污染治理体系、生态保育体系和监测监察体系。

---

1 《资兴市"一湖一策"42 个子项目全部通过竣工验收》，https://www.sohu.com/a/275499 121_100180399。

1. 建立健全保护体制机制

郴州市通过立法、机制构建等举措，为东江湖的生态环境保护建立起制度保障体系。出台《湖南省东江湖水环境保护条例》，使东江湖成为全国首个专门立法保护的湖泊，令东江湖水域的保护有法可依；出台《郴州市东江湖流域水环境保护考核暂行办法》，通过考核推动东江湖水环境质量持续改善，进一步推动建立东江湖流域生态补偿机制，为资兴市全面开展"绿水青山就是金山银山"转化保驾护航。

开展东江湖流域生态补偿试点，探索多元化的生态补偿方式，筑牢东江湖"绿色屏障"。开展东江湖流域生态资产评估与水环境承载力研究，摸清东江湖流域存量资源价值、生态产品价值、生态系统服务功能价值，核算东江湖生态保护与恢复成本价值、发展机会成本价值，于 2018 年形成了"东江湖流域生态补偿试点方案"。依据《湖南省地表水环境功能区类别》等规定设置断面水质考核标准，以"每月Ⅰ类、每年预算安排 360 万元作为奖励资金"实施断面月考核和年均值考核，最终建立起一套完整的郴州市东江湖生态补偿机制。[1]

2. 科学推进湖区生态建设

东江湖流域内有 124.69 万亩林地，占郴州市林地总面积的 59.4%，郴州市对该片林地实行全面封山育林、禁伐保护；对湖泊岸线、流域陆通道可视天然林和非公益林实施五年禁伐措施，涵养水源；因地制宜地实施流域内生态移民工程，减少人为因素对生态环境的破坏；筹集资金 16 亿元，积极探索"山水林田湖草"综合治理新模式，同时做好"禁、退、治、补"四字功夫，确保了东江湖整体水质长期保持国家饮用水一级标准，出境水质长期保持地表水Ⅰ类标准，到 2021 年流域生态资产总价值增至 2437.49 亿元。[2]

3. 科技助力环境综合整治和保护

郴州部署和实施环境综合整治相关治理项目 66 个，发挥科技在环境治理中的支撑作用；取缔和关闭湖区所有非法采选，湖区内原有的 27 家有证矿山也全

---

1 《"绿水青山就是金山银山"实践模式与典型案例（17）｜湖南省资兴市探索补偿机制，共促保护与发展》，https://baijiahao.baidu.com/s?id=1708309082102206800&wfr=spider&for=pc。

2 《资兴市入选全国首批〈"绿水青山就是金山银山"实践模式与典型案例〉》，https://mp.weixin.qq.com/s?src=11&timestamp=1636012572&ver=3415&signature=E–ZDcJaPK0RHMxxYiz*xo3y–HS9NAOc4bLKtVh*3ReW83lvpfD*BYuQau–Agab8RBGWCPaJgP888DWvGcUfdGNK2*MuI0AD7tePBPKNfRHdCHPbAi8Wq10Ay6EgtUf6n&new=1。

部进行了保护性退出；制定专门的政策，推动科学养殖业发展，以应对湖区内网箱退水上岸、沿岸畜禽养殖场退养以及营运船舶污水上岸处置等带来的湖区农户生计问题；2019年，在东江湖启航全国首艘天然气清洁燃料动力客船，基本实现湖区污染物和污水的零排放。此外，还专门建立了1家院士工作站、4家省级研发机构和1家省级科技公共服务平台，为东江湖生态环境保护与资源开发利用、区域生态文明建设提供科技及智库支撑。

（三）成效

通过强化制度与科技助力守护净水、发展生态旅游与打造绿色数据谷实现绿色用水等实践，东江湖流域的生态环境得到了全方位、全流域、全过程的系统性保护。本身蕴含着巨大价值的良好生态环境，是郴州市未来经济社会可持续发展的基底，也是"绿水青山样板"建设的潜力所在。目前，东江湖保持地表水 I 类标准，达到了国家一级饮用水标准，成为中国中东部地区少有的出水稳定保持地表水 I 类的大型湖泊。东江湖也成为郴资桂城市群的主要水源地，也是湖南省"两型"社会建设和长株潭城市群的战略水源地。

东江湖流域良好的生态环境已然成为资兴的生态优势，依托此生态优势资兴将旅游产业确定为转型发展的支柱产业，同时大力发展大数据产业，初步探索出了一条科学保护、合理利用、相辅相成、良性互动的战略水资源保护利用新路径。

三 "绿水青山" 之 "山青"：仰天湖高山草原

仰天湖高山草原地区旅游资源丰富，但因多年的粗犷式开发，当地生态环境被严重破坏。郴州市秉承"建设一个景区，保护一方生态，助力一方发展，带动一方致富"的发展观，同步推进湖区的自然恢复和人工修复工程，重新对景区进行规划和产业布局，最终实现生态保护、产业发展和群众致富的协调。

（一）背景

仰天湖位于南岭北麓骑田岭山系之巅中枢地段（湖南郴州市西南方向约30公里处），是第四纪冰川期馈赠的一个死火山口，平均海拔1000米以上，面积约 40 平方千米，呈金三角分布，为高山湿地草原、西河发源地。仰天湖大草原被誉为"南方大草原"，海拔 1300 多米，是南方最大的高山草原。这片区域还拥有得天独厚的旅游资源，包括仰天巨佛、天湖草原、杜鹃花海、安源石林等人文和自然景观（见图 5-15）。

图 5-15 仰天湖高山草原（实地调研拍摄）

仰天湖草原风景区自然水泊面积 20 余亩，是悬系于长江、珠江分水线与京珠高速十字交点旁的一颗璀璨明珠，被自由旅人作家誉为"地球上（北江之源）的一滴眼泪"。这里虽坐拥得天独厚的旅游资源，但多年前的无序开发和过度放牧导致原本优越的生态环境被破坏，遍地马粪、植被被毁、黄土裸露、水土流失、土地沙化等现象严重。"脏乱臭"是许多人对仰天湖大草原的印象，"体验感差"是游客最直接的反馈与评价；加之长期规划不详、产权归属不清、管理主体不明等原因，仰天湖名声不响也留不住游客，无法对当地经济发展起到正向促进作用。[1]

---

1 《北湖区把最原始的仰天湖，"还"给了大自然》，https://hn.rednet.cn/content/2021/08/24/9843388.html。

（二）做法

自 2019 年国家可持续发展议程创新示范区建设以来，郴州市以"保护优先、有序开发"为原则，多方共同规划，坚持"两个同步"推进，即自然恢复与人工修复同步推进以及景区规划与产业布局同步推进，仰天湖大草原的生态得到有效恢复。

1. 多方参与，共同规划

2013 年，郴州市北湖区政协成立专题调研小组，参考各方意见，经过深入调研分析，形成了《关于仰天湖草原保护与开发的调研报告》，制定了《仰天湖大草原风景区旅游总体规划》，为未来的开发指明方向。[1]

2. 生态修复，制度筑基

从 2020 年开始，郴州市北湖区委、区政府统一部署，区自然资源局、区住建局、区文旅广体局等多部门联动，发布禁止毁林开荒、禁止放牧的通告，采取人工种草以及围栏保护等行动对草地进行改良和保护，共划定核心草场 4680 亩，设置围栏 11680 米。区自然资源、森林公安等多部门开展联合执法和调查，并且专门集中一个月开展禁止放牧行政执法活动，为仰天湖大草原构建起封育禁游与生态修复并重的保护机制（见图 5-16）。

1 《仰天湖大草原：做足生态文章　山更美　水更清　草更绿》，http://moment.rednet.cn/pc/content/2021/09/09/10123951.html。

图 5-16　仰天湖景区霍比特城堡修建前后对比（修建后图片为实地调研拍摄）

3. 引入资本，市场运作

发挥政府主导作用，引进旅游企业，重新开发景区，打造仰天湖"一步一美景，一村一故事，一家一美食"全域旅游格局。为此，郴州市北湖区委、区政府在 2019 年收回了仰天湖景区的管理权，并引进有实力的旅游企业对景区进行重新开发，推进文化旅游与乡村振兴的深度融合；2020 年，某旅游投资公司通过竞标，以企业的身份参与到仰天湖草原生态修复的管理中，发挥市场在生态修复中的资源配置和调节的作用。

4. 有序开发，产业布局

如今的仰天湖大草原生态修复与资源开发并重，以生态之美重回游客视野。有序进行工程建设，合理布局开发，先后完成草原复绿、基础设施、生态康养特色小镇、安源石林、神龙瀑布、红花梯田等景区建设，使景区的建筑物、道路等设施与草原融为一体、相得益彰。

（三）成效

通过对仰天湖大草原一系列的治理与修复行动，其生态得到有效恢复，草原覆盖率从 2019 年的 64% 提高到 2022 年的 91%。生态修复为仰天湖景区提供的环境利益已经凸显，2021 年 8 月，仰天湖大草原景区接待游客 5.3 万余人次，拍摄期间广东、江西、湖北等外省和港澳地区游客纷至沓来，景区日均接待游客1.5万余人次，实现旅游综合收入430万元。2022年，借助湖南卫视《中餐厅6》的热播，仰天湖大草原景区国庆期间日均入园游客突破1万人次，同比增长27.29%，首次进入全省门票收入前十景区。2021年湖南夏季乡村文化旅游节在郴州市北湖区的仰天湖大草原举办，吸引了来自省内外的22家媒体走进田野山间，实地探访北湖区乡村文化旅游市场发展成果，用镜头和笔记录乡村旅游的独特魅力，让这个"养在深闺"的宝藏景区名声大振。[1] 乡村文化旅游节的落地举办使仰天湖大草原成为一张乡村文化旅游名片。仰天湖地区凭借高原草原特殊气候，积极推进风电产业及种植业、养殖业、特色农业发展，解决高山农产品销售难的问题，有效带动村民脱贫致富。景区牵头组织牧民成立马匹合作社，与农民合作共同经营特色种养殖，马匹被圈养起来，并由合作社统一管理，带动了周边群众致富。截至2022年景区共发展民宿30余处共计2980余间，带动就业创业1600余人，实现农产品销售3200余万元；带动发展农家乐40余家，带动就业260余人，实现营收1300余万元，仰天湖区域脱贫户户均增收1700余元。恢复了的"绿色"为郴州"绿水青山样板"建设、实现生态价值的转化提供了更多的可能性。

四 "绿水青山"之"景秀"：西河风光带

西河发源于郴州且主要流经郴州，是郴江的主要支流。但受洪灾和不规范的采选矿生产活动的影响，流域两岸生态环境严重破坏，水质下降，周边土壤重金属超标，生态价值无法充分体现。郴州市从源头治矿，沿流域治土，进行生态设计，提升生态价值、最终实现污染被治理、资源有序开发的目的。

（一）背景

西河（又名秧溪河），发源于郴州市苏仙区五盖山北麓，在苏仙区许家洞镇长桥汇入郴江，而后注入东江耒水，全流域面积149平方公里，是郴江一级支流、湘江的三级支流。西河全长144千米，途经北湖区、桂阳县、苏仙区、

---

1 《2021年湖南省（夏季）乡村文化旅游节即将启幕》，http://www.hn. chinanews.com.cn/news/2021/0718/425697.html。

永兴县上百个村庄，就像一条长长的脐带，沿线哺育了 54 个村庄 100 万的人口（见图 5-17）。[12]

图 5-17　西河风光带（郭立亮 摄）

西河流域富集矿产资源，达 110 余种。20 世纪 90 年代，西河流域有色金属被大量开采，乱采滥挖猖獗，导致大量含有重金属污染物的固体废弃物、选矿尾渣堆积在西河流域两岸，采选废水肆意排放，每年直排西河的工业废水 2000 万吨，河边历年堆积的尾砂、废石多达 1000 万吨。"母亲河"成了"纳｜污河"。

西河流域矿产的无序开采，导致土壤、地表水重金属污染严重，一些农田无法继续耕种。最严重时，西河流域水质为劣五类，流域周边土壤中铅、锌、镉、砷等指标存在不同程度的超标情况，流域生态环境遭到严重破坏，植被被毁，水土流失，进而引发滑坡、塌陷、泥石流等地质灾害，严重威胁着人畜饮水和生命财产安全。

1　《贯彻落实市第六次党代会精神　全力打造西河乡村振兴示范带》，https://new.qq.com/omn/20211029/20211029A06AYH00.html。

2　《西河风光似画廊》，http://wlgtj.czs.gov.cn/tpxw/content_761770.html。

（二）做法

郴州市采取一系列的科学规划与协同治理，借助技术手段，让西河流域重新回归"绿水青山"。

1. 科学规划，精细管理

为了治理西河，郴州市苏仙区委、区政府先后组织编制了《西河流域重金属污染综合治理总体规划》《玛瑙山矿区重金属污染综合治理规划》等 14 个专项规划，制定了《西河沙滩公园与体育公园建设方案》《玛瑙山矿山地质修复工程建设方案》等 20 个具体实施方案。西河重金属污染治理工作被纳入国家《重金属污染综合防治"十二五"规划》和湖南省《湘江流域重金属污染治理实施方案》。

2. 多方参与，协同治理

在政府部门的主导下，环保治理企业、采选矿企业与大型文旅企业共同参与，累计投入 14.8 亿元，对西河（秧溪河）流域重金属污染进行综合治理和生态修复；与此同时，建设大型文旅房产综合项目，包括：东湖公园、沙滩公园、郴州长卷、碧桂园等，挖掘提升其经济价值。

（1）源头治矿，变"无序"为"有序"。郴州市采取"矿业整顿—综合治理—有效开发"的系统治理模式，对苏仙区西河、玛瑙山一带进行整顿，关闭非法采选企业 243 家，其中采矿企业 158 家，选矿企业 85 家。截至 2020 年底，西河流域只保留矿山 8 家，已成功创建绿色矿山 5 家，其中国家级绿色矿山 1 家、省级绿色矿山 4 家。通过源头治矿，彻底改变了西河流域矿山企业"多、小、散、乱"的局面，矿业秩序实现了从无序到有序、从混乱到井然的全面好转。

（2）流域治土，变"废地"为"绿地"。郴州市苏仙区政府累计投资 14.8 亿元对西河流域进行重金属污染治理及生态修复，实施了西河流域重金属污染综合治理一期、西河河道底泥清理、观山洞东湖东侧尾砂及土壤治理修复等治理工程。对遗留尾砂、废渣堆场、废弃尾矿库等采取加固坝体、完善截排洪设施、覆土还绿或清运尾砂胶结充填矿洞等综合方式进行生态修复，对受污染场地采取土壤稳定化处理或异位淋洗后再覆土还绿等方式进行治理修复，堵住污染源头。

（3）综合利用，变"绿地"为"宝地"。政府引导，招商引资，建设郴州长卷、王仙岭国际房车露营地等文旅综合项目。引入大型房地产企业，碧桂园、金科城、东玺台等小区住房销售率高达 97%。市民健身的体育公园和休闲的水上乐园已经投入使用，学校、商店、酒店、民宿和贸易市场应运而生。郴州长卷被誉为郴州"城市客厅"名片，成为网红打卡地，2022 年"五一"小长假有 10 万余名游客打卡；自一期项目商业街建成开放以来，累计接待游客 60 余万人次，被评为"全国优选旅游项目"。

3. 生态设计，景观修复

西河区域在尽量保留自然景观原貌的基础上进行生态化设计，目的是实现纯自然的景观修复。在景观修复过程中，对河床局部进行扩宽，确保排洪，打造自然、曲折、缓急富有变化的生态软质驳岸，恢复了河流的原本面貌，重建河岸生态体系，拉近了河流与人们生活之间的距离，唤醒最初的河流文化记忆；此外，针对西河水量小、水质浑浊的现状，通过筑坝、蓄水、沉砂、地形改造、营造生态浮岛、湿地生态护岸等进行综合治理。生态浮岛利用人工浮体，栽培具有净化功能的湿地植物，以此降低 COD 和去除水体中的氮磷，抑制藻类生长，提高水体透明度，同时还能为鱼类等生物提供优良的栖息空间。

4. 技术支撑，改善环境

对于曾经的尾矿场中留存的大量尾砂矿，首先通过物理阻隔、重金属安全固化稳定技术加以控制，其次采取黏土覆盖、建立垂直和水平隔离层方法来切断土壤污染物的迁移扩散途径，最后采用重金属微生物复合调控技术和重金属植物修复技术，对被污染土壤进行治理。同时，还覆盖了 2 米深种植土，选用香樟、杜英、柳树、榆树、广玉兰、大叶女贞、海桐球、红花夹竹桃、大叶黄杨、小叶栀子、小叶女贞、狭叶十大功劳等对重金属耐性较强的植物对土壤基质进行修复改良，从而改善土壤的污染状况和营养状况，将寸草不生的尾矿场打造成设施齐备、绿意盎然、民众乐于亲近的生态公园。

通过生态草沟和预留低洼绿地取代传统的有组织排水方式，减少硬质排水沟的使用，节能减排，尽量使用当地材料，配合使用钢材、塑木、透水砖、石笼等可回收利用的环保材料，缓解城市热岛效应，维护城市土壤生态环境的平衡；减少地表径流，增加下渗率，使雨水通过绿地滞留、渗透、过滤、蓄存后汇集流入西河内，提高雨水利用程度，净化雨水、补充地下水与西河水量（见图 5-18）。

图 5-18 西河修复前后对比（修复后图由曹高林拍摄）

（三）成效

通过治理，西河流域生态环境得到了彻底改善。流域中上游水质由原来的劣 V 类变为如今稳定在 Ⅲ 类及以上。河流断面水质稳定控制在国家地表水 Ⅲ 类水质标准以内；栽种南竹 6 万株、灌木 10 万平方米等，绿化覆盖率达到 70%。2013 年，西河沙滩公园获评"中国人居环境范例奖"，该奖是中国参照联合国人居环境奖新设立的一个政府奖项，是中国人居环境建设领域的最高奖项。2020 年西河成功入选湖南省"美丽河湖"。

经过整治，西河两岸的经济发展也得到了促进。原本的土地无人问津，价格也仅有 50 万元 / 亩，整治后的土地价格达到 2021 年的 190 万元 / 亩以上，通过生态环境的修复土地价值得到了提升。据当地统计整理，可供开发利用土地 3500 多亩，已出让土地 1600 亩，摘牌后土地出让收入 14.75 亿元，该片区剩余土地 1900 亩，预计仅土地出让就可收入 36 亿元以上。

西河两岸通过治理以及建设风光带和水岸，实现了河流生态环境优美，文化内涵丰富、道路交通便利、水生动植物繁荣，水生态系统将步入良性发展循环轨道，逐步发展成为市民和外来游客旅游休闲度假胜地，提升了周边居民的生活幸福感、改善了当地人居环境；同时，电站引水坝的改造，一方面提高了河道防洪能力，另一方面通过生态水利建设规划项目的实施，防洪安全得到保障，电站的利用效率也得到提升，增加了发电收入。

总的来说，西河流域通过"绿水青山"的修复实践，不仅实现了重金属污染区到"景秀"的复原，更推进了资源的二次开发、有序利用和转型发展，为改善整个湘江流域的经济社会和生态环境发挥了积极的促进作用。

CHAPTER 6

第六章
郴州可持续发展愿景：
绿色转型示范

郴州市上有绿水青山，下有矿产资源，既是"林中之城"，又是"世界有色金属博物馆""中国有色金属之乡"和全国 19 个重点产煤地市之一。在工业化过程中，丰富的矿产资源很容易让郴州市走上依赖资源开采的"矿经济"发展道路，在获取巨大物质财富的同时，也给郴州市带来了较为突出的社会和环境问题。在这样的背景下，寻求绿色转型发展路径，成为郴州市推动高质量发展的必然选择。

以水环境保护为切入点，郴州市实施"创新引领、开放崛起""产业主导、全面发展"战略，推动护水、治水，倒逼有色冶炼、采选等资源型产业转型升级以及矿山治理与修复，探索自然资源利用方式的转变，驱动经济由"一矿独大"向产业多元化发展转型升级。经过多年实践，郴州市在东江湖冷水资源的可持续利用、三十六湾矿区综合治理、生态修复以及矿产资源可持续利用等方面取得良好的效果，讲述了"绿色转型示范区"鲜活而生动的故事。本章根据第四章的指标体系和数据，对"绿色转型"的多目标进展进行评估，梳理了郴州市"资源可持续利用"以及"环境治理和生态修复"等方面的成功经验，总结出郴州市"绿色转型"中的求"转"之路。

一 "绿色转型示范"进展评估

为了评价郴州市在"绿色转型示范区"建设方面的进展，基于遴选的、本地化后的郴州市 SDGs 指标，对相关评估指标进行归类和划分，并构建郴州市"绿色转型示范区"评价指标体系；在此基础上，对郴州市"绿色转型示范区"的建设成效以及可能存在的不足进行评估和分析。

（一）评估指标构建

依据"绿色转型示范区"基本概念和内涵的界定，对郴州市"绿色转型示范"相关的 SDGs 进行遴选、归纳和划分。"绿色转型示范"评估主要涉及产业发展、科技创新、协调发展和开放程度等方面的内容，据此本章选取涉及包括 SDG2、SDG7、SDG8、SDG9、SDG10 以及 SDG17 等在内的 35 个指标，构建郴州市绿色转型综合指数。

（二）结果与分析

绿色转型综合指数可以从科技、产业、开放等三个层面，划分为创新指数、实力指数和开放指数等三个指数，主要评价郴州市创新发展、产业发展和对外开放等方面的进展，同时衡量和对比这三个指数对绿色转型综合指数增长的贡献程度（见表6-1）。

表6-1　郴州市绿色转型综合指数及构成（2015年=100）

	2015年	2016年	2017年	2018年	2019年	2020年
绿色转型综合指数	100	105.84	110.81	119.11	123.00	125.26
实力指数	100	104.80	111.66	122.16	128.13	127.07
创新指数	100	108.67	108.93	117.83	118.59	132.61
开放指数	100	115.76	134.64	159.65	176.43	178.60

从表6-1可以看出，郴州市绿色转型综合指数呈现稳步的增长趋势，从2016年的105.84增长到2020年的125.26，增长19.42个点，增长幅度较为明显，表明郴州市"绿色转型示范区"建设步入良性轨道。从实力指数、创新指数和开放指数等的增长情况来看，郴州市的实力指数增长幅度低于其他两个指数，从2016年的104.80增加到2020年的127.07，增长22.27个点；开放指数的增长幅度较大，由2016年的115.76增加到2020年的178.60，增长62.84个点，开放指数对绿色转型综合指数的贡献最大（见图6-1）。

据图6-1可知，2016～2019年，开放指数的贡献率基本保持在50～60波动，2019年达到58.6左右，2020年由于受疫情的影响，贡献率有较大的回落；实力指数的贡献率也处于增长的趋势，从2016年的22.63增加到2019年的31.23左右；同样，2020年受疫情影响，实力指数的贡献率也有较大幅度的下降；而创新指数的贡献率则有较大的波动；2020年主要的贡献率来自创新指数。郴州市实力指数、创新指数和开放指数三个指数的评估结果表明，首先，产业发展趋于平稳，为郴州市的"绿色转型"奠定基础；其次，对外开放是当前发展阶段郴州市"绿色转型"的关键推动因素；最后，郴州市的"绿色转型"最终要依靠创新驱动，并且随着对外开放程度的不断深入和扩展，郴州市的创新驱动能力将会得到彻底的释放。

从时间序列上看，郴州市"绿色转型"呈现稳步增长态势，其增长的效果

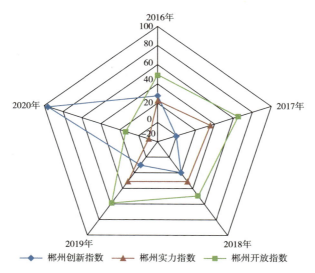

图 6-1　2016～2020 年郴州市绿色转型指数各构成指数的贡献率变化

需要从横向对比来反映。为此，以全国平均水平为参考标杆，通过横向比较，将郴州市"绿色转型示范区"的建设成效展现出来。考虑到数据的可获得性，研究仅从郴州市与全国平均水平在"绿色转型示范"建设方面的对比展开。基于现有的郴州市"绿色转型"指标评价框架，对全国的数据进行采集，计算得出全国绿色转型综合指数的评估结果。从结果对比来看，自 2015 年以来，郴州市和全国平均水平的绿色转型综合指数均呈现逐年增长的趋势，并且，郴州市绿色转型综合指数的增速高于全国平均水平（见图 6-2）。

图 6-2　2015～2020 年郴州市绿色转型评估结果与全国平均水平的对比

图 6-2 显示，2015 ~ 2017 年，郴州市"绿色转型"综合指数低于全国平均水平，直到 2018 年才实现反超，较全国平均水平高出 0.44 个点，到 2020 年领先优势扩大到 2.13 个点。以上数据表明，尽管早期郴州市在"绿色转型"方面相对较为迟缓，但在新的发展阶段，其"绿色转型"的潜力得以逐渐释放，其生态后发优势也转化为发展优势，这两种经济增长动力的叠加，极大地激发了郴州市绿色发展的活力，郴州市的"绿色转型"呈现快速增长势头。

郴州市"绿色转型"由落后转为超越全国平均水平，主要是产业发展、协调发展、创新发展以及对外开放等方面进展产生的综合效果。通过对产业发展、协调发展、创新发展和对外开放等的进展进行评估和横向对比，郴州市"绿色转型"的内在规律可以在一定程度上展现出来。产业发展方面，郴州市产业发展评估值领先于全国平均水平，并且这种领先优势呈现不断扩大的趋势（2020 年稍有减小）（见图 6-3）。以上数据表明，郴州市产业发展上的潜力和活力得以释放，逐渐转变为经济增长的动力源。

图 6-3　2015 ~ 2020 年郴州市产业发展评估结果与全国平均水平的对比

从郴州市产业发展的指标构成来看，一些指标的评估结果低于全国平均水平，另外一些指标的评估值高于全国平均水平，某种程度上反映出郴州在产业发展上的不均衡。其中，包括人均 GDP、万元地区生产总值用水量、第二产业占GDP 比重以及规模以上工业企业研发支出占规模以上工业企业生产总值的百分比等在内的经济指标，其评估值在 2015 ~ 2020 年几乎始终落后于全国平均水平，一定程度上影响到郴州市产业发展评估值的高低（见图 6-4）。

图 6-4　郴州市产业发展部分指标评估结果与全国平均水平的差值（a）

从图 6-4 可以看出，郴州市人均 GDP 评估值与全国平均水平的差距自 2015 年以来有扩大的趋势，而 2020 年疫情的暴发更是加大了两者间的差距。郴州市规模以上工业企业研发支出占规模以上工业企业生产总值的百分比与全国平均水平的差距经历了倒 U 形波动，由 2015 年的 –4.86，缩小到 2017 年底 –2.65，然后再下滑到 2020 年的 –4.83，某种程度上揭示了郴州市规模以上工业企业的创新活动规律，即在 2016 ～ 2017 年出现一个创新上的小高潮后，郴州市其余年份的创新基本与全国其他大部分城市一样保持同步增长的频率。郴州市第二产业占 GDP 比重与全国平均水平存在一定差距，但这种差距在逐渐缩小，从 2015 年的 –17.38 缩减到 2020 年的 –1.11，与全国平均水平基本持平；万元地区生产总值用水量也从 2015 年的 –7.26 缩小到 2020 年的 –3.77，缩减幅度不小。这些指标落后全国平均水平解释了郴州市在产业规模、创新能力和生产效率上的不足。

此外，与上述指标不同的是，GDP 年均增长幅度、城镇登记失业率、亿元地区生产总值生产安全事故死亡人数和城镇居民人均可支配收入增长率等指标的评估值均超过全国平均水平（见图 6-5）。

从图 6-5 可知，除 2017 年外，其余各年相对于全国平均水平而言，郴州市 GDP 年均增长幅度基本保持 10 个点左右的领先优势；从城镇登记失业率评估结果来看，郴州市自 2015 年以来，始终保持着对全国平均水平的领先优势，并呈现扩大的趋势，从 2015 年的 1.61，增长到 2020 年的 6.26，展示

出郴州市虽然经济增速有所放缓，但经济总量扩大、产业结构优化以及郴州市新产业、新业态、新商业模式等不断出现和壮大，为郴州市就业规模的扩大、失业率的稳步下降提供支撑。亿元 GDP 生产安全事故死亡人数方面，郴州市与全国平均水平之间保持了较大的领先优势，并且这种领先优势在不断扩大，从 2015 年的 31.47，增长到 2020 年的 37.69；城镇居民人均可支配收入增长率方面，2015 ～ 2017 年，郴州市与全国平均水平之间相对较为接近，从 2018 年开始，郴州市的城镇居民人均可支配收入增长率与全国平均水平的差距扩大，甚至在 2020 年出现 16.6 个点的领先优势。这些指标保持对全国平均水平的领先，表明郴州市较好的营商环境，是提振市场信心的重要保障。对于郴州市的招商引资、企业生产规模的扩大、创新活动的开展等有极大的推动和促进作用。总体上看，郴州市的产业发展虽然受疫情影响进入调整期，但依然保持着对全国平均水平的领先，随着产业结构的进一步优化、企业创新能力的进一步增强以及生产效率的进一步提升，郴州市产业发展还将取得更好的成绩。

协调发展就是重点解决城乡、区域间发展不平衡的问题。郴州市在协调发展方面取得了较好的成效，已经走到了全国大多数城市的前面（见图 6-6）。

图 6-6　郴州市协调发展评估结果与全国平均水平的对比

从图 6-6 可知，郴州市对于全国平均水平在协调发展上的领先优势出现了一定程度的下降，由 2015 年的 7.31 降至 2020 年的 4.44。郴州市协调发展领先于全国平均水平，主要得益于郴州市在脱贫扶贫、农村居民人均可支配收入增长、城乡最低生活保障以及农村生活保障包括饮用水、卫生等民生保障方面取得的成绩；其中，郴州市的农村饮用水安全保障率、城乡居民收入比、农村恩格尔系数以及农村居民人均可支配收入增长率等除个别年份外均领先全国平均水平（见图 6-7），不过这些指标的领先呈现下降趋势。总体来看，郴州市在城乡差距缩减方面成效显著，公共资源共享、收入分配合理化等社会公平性问题不断得到解决。

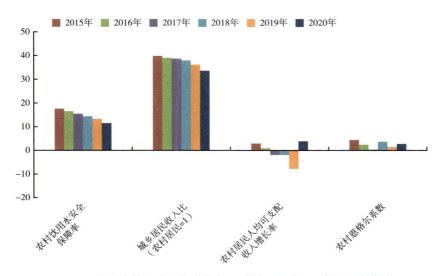

图 6-7　郴州市协调发展部分指标评估结果与全国平均水平的差值

创新发展本质上就是依靠科技创新、制度创新等，推动经济增长的动力转换。郴州市虽然在创新发展方面开展了大量的基础性研究和工作，也取得了长足的进步，但是，由于历史原因，郴州市在创新发展上与全国平均水平之间还存在一定的差距（见图6-8）。

图 6-8　郴州市创新发展评估结果与全国平均水平的对比

由图 6-8 可知，2015～2019 年，郴州市在创新发展上一直落后于全国平均水平，不过这种落后差距在不断缩小，从 2015 年的 –5.39 缩减到 2019 年的 –3.59，最终在 2020 年实现反超。郴州市在创新发展上取得的进展主要体现在科技创新对其增长方式转变的支撑作用上。具体来说，郴州市创新发展成效首先体现在能源资源的绿色低碳化和高效率利用上，例如郴州市在能源结构调整、单位建设用地的经济价值产出方面成就突出（见图 6-9、图 6-10）。

图 6-9　郴州市可再生能源发电量占比评估结果与全国平均水平的对比

图 6-10　郴州市单位建设用地第二、三产业增加值评估结果与全国平均水平的对比

从图 6-9 和图 6-10 可以看出，郴州市在可再生能源发电占比和单位建设用地第二、三产业增加值上与全国平均水平相比优势明显，一定程度上反映了科技创新对郴州市社会经济发展的提振和支撑作用。但需要指出的是，研发投入的不足是郴州市创新能力低的主要原因。例如，2020 年郴州市规模以上工业企业研发支出占规模以上工业企业生产总值的百分比落后全国平均水平 0.45 个百分点；其他创新指标如研究与发展（R&D）经费支出占地区生产总值的比重、科学技术财政支出占财政支出的比重以及每万人发明专利拥有量等，郴州市与全国平均水平也存在不小的差距。

事实上，郴州市科技发展起步较晚，不但落后于东部沿海发达地区，也与长沙、株洲和湘潭等城市之间存在不小差距；例如，长沙市 2020 年技术合同交易额占湖南省总额的 46%，株洲为 20.5%，湘潭为 16%，而郴州仅为 1.7%（见图 6-11）。

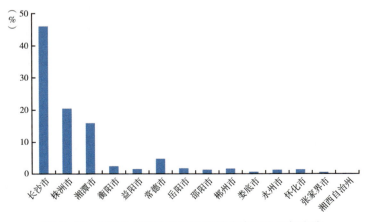

图 6-11　2020 年湖南省各市州技术合同交易额占比

除技术合同交易额外，在专利授权数方面郴州市也与长沙和株洲有较大的差距，与湘潭也有 800 件以上的差距，可见郴州市的科技创新活力还有待进一步激活和增强（见图 6-12）。

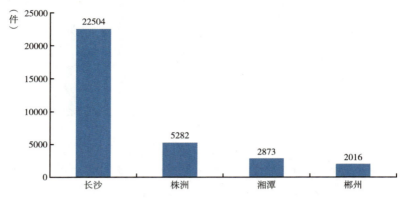

图 6-12　2019 年郴州市与长株潭的专利授权量情况

对外开放是郴州市成功实现"绿色转型"的关键。然而，郴州市对外开放相对迟滞，一度对社会经济发展造成了不利的影响。

图 6-13　郴州市对外开放评估结果与全国平均水平的对比

据图 6-13 可知，2015～2018 年，郴州市的对外开放落后于全国平均水平，不过两者的差距在快速缩小。交通、信息网络等基础设施建设的不断完善，对郴州市的对外开放起到了极大的推动和促进作用。郴州市对外开放的程度主要通过交通、接待国内外旅游者人数、实际利用外商投资额、货物进出口总额和进出口总额占地区生产总值的比例等指标来展现。

基础设施方面，郴州市不断加大交通等基础设施建设，其中北湖机场的建设和投入运营、自贸区的落户等，对郴州市的对外经贸起到极大的促进作用。招商引资和对外贸易方面，"十三五"期间郴州市引进 2 亿元以上项目共计 437 个，总投资额达 3144 亿元，累计完成外贸进出口总额 213 亿美元，年均增长 14.5%。2020 年实际利用外资达到 24.21 亿美元，超过株洲和湘潭，仅次于长沙的 72.82 亿美元；货物进出口方面，郴州市以 49.08 亿美元进出口总额排在长沙和岳阳之后，位列湖南省第 3（见图 6-14）。

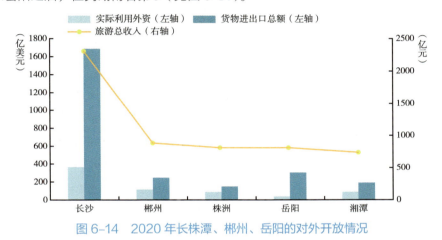

图 6-14　2020 年长株潭、郴州、岳阳的对外开放情况

此外，从接待国内外旅游人数和旅游收入来看，2020 年郴州市共接待国内外游客人数达 6899.70 万人次，仅次于长沙的 15194.31 万人次，列湖南省第 2。可见，郴州对外开放程度已经走到湖南省的前列，对外开放对经济增长的支撑作用逐渐显现。

本章随后部分通过梳理郴州市"水资源可持续利用""矿资源可持续利用"方面的典型案例，分析其"矿经济"向"水经济"转化的机理，为其经济增长的动力转换提供佐证和示例，以便更有效地诠释郴州市"绿色转型示范区"建设成就。

二　"绿色转型"之东江湖冷水资源可持续利用

冷水资源是郴州市"绿色转型示范"建设的重要资源禀赋，年径流量 15 亿立方米水流从拥有 81.2 亿立方米库容的东江湖坝底稳定流出，不仅在应对气候变化方面做出积极贡献，还带来显著的生态效益和经济效益。

（一）背景

冷水形式多样，主要有涌泉水、山涧溪流、地下水、深水水库的地排水、山地或高原的河湖水、雪山融水等，主要分布在中国的东北、华中、华南、西南等地。作为一种特殊的水资源，冷水的开发利用自20世纪80年代以来逐渐兴起，冷水鱼养殖业、垂钓产业以及农业灌溉等领域已经初具规模。由于冷水资源最重要的温度属性受地理分布及环境影响较大，目前国内利用方式相对单一且效益不高。充分挖掘冷水资源潜在价值、推进其可持续利用，是冷水资源开发的关键。

郴州市将"水资源可持续利用与绿色发展"作为主题创建国家可持续发展议程创新示范区，表明其将水资源作为促进地方社会经济可持续发展的核心着力点。而资兴作为郴州市拥有丰富水资源的县级市，被称为"水城"，其特色的冷水资源是由东江湖大坝高度落差、水库的水从157米深的湖底流出形成，其下游小东江水温可常年保持低于10℃，年径流量达15亿立方米且水流稳定，保证了资兴市冷水资源供应的可持续性；湖水水质常年保持《地表水环境质量标准》一级标准，好的水质也为冷水资源的开发利用提供了坚实基础。据估算，仅把东江湖作为水源供应给周边如长沙等大城市这一单一利用方式，一湖水就值400多亿元。现如今，加上资兴在大数据制冷、特色水产养殖、旅游开发等多方面的利用，其生态资产总值提增至2000多亿元。在此基础上若还能更进一步合理规划与充分开发，其潜在价值将不可估量。

（二）做法

依托冷水资源富集的优势，资兴在发展动力与发展方式的转变方面做了很好的探索。多年来，资兴市充分利用亚热带地区特殊的冷水资源优势，积极探索冷水资源在节能、冷水养殖、旅游提质升级方面的利用路径。东江湖数据中心通过运用自然冷源制冷实现绿色节能安全运行，资兴市中医医院南院运用水源热泵空调系统制热践行节能环保，水产渔业依托冷水实现科学规模化冷水鱼养殖等促进当地民生福祉，在确保生态功能及服务不降低的前提下，实现生态资产总价值大幅度增值；此外，因冷水温差效应而自然形成的"雾漫小东江"

景观，不仅在国内享誉盛名，在摄影领域还颇具影响力，创造了可观的旅游附加值。

1. 冷水资源助力能源的绿色转型

郴州市以可持续发展理念为指引探索自然能源的开发和利用，在不"消耗"水资源的基础上，推动能源的绿色转型。东江湖的冷水资源为能源的绿色转型提供可能。

东江湖高达81.2亿立方米的蓄水量，每年至少释放15亿立方米13℃以下的清洁冷水作为冷源。东江湖大数据产业园区规划总占地面积4500亩，总投资500亿元，可容纳20万个机架，超过500万台服务器，引进1000家以上大数据产业链企业。如此规模庞大的数据中心服务器机房如果要确保服务器运行的稳定，势必要对机房进行制冷降温，若采用常规的电力空调方式，相较利用好东江湖冷水资源的温度优势，将消耗更多的电力能源、产生更多的污染排放（见图6-15）。

图6-15 东江湖大数据产业园冷水进水管道（实地调研拍摄）

大数据中心充分利用了东江湖冷水资源"多、冷、稳"的优势，通过采用"多模式自然水冷"等技术，将东江湖水库中的冷水接入管道循环降温后，又重新排回到水库中。在这个过程中，仅利用了东江湖水资源的低温资源，就实现并达到了大数据中心机房物理降温的目的和要求，从而实现运行成本和污染物排放的双减。

将东江湖冷水资源用于绿色能源来源的还有资兴市中医医院。资兴市中医医院南院通过建设水源热泵空调循环系统利用项目，利用冷水资源常年稳定在8℃～15℃的低温优势进行制冷、制热及供应生活热水，完全能够满足医院空调和热水供应需求（见图6-16）。

图6-16　资兴市中医医院南院水源热泵空调系统循环利用（实地调研拍摄）

此外，资兴市还通过进一步的深入探索，尝试拓宽东江湖冷水资源应用领域。从大数据企业的应用、医院水源热泵空调系统的循环利用，再到民用住宅的采暖与制冷、夏季和过渡季节室内湿度的控制等方面，未来将着力相关技术的创新，实现冷水资源利用率进一步的提升。

由此可见，东江湖冷水资源在能源绿色转型方面有巨大的潜力，而随着科技的进步以及对绿色能源需求的持续增长，东江湖冷水资源将在郴州市的能源绿色转型上发挥出更大的效用。

2. 冷水资源助力产业的绿色转型

资兴市依托独特的冷水资源优势，采取"公司＋基地＋农户"的发展模式，集冷水鱼养殖、农业科技示范、生态休闲旅游于一体，借助科技手段，运用网箱集中、高效养殖的方式，发展虹鳟（三文鱼）、鲟鱼、香鱼、高山禾花鱼等品种的特色水产养殖业，带动当地农户，实现传统养殖业的绿色转型。2013年，资兴市把开发三文鱼产业列为该市"一户一产业工人"培养工程的重要内容，将以三文鱼加工制作为主的中式烹调师（简称"三文鱼制作工"）作为重点工种开发，开启了"东江三文鱼制作工"特色劳务品牌培育打造。2020年，资兴市的冷水鱼养殖面积超过5万亩。虹鳟（三文鱼）养殖已成为资兴市特色渔业的一张名片，带动了饲料、运输、餐饮等一系列相关产业的发展，鲟鱼及衍生产品已出口到东南亚和欧盟等地，高山禾花鱼也已发展成为国家地理标志认证保护产品。2022年，资兴市围绕三文鱼生产、加工、销售服务一体化的从业人员达1.1万人，其中以"东江三文鱼制作工"为骨干的直接从事三文鱼餐饮业的达3400多人（见图6-17）。

图6-17　东江湖名贵冷水鱼养殖基地（实地调研拍摄）

3. 冷水资源助力旅游产业的提质升级

东江湖现已成为国内知名旅游胜地，"雾漫小东江"最负盛名，其成因是冷水的温差效应。每年的 4 ～ 10 月，在东江湖景区下游，从东江湖游客中心到东江大坝全长 12 公里左右，水蒸气雾化形成"雾漫小东江"这一独特的自然景观，不仅提升当地摄影文化影响力，也对当地旅游附加效益提升做出了贡献。

国内国际摄影众多大展大赛中，几乎每一届都有获奖作品出自"雾漫小东江"，每年夏秋时节，天南地北摄影爱好者、摄影旅游团更是专程前往小东江开展采风活动。当地因此建造了东江湖摄影艺术馆，给摄影爱好者、游客提供摄影文化交流平台，并用于收集、展示和记录东江湖的山光水色，常年设展，如"湖南旅游风光摄影展""郴州风光风情摄影展""资兴旅游风光摄影展"等。

（三）成效

冷水资源在节能方面的可持续利用已初具成效，其以低能耗方式发展高能耗产业，不仅能够实现节能减排的良好效果，为应对气候变化做出显著贡献，还能带来显著的生态效益和经济效益。

1. 生态效益

冷水资源在东江湖大数据产业中的生态效益，主要体现在以低能耗方式发展高能耗产业中显著的节能减排效果。以东江湖大数据产业园中最早建成运行的云巢（东江湖）大数据中心为例，自 2017 年运行以来东江湖数据中心 PUE 值稳定在 1.05 ～ 1.16，远低于目前全球最大的 624 家 IT 公司的 PUE 平均值，在国内排名第 1、世界排名第 2，"多模式水冷系统"在产业园中应用现状稳定（见图 6-18）。

据估算，数据中心在正常运行下，一年可节约用电 5000 万千瓦时以上，减少二氧化碳排放 554 万吨，相较于传统数据中心能够节能 35% 以上，获得了"国家绿色数据中心""国家新型数据中心典型案例"等多项国家、省级荣誉。在这一实践中，通过冷水资源替代传统空调降温，大大减少了化石能源的消耗，实现了特色冷水资源的可持续利用。冷水资源在制热节能方面，也为实现碳减排做出颇有效果的贡献。以资兴市中医医院南院的水源热泵技术中央空调项目

图 6-18　全球最大 624 家 IT 公司数据中心 PUE 平均值
资料来源：Uptime Institute global data center survey 2020。

为例，其正常运行下每年可节电 21.3kWh，折合标准煤 78.1 吨，减少二氧化碳排放 204.6 吨、二氧化硫排放 0.7 吨、氮氧化物排放 0.58 吨以及烟尘等排放量，节能效益可达 58%。冷水中科学养殖水产可对水体净化起到积极作用。相关研究表明，鱼体中一般含氮 2.5% ～ 3.5%、磷 0.3% ～ 0.9%，即每捕出 1kg 鱼，可减少水体中氮 25 ～ 35g，磷 3 ～ 9g。对资兴市冷水鱼养殖规模进行保守估算，年产 1.2 万吨鱼可以分别为资兴减少水体氮、磷含量 30 万～ 42 万吨和 3.6 万～ 10.8 万吨，生态效益明显。

2. 经济效益

东江湖大数据产业园以建成国家最节能环保的大数据产业示范基地和未来的国际数据枢纽为目标，到 2025 年预计实现经济收入 200 亿元。除了可预估的直接收入外，根据生态环境部办公厅正式发布的《2019-2020 年全国碳排放权交易配额总量设定与分配实施方案（发电行业）》，若把依靠冷水制冷系统节约的碳交易额度出售给需要的企业，按近期市场价格粗略估算，年节约的二氧化碳排放至少可售 1.29 亿元。冷水资源应用于冷热联供项目的经济效益方面，水源热泵空调系统在资兴市中医医院南院的运用时间为夏季 5 个月（约 150 天）和冬季 3 个月（90 天），每天 24 小时室内恒温，开机系数为 90%，商业电价按 1.0 元／千瓦时计算，利用冷水使用水源热泵空调循环系统相较传统空调而言，可实现年节约电费 20 余万元。冷水性鱼类增养殖的经济效益方面，冷水养殖水产中心有关专家表示，在保证合理利用冷水资源、全面规划、有序发展的前提下，资兴全市冷水鱼年产量可达 1.2 万余吨，保守估算产生收益 9 亿元。冷水资源在旅游提质增效方面，由东江湖特别是"雾漫小东江"带动的资兴市旅游门票、摄影活动、文创产品等方面经济收益相当可观。2019 年资兴市共接待旅游人数 1780.09 万人次，旅游收入达 108.34 亿元。不仅如此，"雾漫小东江"风光作品还被印成明信片在欧盟国家发行，其宣传效应将带来巨大的潜在经济增值，以"雾漫小东江"景区为辐射源，带动整个东江湖景区走向一流摄影创作基地，其附加值将有可能带来数百亿元的经济效益。

3. 社会效益

冷水资源的可持续利用，促进了大规模就业，提高了居民生活水平。大数据产业园建设，使资兴市宽带网络覆盖 83% 以上的城镇及农村人口，全面完成 4G 网络信号覆盖惠民工程，全部行政村和社区实现 4G 信号 100% 覆盖。同时产业将围绕数据中心建设和运营，发展数据中心配套产业及数据服务业，推动大数据和经济社会融合发展，带动资兴市社会服务提档升级。各级政策在大数据产业员工培训方面予以大力支持，重点引进和培养高端人才，为其家属提供优质福利，东江湖大数据中心预计增加从业人员 15000 人。在发展特色冷水鱼养殖业过程中，除了带来直接经济效益，还带动了饲料、运输、加工、厨师、餐厅等一系列产业的发展，已逐渐在当地形成产业链，产业的发展不仅为当地营造了大规模就业机会，还为市场和消费者提供了绿色、健康的水产品，为食品安全打下坚实的基础。东江湖地区旅游业提质升级，推动民宿、餐饮业发展，促进当地居民收入提升。近年来，资兴市以东江湖国家 5A 级旅游景区为核心，串点成线、连线成面，成为中国旅游百强县、国家全域旅游示范区。2021 年资兴市接待游客量达 1111.89 万人次，实现旅游综合收入 115.5 亿元，占 GDP 比重达 31.92%，旅游业成为名副其实的国民经济支柱产业。2015～2020 年，资兴市农村居民人均可支配收入从 15834 元增至 23164 元，增长 46.29%。

三 "绿色转型"之三十六湾矿区生态修复与产业化

三十六湾丰富的矿产资源让临武县在 20 世纪八九十年代走上了依赖资源开采的"矿经济"发展道路，在获取巨大物质财富的同时，也带来了严重的水环境重金属污染以及生态环境破坏，甚至威胁到了当地居民生命健康。在意识到这一问题的严重性之后，各级政府持续重视、积极行动，通过综合整治、整合矿产资源和明晰产权等，多方共同推进综合整治和生态修复，并加大创新投入、产业绿色转型等途径，实现了有色金属矿山生态环境综合治理、企业绿色转型，也为矿区居民转岗再就业及社会经济转型发展的顺利过渡提供了保障。

（一）背景

三十六湾矿区位于临武县城以北约 14 公里，涉及万水、麦市、三合、镇南、香花岭和楚江六个乡镇，地理坐标：东经 112° 28′24″ ～ 112° 36′17″，北纬 25° 23′03″ ～ 25° 28′05″。矿区矿产资源丰富，多为铅锌等金属矿，已探明有锡、钨、铅、锌、铜、钼等 9 类 28 种共生矿产，主要贮存铅、锌、锡、钨、铜、金、银、锂、铟等 9 类 22 种多金属共生矿产，矿区面积约 142.0 平方公里。其中锡储量居全国第 4 位、全省第 1 位，铷储量居全省第 2 位，钨、铅、锌、钽、铌等储量均处于全省前 5 位，主要的有色金属探明储量达 600 多万吨，潜在价值按现行价格计算超过 1500 亿元，有"小有色金属之乡""世界有色金属博物馆""湘南聚宝盆"之美称。

矿区内主要水资源为地表溪流和水库，其中地表溪流为：猴子江、甘溪河、腊水河、斜江河和排形河；水库为猴子江水库、焦溪水库和万水洞水库。地表主要溪流和水库属于陶家河流域，发源于通天庙，自源头经香花岭矿、门头村、扶家冲，属山区性溪流，河床两岸多岩石，流域地带为喀斯特地貌。

陶家河流域原本承担着防洪、灌溉、供水等一系列的重要作用，但由于历史上（特别是 20 世纪八九十年代以来）无序、粗放的有色金属采选活动，产生了大量高浓度采选废水、尾砂，生态环境破坏严重，防洪蓄水能力丧失，数千万吨含砷废渣被汛期洪水携带至陶家河河道，并在洪灾期间对两岸农田和地下水产生严重污染，给两岸居民健康和生产生活带来了深重的灾难。在意识到这一问题的严重性之后，针对矿山乱采乱挖所带来的矿山生态系统的破坏、水环境污染等一系列严重的生态环境问题，当地政府部门"对症下药"，从"还历史欠账"、实现绿色转型发展等方面，分阶段、逐步开展系列环境综合治理与生态修复行动。

（二）做法

针对当地矿产资源无序开采所引发的一系列严重后果，临武县政府从2008年开始就依据国家及省市出台的有关政策和法规等统筹协调政府介入、市场运作、公众参与等多方面力量，对三十六湾展开系统全面的综合整治行动。经过各方的不懈努力，逐步探索出了"治非、治矿、治污、治山、治水 + 转型"（5+1）综合治理模式（见图6–19）。

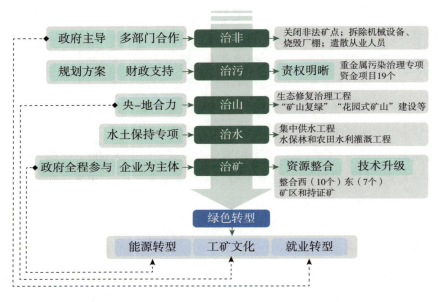

图6–19　"五乱同治 + 转型发展"（5+1）的综合治理模式

1. 治非：构建政企联合机制，铁腕打非整治乱象

政府主导、多部门合作，重点整治三十六湾矿区及周边区域的非法矿企问题。要解决污染严重的问题，首先面临的是亟待解决的乱象问题。市、县两级政府联合，加大整治力度，每天组织近300人的队伍进行集中整治，共关闭非法矿点1170个，拆除机械设备3500台（件）、厂棚5000余间，遣散从业人员10万余人次；此外，为进一步防止非法企业死灰复燃，还建立了县级"政企联动、区域联防"和"属地管理、行业监管"等一系列长效机制，开展日常巡查，始终保持打非治违高压态势，多维度确保了矿区生态修复治理工作的顺利开展（见图6–20）。

图6-20 三十六湾矿区综合治理前后对比（局部区域）

2. 治污：科学谋划污染防治，合理实施监管到位

政府制定出台《三十六湾及周边地区重金属污染综合防治实施方案》，采取"砌墙挡石、拦河阻沙、清淤护堤、废水深处、覆土还绿、产业升级"的综合措施。通过开展科学的治理行动，临武县所有涉重金属污染的地区已全部被纳入国家治理规划。那些已被取缔的无证矿遗留下来的历史污染问题，通过明晰责权主体、政府负责的方式实施治理；已整合完成的合法采选企业，在开展设计、建设与生产活动过程中，也必须要严格遵守环保"三同时"的原则。

3. 治山：植树育林增加碳汇，能源替代减少排放

在生态修复过程中，央地合力，政企分工，通过覆绿、发展清洁能源等方式"治山"。政府大力推进"矿山复绿""花园式矿山"等项目的建设，重点栽植乡土树种，先后完成封山育林 4160 公顷、人工造林 3270 公顷；同时，企业作为矿区复绿的责任主体，按照"宜草则草、宜林则林、乔灌结合、藤草互补"的原则，全面实施生态修复治理工程。此外，矿区利用风力资源丰富的优势，建设三十六湾通天山风电场，规划装机容量 9.9 万千瓦，助力当地大力发展风能，加快能源结构改造；在太阳能方面，推广应用太阳能光伏发电项目，在临武县用于分布式光伏发电应用推广财政预算专款的基础上，进一步争取国家、省政府补贴，形成中央和地方的合力。

4. 治水：开展矿区综合治水，改善当地民生福祉

责任主体按照"固本清源、先上后下"的治理思路，一方面对河道进行清淤护堤，处置河道尾砂；另一方面实施农田水利灌溉工程，解决 16 个行政村共计 2 万多亩耕地农田的灌溉问题。此外，为了改善受影响区域人民群众的生产、生活条件，解决治理区及其周边辐射范围内居民的饮水安全问题，先后新建集中供水工程共 136 处，1.5 万余人的饮水安全得到了保障。

5. 治矿：优化资源配置，整合矿产资源

面对矿业秩序乱、利益主体杂、资源浪费重等复合难题，临武县政府通过明晰矿产权、引进多种类型市场主体对矿产资源进行整合，具体以地勘线 98 线为界将三十六湾矿区分为东、西两个采矿权区域，并对持证矿山进行整合。整合后，98 线以东的 7 个有证矿被引进的西部矿业（香锡公司）整合为香锡公司，所属矿区面积有 20.89 平方公里；98 线以西、门头岭区域原有的 10 个有证矿山，通过利益重新调整分配后组建新的南方矿业有限责任公司，整合后的矿区面积为 7.933 平方公里。完成矿产资源整合后的两家公司摒弃了粗放式经营模式，以建设绿色矿山为目标，在统一规划、科技支撑、技术改进、社会责任承担等方面采取具体行动，推动企业绿色转型，为地方社会经济发展提供增长动力。

6. 转型：发展绿色生态经济，推动矿区模式转变

在开展三十六湾矿区乱象综合整治、生态环境修复的同时，政府结合自身资源优势和重大战略布局，面向绿色能源、绿色经济林、生态农业、工矿文化旅游等方面开展了一系列绿色转型发展行动。通过建设三十六湾风电场，发展

绿色循环经济和生态农业，保障了矿区居民及矿区劳工等大量人员的转岗再就业和提升经济收入。

充分发掘和利用三十六湾矿区历史悠久的工矿文化，在历史遗留矿区生态保护修复工程的基础上，进一步打造"癞子岭工矿遗址"旅游景区[1]，并发掘三十六湾通天山等优势资源，发展旅游业；通过政策扶持，帮助当地居民转型发展，规模化发展牛、羊、临武鸭等生态养殖，临武柚、大冲辣椒等生态种植，拓展居民收入渠道，推动原矿山从业人员转型发展生态农业，解决矿区整治后10多万人的就业问题，极大地缓解了社会矛盾，提升了社会福祉。

以临武县恒心生态农业发展有限公司为代表的企业主体，在荒废的矿区基础上进行矿山复绿，通过引进经济林来逐步实现绿色发展。从2015年创立至2021年，基地从最开始种植能改良土壤的单一品种橡树，到后来逐渐丰富到300多个品种，苗木规模发展到6000余亩，截至2021年初，已基本形成"四季常绿"的景象，未来还将继续拓展苗木种类，实现综合灌木、乔木等生物多样性达2000多种的目标。在种植过程中，企业按需聘请相关专家因"木"制宜地指导经济林作物种植。经过复绿，原本荒废的喀斯特地形矿区实现了发展林木蓝图的第一步；接下来，企业将奔着"让荒山四季常绿、色彩斑斓"的目标，瞄准"产学研＋旅游"发展珍稀植物园模式，继续努力。[2]

（三）成效

通过一系列的综合治理，三十六湾区域的生态环境问题得到了有效解决。随着三十六湾矿区、甘溪河流域重金属污染综合治理，以及湘江支流陶家河（临武段）治理等工程项目的全面实施与完工，有1187.3万立方米的尾砂得到了妥善处理，上游地表的尾砂也大部分稳定固化，流域尾砂淤积严重、流域生态退化、环境污染等问题得到了有效解决。在治理过程中，采取"山水林田湖草"生态保护修复的技术路径，对采矿挖损山体、采矿破坏水体、采矿压占林草地生态以及采矿损坏农田生态等实施修复，消除了矿山地质灾害隐患，修复了受损耕地，恢复了植被和土壤，增加了生物多样性。此外，水土流失问题也

---

1 《临武：癞子岭"焕颜"记》，https://baijiahao.baidu.com/s?id=1684404661564277343&wfr=spider&for=pc。

2 《2021年3月15日〈临武新闻〉》，http://www.lwx.gov.cn/spbb/content_3254639.html。

得到了有效治理，特别是核心区域的甘溪坪村、大坪村等地的地下水水质明显趋向好转，pH值恢复到正常范围，重金属污染物如砷、铜、铅、镉等指标均整体下降（见表6-2）。

相关统计显示，临武三十六湾矿区修复总面积为37843.67公顷，其中园地356.42公顷，占总面积的0.94%；林地25828.19公顷，占总面积的68.25%；交通运输用地161.18公顷，占总面积的0.43%；旱地2171.58公顷，占总面积的5.74%；水田3113.44公顷，占总面积的8.23%；水域及水利设施用地627.31公顷，占总面积的1.66%；城镇村及工矿用地1744.11公顷，占总面积的4.61%；草地1941.99公顷，占总面积的5.13%；其他用地1899.45公顷，占总面积的5.02%。

表6-2　甘溪坪片区地下水环境质量多年变化情况

单位：mg/L

点位	年份	月份	pH	As	Cu	Pb	Cd
大坪村居民水井	2017	6	6.75	0.0129	0.0050	0.0025	0.0005
	2019	8	7.00	0.0011	0.0005	0.0005	0.0005
	2020	5	7.47	0.0011	0.0037	0.0005	ND
甘溪坪井水	2017	6	6.23	0.0068	0.0050	0.0025	0.0005
	2019	8	7.63	0.0046	0.0005	0.0005	0.0005
		11	7.09	0.0026	0.0009	0.0016	0.0001
甘溪村居民水井	2017	6	6.76	0.0017	0.0050	0.0025	0.0005
	2019	8	7.23	0.0011	0.0005	0.0005	0.0005
		11	6.89	0.0001	0.0002	ND	0.0001
	2020	5	7.29	0.0004	0.0011	0.0003	0.0001
芹菜村居民水井	2017	6	6.42	0.0089	ND	ND	ND
	2019	8	7.13	0.0011	0.0005	0.0005	0.0005
		11	7.21	0.0006	0.0003	ND	ND
	2020	5	7.16	0.0007	0.0003	0.0002	ND

从生态环境改善带来的财政收入方面看，环境治理本身就能为当地带来效益。以南方矿业有限责任公司为例，其积极配合当地党委、政府，对整个矿区

多年来产生的污染负起治理主体责任，整合关闭了 7 个矿山，拆除了 10 个旧选厂，治理了 11 座废石堆，对 10 个原有尾矿库进行闭库和生态修复，对老矿区复垦、绿化，通过整合资源、明晰产权、加大科技创新投入，累计投入资金 10 亿多元，从之前只有几百万元的税收贡献，到 2011 年公司成立以来实现了向国家和地方政府缴纳各项税金共计人民币 8 亿多元（平均每年上缴税费近亿元）。

随着环境的不断改善和恢复，矿区及流域十万余人的生产生活环境得到了明显改善，矿区周边的群众也重新获得了清洁饮用水，耕地农田得到了有效灌溉，受影响区域人民群众的生产、生活条件得到了明显改善，社会矛盾也得到了极大的缓解，居民生活质量和幸福指数明显提升。

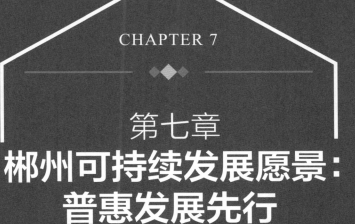

CHAPTER 7

第七章
郴州可持续发展愿景：
普惠发展先行

"普惠发展"的实质是对公平性原则的遵循。社会的公平性就是要在其起点、过程和结果三个阶段，让每个人都享有同等的权利和义务，让每个人都能得到公平公正的待遇，让每个人都能获得对等的收益。郴州市牢固树立以人民为中心的发展思想，坚持发展为了人民、发展依靠人民、发展成果由人民共享，把增进人民福祉、促进人的全面发展作为发展的出发点和落脚点。

郴州市在经济发展的过程中，注重兼顾人民福祉的改进、个人的全面发展等一系列民生问题，通过缩小贫富差距和城乡差距、改善基础设施以及提供优质的公共资源等，实现全民的共同富裕和资源共享。"城乡供水一体化"以及"特色小镇"建设等多项惠民举措的部署和实施，将民生福祉提升落到实处，谱写了郴州市"普惠发展先行区"华丽而绚烂的乐章。本章根据第四章的指标体系和数据，对郴州市"普惠发展先行"的多目标进展进行评估，分析了"城乡供水一体化"以及"特色小镇"建设等方面的经典做法，梳理出郴州市在"普惠发展"中的"惠"民之举。

一 "普惠发展先行"进展评估

为了评价郴州市在"普惠发展先行区"建设方面的进展，基于遴选的、本地化后的郴州市 SDGs 指标，对相关评估指标进行归类和划分，并构建郴州市"普惠发展先行区"评价指标体系；在此基础上，对郴州市"普惠发展先行区"的建设成效以及可能存在的不足进行评估和分析。

（一）评估指标构建

依据"普惠发展先行区"基本概念和内涵的界定，对郴州市"普惠发展先行"相关的 SDGs 进行遴选、归纳和划分。"普惠发展先行"评估主要涉及包括脱贫减贫、卫生保健、优质教育、养老保险、就业、社会和谐以及公平公正等民生保障在内的内容；此外，除了考虑民生保障方面的指标外，还需将部分生态环境指标以及产业绿色发展方面的指标纳入进来；据此本章选取涉及 SDG1、SDG2、SDG3、SDG4、SDG5、SDG6、SDG7、SDG8、SDG11 及 SDG16 等在内的共 26个指标，构建郴州市普惠发展综合指数。

（二）结果与分析

普惠发展综合指数由人本指数、生态指数以及产业发展指数构成。人本指数主要用来评价郴州市在民生保障方面的进展；生态指数和产业发展指数用于评价生态环境和经济增长对民生福祉的影响。

表7-1　2015～2020年郴州市普惠发展综合指数及构成（2015年＝100）

	2015年	2016年	2017年	2018年	2019年	2020年
普惠发展综合指数	100	102.28	102.99	104.81	106.40	107.67
人本指数	100	102.74	103.38	105.51	107.43	108.86
生态指数	100	100.21	100.72	100.82	101.03	100.99
产业发展指数	100	102.56	103.91	106.25	107.96	110.07

从表7-1中的结果来看，郴州市的普惠发展指数呈现缓慢增长的趋势，由2016年的102.28增加到2020年的107.67，增长5.39个点。与普惠发展指数增长幅度较为接近的是人本指数和产业发展指数，其中，人本指数从2016年的102.74增加到2020年的108.86，增长6.12个点；产业发展指数由2016年的102.56增加到2020年的110.07，增长7.51个点。相比较而言，生态指数则变动很小，由2016年的100.21增加到2020年的100.99，增长0.78个点。这表明，郴州市生态环境质量已经处于一个相对较高的水平，进一步改善的空间有限，对"普惠发展先行"建设的贡献仅仅起到基础性的支撑作用（见图7-1）。

从图7-1可以看出，生态指数对郴州市普惠发展指数的贡献率呈现下降趋势，由2016年的4.49下降到2020年的-1.07。人本指数的贡献率也有所下降，

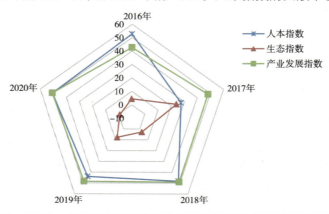

图7-1　2016～2020年郴州市普惠发展指数各构成指数的贡献率变化

由 2016 年的 52.82 下降到 2020 年的 50.48。而产业发展指数的贡献率则呈现增长的趋势，它从 2016 年的 42.7 增加到 2020 年的 50.6。这表明，郴州市经济增长活力的不断释放，很大程度上惠及民生福祉的改善。

借助区域间横向对比分析，可以揭示出郴州市在"普惠发展先行"建设方面取得的成效。考虑到数据的可获取性，研究仅从郴州市与全国平均水平在"普惠发展先行"建设方面的对比展开。基于现有的郴州市"普惠发展"指标评价框架，对全国的数据进行采集，计算得出全国普惠发展综合指数的评估结果（见图 7-2）。

图 7-2 　2015 ～ 2020 年郴州市普惠发展评估结果与全国平均水平的对比

从图 7-2 可知，2015 ～ 2020 年，郴州市普惠发展综合指数呈现平缓的增长趋势，并且始终保持对全国平均水平的领先。不过，郴州市普惠发展综合指数的增长速度低于全国平均水平，从 2015 年高出全国平均水平的 9.18 个点，下降至 2020 年的 7.33 个点。郴州市"普惠发展"建设对于全国平均水平的领先及这种领先在趋势上的变化，与郴州市在民生保障方面指标包括消除贫困、卫生保健、优质教育、性别平等以及和谐公正等随时间的演变有关。

消除贫困方面，郴州市和全国平均水平评估值均保持增长的态势。郴州市消除贫困成绩优于全国水平，但增长速度低于全国平均水平，导致其消除贫困的评估结果较全国平均水平的优势从 2015 年的 10.58 下降至 2020 年的 5.40，下降幅度明显（见图 7-3）。郴州市与全国平均水平之间在消除贫困工作上差距的变化，具体可以从贫困发生率、5 岁以下儿童低体重率以及食用农产品抽检合格率等这些指标在时间上的变化来反映。

图 7-3　2015～2020 年郴州市消除贫困评估结果与全国平均水平的对比

　　由图 7-4 可知，虽然限于历史原因，郴州市贫困发生率的评估值低于全国平均水平，但近年来随着郴州市对减贫脱贫工作重视以及投入力度的加大，郴州减贫脱贫与全国的差距在不断缩小，并最终在 2020 年与全国其他城市一道彻底实现脱贫；郴州市在儿童营养方面也落后于全国平均水平，不过两者间的差距呈现递减趋势，从 2015 年的 -1.04 减小到 2020 年的 -0.18，按照这一趋势，未来郴州市在保障儿童营养上将会达到或超过全国平均水平。总体来看，郴州市食用农产品抽检合格率、农业生产率、城镇基本医疗保险参保率、城乡居民基本养老保险参保率等指标评估结果均超过全国平均水平，是郴州市在消除贫困评估方面好于全国平均水平的关键之处，体现了郴州市对民生福祉保障工作的重视以及对公平性原则的遵循。

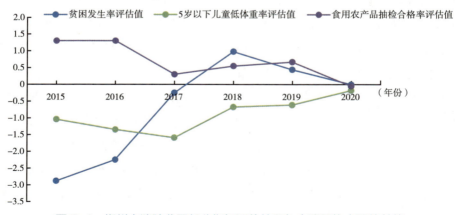

图 7-4　郴州市消除贫困部分指标评估结果与全国平均水平的差值

专栏 7-1

"十三五"期间，郴州市在消除贫困等方面行动和成效

　　"十三五"期间，郴州市共投入扶贫资金 54.7 亿元，年均增长 77%，其中，累计投入易地扶贫搬迁资金 29.5 亿元，集中安置项目 234 个，提前两年完成建设住房 1.46 万套、搬迁 51676 人的工作任务。郴州市还统筹整合 3.25 亿元专项资金，支持桂东、汝城、宜章、安仁的脱贫攻坚，4 个贫困县全部摘帽，442 个贫困村全部出列。郴州市被评为湖南省"千企帮千村"先进市，宜章县荣获全国脱贫攻坚组织创新奖。

　　卫生保健方面，郴州市对卫生保健工作的重视，是其卫生保健评估结果领先全国平均水平的主要原因（见图 7-5）。

图 7-5　2015 ～ 2020 年郴州市卫生保健评估结果与全国平均水平的对比

　　郴州市在卫生保健工作上领先于全国平均水平，具体反映在婴儿死亡率、孕产妇死亡率以及每千人口医疗卫生机构床位数等指标上，这些指标的评估结果均高于全国平均水平（见图 7-6）。

　　需要指出的是，郴州市在卫生保健的软件建设上还有所欠缺，具体表现在医疗人才的短缺，如每千人口执业（助理）医师人数，自 2015 年以来，郴州市的评估结果一直低于全国的平均水平，甚至有差距扩大的趋势。此外，郴州市在传

染病防治方面也存在不足，法定传染病发生率、艾滋病发病率、结核病发病率和病毒性肝炎发生率等指标的评估结果低于全国平均水平，后期在传染病上还需要加大防治力度（见图 7-7）。

图 7-6 郴州市卫生保健部分指标评估结果与全国平均水平的差值

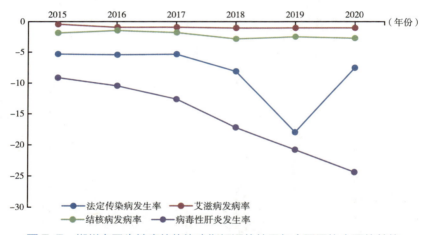

图 7-7 郴州市卫生健康的传染病指标评估结果与全国平均水平的差值

总体而言，郴州在卫生保健工作方面成效显著。郴州市是湖南省内较早实现城乡居民医疗保险一体化管理的城市，贫困人口整体上实现了基本医保、大病保险和医疗救助三重保障全覆盖；人民群众身体健康水平得到很大程度的提升，人均寿命从 76.5 岁提升至 2020 年的 78 岁，高于全国 77.8 岁的平均寿命，接近发达国家的水平。

优质教育方面，长期以来受发展阶段、财政资金、地理区位等因素的影响，郴州市教育事业发展存在诸多困难。但郴州市对发展教育事业的注重以及投入的加大，使其教育水平得到大幅度的提升（见图 7-8）。

图 7-8　2015 ～ 2020 年郴州市优质教育评估结果与全国平均水平的对比

图 7-8 显示，郴州市和全国的优质教育水平均呈上升趋势，并且郴州市教育水平保持着对全国平均水平的领先优势。郴州市在优质教育方面取得的成效反映在各项教育指标上，例如，2020 年郴州市九年义务教育巩固率达到 98.5%，小学学龄儿童入学率达到 100%，普惠性幼儿园在园幼儿人数占总在园幼儿人数的百分比为 85.58% 等，均高于全国平均水平。不过，郴州市在小学义务教育师资力量上还存在短板，郴州市教育公平和师资配备上仍有进一步改进和提升的余地。

性别平等以及社会和谐方面，郴州非常重视女性在国民经济、社会事业中的地位和作用，在就业方面给予女性更加公平的机会，在职业上也拥有更高的地位，例如，郴州市人大代表中女性百分比超过半数，达到 58.45%，高于全国平均水平的 24.9%。社会和谐方面，社会风气良好，人居环境良好，凶杀和刑事案件的发生保持在较低的水平，郴州市也因此获得"中国最佳管理城市""国家级休闲城市""全国森林旅游示范市""全国文明城市"等众多荣誉称号。

从图 7-9 和图 7-10 可以看出，郴州市性别平等、和谐公正这两个指数的评估结果均优于全国平均水平，并且和谐公正指数评估结果与全国平均水平之间的领先优势较为明显，反映出郴州市高度重视社会发展的公平问题，同时也体现了郴州市在践行可持续发展理念方面所付诸的行动与取得的成效。总体来说，郴州市的扶贫、医疗、教育以及就业等公共事业的发展成效显著，社会保障体系日趋完善，城乡一体化发展更加趋于合理与和谐。与此同时，郴州市的社会治理能力不断提升，公平、公正、安定和谐的社会局面逐渐形成，美丽、幸福郴州的认同感得到进一步增强。

图 7-9　2015 ~ 2020 年郴州市性别平等评估结果与全国平均水平的对比

图 7-10　2015 ~ 2020 年郴州市和谐公正评估结果与全国平均水平的对比

　　本章随后部分通过梳理郴州市在"惠民""富民"方面的典型案例，解读其对"每个人都享有平等权益"理念的实践，阐释其对"每个人都能公平参与"认知的做法，以便将郴州市在全社会实现资源共享的成功经验向全国其他地区进行推广。

二　"普惠发展"之嘉禾城乡供水一体化

　　面积仅 699 平方公里的嘉禾县，由于集雨面积小、水源欠缺等现实情况，居民的饮水安全受到威胁。为了实现全域都能享有安全洁净的自来水，通过优先规划、多元投入、科技助力，实现了城乡供水一体化，全县 10 个乡镇 196 个村（居委会）43 万人都喝上了安全、干净、放心的自来水，安全饮水率为 100%。通过实践，郴州探索出了嘉禾县"四同三化三办法"的城乡供水模式[1]，为当地社会公平发展、人人获得普惠发展的机会提供了可操作的解决方案。

（一）背景

嘉禾县地处湘南边陲，郴州市西南的丘陵山区，具有"两山、两水、两盆地，中间相间丘岗地"的地形特点，是典型的喀斯特地貌。嘉禾县域总面积 699 平方公里，人口 43 万人，是湖南省地域面积最小、人口密度最大的县，下辖 9 镇 1 乡，196 个行政村（居委会、社区）。县境内属亚热带季风湿润气候，降雨时空分布不均匀，多年平均降雨量为 1416 毫米，全县年径流量 2.19 亿立方米，人均可利用水资源 1252 立方米；水土流失严重、植被含蓄养水能力差，导致水资源储存量相对匮乏；加之集雨面积小，水源枯竭，水质、水量均不达标，全县农村自来水普及率一度仅为 24.6%，有"半年不下雨，水田裂三尺"之称。基于上述现实情况，"全县居民都喝上安全自来水"成为亟待解决的"普惠发展"问题。

（二）做法

嘉禾县以"安全供水，城乡一体"理念引领，以创建湖南省城乡一体化示范县、城乡一体化体制机制创新示范区为契机，通过"一二三"三字诀，[2] 以探索实现"不落一村，不漏一户"的供水模式为目标，从城乡供水建设、筹资、管理等各方面开展相关工作，实现了嘉禾县"以水惠民"的城乡一体化供水。

1. 规划优先，确保城乡供水一盘棋

2009 年以来，嘉禾县按照"先行先试"原则，坚持"共建"理念，提出了

1　"四同三化三办法"的城乡供水一体化"嘉禾模式"：四同：同水源、同水质、同水价、同服务；三化：管理专业化、调度信息化、收费智能化的建后管理方式；三办法：推行以县为单位的城乡供水一体化全域覆盖，以现有水库为主、河流为辅、泉水备用的供水格局，以政府主导、财政兜底、市场运作的经营和管理办法。

2　"一二三"三字诀：城乡一体建设，实现供水互联互通；筹资两手发力，突出投入群策群力；创新三化管理，助推运营精细精准。

建设"嘉禾县城乡供水一体化工程"的科学构想。先后完成《嘉禾县城乡供水一体化工程可行性研究报告》《嘉禾县城乡供水一体化工程规划报告》等，按照"城乡供水一体化、区域供水规模化、工程建管专业化"的思路，开始实施"同水源、同水质、同水价、同服务"的城乡供水一体化建设。

嘉禾县具有面积小、人口集中、地形高差不大等特点，县水务局结合嘉禾县总体规划、地形地貌、水文水情等实际，全域规划城乡供水一体化水源，制定并出台《嘉禾县城乡供水一体化总体规划》和《水源涵养林建设规划》，确立"一个中心、五个重点、三个备用"的水源点设置格局。通过科学布局水源，以水库为源、水厂为纽、管道为线，通过兴建水厂和管网，嘉禾县供水体系形成了"两中心、五重点、三备用"的"253"供水格局[1]，实现城乡水资源互联互通、应急备需、均衡利用；同时出台《嘉禾县城乡供水一体化工程实施方案》《嘉禾县城乡供水一体化进村入户实施细则》等，推动主管进镇、支管进村、管网到组、龙头入户，由县自来水公司具体负责实施农村进村入户工程，实现了供水全覆盖（见图7-11）。

图 7-11　嘉禾县盘江水厂（实地调研拍摄）

1　"两中心、五重点、三备用"的"253"供水格局："两中心"以盘江、泮头水库为水源中心供水区；"五重点"以金山、江里、高峰、邹山水库和岛石泉水为水源重点供水区；"三备用"以千家洞、双口洞、高寨水库为备用水源供水区。

2. 投入多元，确保城乡供水可持续

嘉禾县在解决"治水、用水"资金投入方面，通过创新融资模式，构建起开放多元、持续稳定的城乡供水一体化建设投入机制。2011～2021年，嘉禾县先后开展了五期建设工程，累计投入资金8.58亿元，建成了供水工程7处、高位水池6处、铺设输水主管200余公里、配水管道6500余公里，建成后日供水能力可达到5.93万吨（见图7-12）。

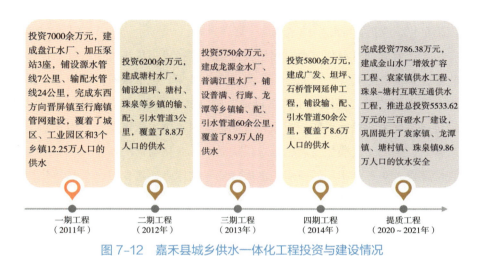

图 7-12　嘉禾县城乡供水一体化工程投资与建设情况

在水厂和主输水管网建设方面的投资，嘉禾县改革运用市场参与等方式，吸引信贷资金、社会资金、民间资本投入等多元融资，建设供水一体化。其中，争取到了上级水利主管部门约6000万元的财政资金支撑，整合获得了湖南省林业、环保等部门水源涵养林建设工程、湘江流域重金属污染治理、城镇管网建设等项目支持资金3900万元，向银行借贷建设资金1.2亿元，筹措社会捐资400余万元，以及通过将一些竞争性强、投资回报率高的水利建设项目全面投向市场吸引社会资本，最终融资1.3亿元。

在自来水进村入户建设方面，嘉禾县按照"政府引导、民办公助、整合资金、集中连片"的模式，坚持"谁受益、谁负担"的原则，印发《嘉禾县城乡供水一体化服务指南》，出台《嘉禾县城乡供水一体化进村入户实施细则》。2014～2016年，嘉禾县实施农村自来水进村入户三年"奖补"行动，推出"以奖代补"政策，鼓励农村村民接用自来水，具体而言，就是进行县财政、用

户、村集体"三方统筹"：县财政按照每户 2000 元的最高限额，对用水农户进行奖补，共投入资金 1.9 亿元；农村用户按照最高限额 2000 元的标准筹资，共融资 1.9 亿元；村集体负担剩下的不足部分，共融资 1.18 亿元，较好地解决了融资难问题。

3. 科技助力，确保城乡供水智能化

嘉禾县把现代经营理念与供水工作相融合，按照"建管分离"原则和"政府主导、公司管理、市场运作"的思路，推行农村饮水安全项目"管理专业化、调度信息化、收费智能化"的"三化"管理模式。

（1）运营管理专业化方面，嘉禾县依据国家行业指导技术服务标准进行专业化运营和常态化管理，成立了嘉禾县自来水公司。按照建管分离原则，县自来水公司采取"总公司派人＋劳务派遣"的方式组建了 10 个乡镇供水站，以各项经济指标为考核重点实行专业化管理；同时，供水管道实行"段长制"的管理模式，实现了规模化发展、标准化建设、专业化管理的城乡供水一体化供水管网建设；对各分水厂，按照"水质优先"的原则，建立了县级水质检测中心，实行常态化的水质监测体系，实现了从源头到用户全过程的专业化水质监控。

（2）供水调度信息化方面，嘉禾县推进"智慧水务"建设，投入 560 余万元建设完成数据采集及远程监测系统的中心控制室，对城乡供水一体化建后管理提档升级，建设完善了城乡供水信息化远程调度中心，将县自来水公司管辖下的水厂、加压泵站、流量、水质、水压等重要供水单元纳入全方位的监控和管理，24 小时对管网测压点的水压、流量、水质和其他运行参数进行监控、测量及统计分析，实现了供水数字化、信息化管理，做到足不出户调度掌控城乡供水一体化系统，为城乡供水的科学调度和安全生产提供可靠保障。

（3）服务收费智能化方面，成立乡镇供水站，让农村用户实现了在家门口就可以办理用水申报落户、缴费充值、申请维修等业务，同时推广集自动供水、自动收费、自动控制、自动计量等多种功能于一体的全新概念的 IC 卡智能化水表，实现了记录数据、节约用水、节省人力等，解决了当前数据记录、节约用水、节省人力等问题，不仅让受益群众喝上"放心水"，还确保喝上"明白水"，大大提高了城乡供水一体化工程建后管理的效能。

（三）成效

嘉禾县通过城乡供水一体化建设，在"普惠发展先行"方面取得了明显的成效，在县域内实现了居民用水的公平性。嘉禾城乡供水一体化将所有水源并网连接、互联互通，还实现了丰枯调剂、提高了供水保证率，尤其让偏远农村百姓彻底告别了长期饮用井水或堰塘水的历史，用上了方便清洁的安全水；用水得到保证的居民，其生活环境和条件也得到不断改善，边远农村旱厕改水冲式公共厕所 875 间、水冲式卫生间 7.6 万余间，村民也用上了热水器、洗衣机、太阳能。

此外，嘉禾县城乡供水一体化的实现，突破了城乡供水项目"零敲碎打"的怪圈，破除了城乡供水一体化建设难以持续的悖论，其规模化发展、标准化建设、市场化运营、专业化管理的建设管理体系，以及建立健全城乡供水县级统管长效管护机制、用水缴费制度等做法，都为同类县域地区用水惠民的实现提供了参考。具体来说，规模化经营、集约化管理，实现了"规划、融资、建设、运营、维护、服务"的一体化、产业化，实现城乡供水一体化可持续性发展；供水服务站用工以购买服务的方式，强化工作绩效考核，以考核促管理，以考核促执行，在提升服务质量的同时还降低了成本；对供水管网检漏中发现漏点的人员给予工作考核绩效奖励，通过绩效激励大大降低了漏损率。已建成水厂中，最长建成时间和人口受益时间已达 12 年，并继续向好向优发展。

在这一过程中，不仅居民受益、企业赢利，政府税收等也能够得到保证。2019～2021 年底，自来水公司供水收入分别为 2392 万元、2531 万元、2610 万元，每年可赢利 600 余万元，上缴利税可达 500 余万元。

三 "普惠发展"之汝城辣椒产业

地处北纬 25° 区域以内的种植黄金地，是汝城县发展辣椒产业的良好基础条件，但特色辣椒产业的发展也受到辣椒种植分散、品种性状不稳定及病虫害防治不力等现实因素的制约。为了帮助当地居民实现资源共享和共同富裕，汝城县通过政策支撑、平台推动、市场引领基地建设、强化品牌影响力、突出服务支撑以及农旅结合孕育"采摘经济"等做法,将"辣椒特色小镇"建设成可以使人人都享有发展机会的富民典型。

(一)背景

汝城县位于湖南省东南端,地处南岭山脉与罗霄山脉的交接部,海拔在600米左右,与广东、江西两省接壤,素有"鸡鸣三省、水注三江"之称,全县土地总面积2400.71平方公里,辖14个乡镇、217个村,总人口42.24万人,其中农业人口约占到全县总人口的86%。汝城县属典型农业大县,光热资源充足,雨量充沛,昼夜温差大,遭受外来污染较小,具有发展绿色辣椒产业的良好条件,北纬25°区域以内是辣椒种植的黄金地,具有上千年的辣椒种植历史(见图7-13)。这种地理区位优势,非常有利于汝城辣椒特有的干物质含量高、辣味浓、辣椒香味独特等优良品质的形成,具备开发绿色辣椒产品、发展绿色辣椒产业的良好条件。因此,汝城也被认定为朝天椒中国特色农产品优势区、湖南特色农业小镇(汝城辣椒特色小镇),但家庭式分散种植、品种性状不稳定及病虫害防治不力等因素,严重制约了当地辣椒产业的发展。

图 7-13 郴州市汝城县辣椒小镇种植基地

(二)做法

汝城县通过政策支撑、平台推动、市场引领基地建设、强化品牌影响力、突出服务支撑等做法建设辣椒小镇，为当地居民在共同富裕的发展过程中提供平等的机会，进而为每个人在"普惠发展"过程中的机会公平提供了保障。

1. 政策扶持引导，搭建推动平台

政府制定《汝城县实施乡村振兴战略扶持产业发展办法》《汝城县精准扶贫产业项目奖励扶持办法（暂行）》《汝城县乡村振兴农业产业发展奖励扶持办法》等文件，通过政策引导，对企业或种植大户集中连片种植的辣椒示范基地进行重点奖补，即集中连片 500 亩以上的补助 600 元 /（亩·年），集中连片 1000 亩以上的补助 800 元 /（亩·年），同时，对扶贫户种植艳红辣椒无偿提供种苗和投保等（见图 7-14）。

图 7-14　郴州市汝城县辣椒加工车间

为了确保辣椒产业自上而下有人专抓、有人专管，地方成立了由县长任组长的辣椒产业发展领导小组，还在县农业农村局设立了专门的辣椒产业发展办公室，组建重点乡镇辣椒工作小组。此外，为更好地发展辣椒产业，依托原有产业基础和独有的比较优势，编制《汝城县朝天椒产业发展规划》，从基地拓展、龙头带动、品牌建设、科技提升、文化助推等方面精心设计；同时，以《汝城县朝天椒产业发展规划》为基础，争取国家、省市辣椒种苗繁育基地、辣

椒提纯加工等重点项目的投入，全面推动辣椒产业的大发展。

2. 龙头企业支撑，主体带动发展

汝城县以土地依法合理流转为切入点，创建辣椒产业示范基地促进全县辣椒产业集中成片开发、产业化发展。汝城县繁华（湘汝）食品有限公司、汝城县鑫利食品有限公司2家辣椒加工企业依托汝城县农产品加工园发展为龙头企业；繁华食品在农产品加工园新建年加工50万吨辣椒制品加工基地，项目总投资2.1亿元，分两期建设，建成后将带动全县种植辣椒面积15万亩以上，周边县市20万亩以上，实现年产值20亿元以上。

用示范基地带动周边农户种植，采取"订单种植"的方式，将精准扶贫与辣椒产业发展紧密结合，通过创新"企业＋合作社＋基地＋贫困户"的产业扶贫发展模式，实行统一集中育苗、统一技术管理、统一保底收购，把贫困户吸纳到辣椒产业链发展中来，由企业与农户签订产销合同，实行统一集中育苗、统一技术管理、统一质量标准、统一购买保险，按保底价随行就市收购，基本消除农户在辣椒生产中的技术风险、灾害风险和市场风险，确保农户稳定增收。

3. 突出市场支撑，强化品牌影响力

汝城县积极支持、组织企业参加省市农博会、展销会、招商会等各类品牌推荐活动，搭建辣椒交易平台，召集山东、云南、海南、广西、江西、甘肃等地的400多名辣椒经销商、原料供应商，实地参观汝城辣椒育苗基地、企业生产加工车间，并围绕辣椒产业购销等与贫困户种植代表进行面对面交流。深入了解各地辣椒生产经营情况及消费习惯，不断开拓国内市场，截至2019年底，全县已有上千名蔬菜营销经纪人，销售市场遍布全国31个省区市，并与国内知名企业无穷食品、辣妹子、御厨香、康师傅、蒸功夫、盐津铺子等建立了原料供应合作关系；在长沙市成立了汝城繁华食品有限公司电商事务部，通过在天猫、京东、淘宝等电商平台开设旗舰店和网络直播等，多形式宣传辣椒产品和品牌。积极开展地理标志产品认证等品牌创建工作，从"生态、绿色、营养、特色"等角度切入，多维度挖掘朝天椒的品质内涵，目前，"汝城朝天椒"已申请注册了国家地理标志商标，"湘汝""汝之辣"等系列产品已被列入湖南名牌产品，在全国的知名度也逐步提升，先后多次荣获中国中部食品博览会金奖（见图7-15）。

图 7-15　郴州市汝城县辣椒产品在香港食品博览会

4. 突出服务支撑，强化产业竞争力

汝城与多所科研院所建立战略合作关系，搭建了"产学研"平台，指导建立辣椒标准化生产体系，研发改良出了艳红椒、朝天椒星悦、朝天椒湘辛28、湘研55、长兴等辣椒新品种，促进了辣椒连种、品种改良、提纯复壮等技术成果在郴州转移转化。由地方政府聘请相关专家和优秀专业技术人才组建"汝城县科技扶贫专家服务团"，通过专家服务团与企业、新型经营主体、种植大户等结对的形式开展科技服务、助力产业发展。例如，汝城县鑫利食品有限公司与湖南农业大学合作，共建"国家新农村发展研究院辣椒特色产业汝城基地"暨"湖南农业大学食品科学技术学院教学科研创新基地"，对汝城辣椒精深加工技术进行全面的开发研究。充分利用现代信息媒介，编印发放《辣椒种植技术》《辣椒病虫害防治》等技术资料，开展系列科技服务活动，对当地农户开展辣椒种植技术培训，示范推广本地化辣椒无公害栽培技术，让广大农户切身感受科技服务的便利和实用（见图7-16）。

此外，通过完善金融、保险服务体系解决辣椒产业发展资金难题以及受自然灾害影响较大的生产难题等。政府推动实现"惠农担""特色贷"等，争取为农户投保"艳红辣椒保险（扶贫专属）"险种，金融和保险的双重支持，充分保障了辣椒产业的竞争力和产业效益。2022年，全县加入特色险6万亩，共计

图 7-16　郴州市汝城县辣椒种植技术培训

360 万元，其中政府补贴 70%、农户投入 30%。

5. 农旅结合孕育"采摘经济"，促进地方普惠发展

汝城以全域旅游发展为契机，拓展特色农业和现代生态观光农业，发展以果蔬采摘为引领的农业产业，精心打造"一乡一品、一村一景"的田园休闲体验旅游产品，形成了以旅游观光采摘为主的"奈李、辣椒采摘经济"。在 2020 年 8 月的第二届以"红土地，红辣椒"为主题的辣椒文化旅游节的活动现场，签约销售辣椒酱 2160 万瓶、干辣椒 920 万斤，成交辣椒数量 26160 吨。一本"集体经济火、乡村旅游热"的致富增收经，真正让乡村旅游成为满足人民群众对于美好生活向往的幸福产业，吃上旅游饭、挣上旅游钱，提高农业产业链收益，增加农民群众经济收入。[12]

（三）成效

汝城县通过建设特色农业小镇（辣椒特色小镇），促进地方普惠发展，在社会经济方面取得显著成效。据统计，2018 年汝城县辣椒种植面积 1.6 万余亩，贫困户户均增收 4000 元以上。其中，泉水镇种植辣椒达 5560 亩，全产业链产值 6.46 亿元，1750 户贫困户中就有 1065 户种植辣椒 2038.8 亩，通过参与辣椒

1 《湖南汝城：小辣椒种出致富路　农旅结合孕育"采摘经济"》，https://difang.gmw.cn/2020-08/26/content_34122165.htm。

2 《人民网｜汝城县辣椒小镇："辣"出特色产业链》，https://baijiahao.baidu.com/s?id=1641354852750864914&wfr=spider&for=pc。

产业发展增收，实现稳定持续脱贫。2018 年，汝城辣椒系列产品与阿创电商在深圳开展的郴州市重点农业品牌暨农业招商项目推介会上签订了 1.17 亿元销售订单。2019 年，占地 100 亩的 50 万吨辣椒生产线落户汝城农产品科技产业园；泉水镇依靠辣椒产业入选湖南省首批 10 个特色农业小镇，[1] 获评"辣椒特色小镇"称号。2020 年，全县重点新建田庄辣椒集中育苗基地，以大坪、井坡、泉水等乡镇为重点建设 3 个 1000 亩的辣椒示范基地，其他 11 个乡镇各建设 1 个 100 亩以上的辣椒示范片，当年带动全县农户种植辣椒 10 万亩以上，全产业链产值达 10.96 亿元；2021 年，全县种植面积已达到 12.8 万亩；2022 年，汝城县辣椒种植面积达到 13 万亩，农户种植辣椒人均增收 3500 元以上。此外，"汝城朝天椒"已申请注册为国家地理标志商标，辣椒酱制品在全国市场占有率达到 6%，先后获评"全国绿色食品原料（10 万亩）标准化生产基地""中国特色农产品优势区""省级优质农副产品供应示范基地"等。

---

1 《湖南汝城：小辣椒种出致富路 农旅结合孕育"采摘经济"》，https://baijiahao.baidu.com/s?id=1641292607875056210&wfr=spider&for=pc。

CHAPTER 8

第八章
总结与展望

一 总体结论

郴州市拥有 2 个国家级可持续发展实验区和 2 个省级可持续发展实验区，具有较好的可持续发展实践探索基础。2019 年 5 月 6 日，国务院批复同意郴州市以"水资源可持续利用与绿色发展"为主题建设创新示范区，为处于转型发展新阶段的郴州指明了新的航向。多年来，郴州市坚持把创新示范区建设作为推动经济社会高质量发展的具体行动，形成"护水、治水、用水、节水"四水联动保护模式，积极探索"水立方"水资源可持续利用模式，引领产业绿色转型发展，推动郴州市建设提速、发展提质和民生提效，SDGs 目标指标得分大幅度提升，可持续发展能力显著增强。在全球经济发展不确定性趋强、韧性不足的大环境下，郴州市创造了近十年超快速增长、疫情之下逆势增长的"郴州发展现象"。

1. 水生态环境持续向好

重要江河湖泊水功能区水质达标率由 90.9% 提升至 100%，全省排名从第 11 提升至第 1；全市水质综合指数改善幅度排名全省第 2。

2. 经济发展持续赋能

在国内经济平稳增长、国际陷入经济危机的背景下，近十年实现 GDP 翻番，2022 年全市地区生产总值、地方财政收入、全口径税收收入等 9 项主要经济指标增速排名湖南省第 1。

3. 创新能力持续提升

三年来，国家高新技术企业、国家科技型中小企业数量分别增长了 2.2 倍、8.6 倍；2022 年全社会研发经费投入同比增长 97%，增幅位列全省第 1，高新技术产业增加值增速位列全省第 3，国家专精特新"小巨人"企业实现零的突破。

4. 全社会可持续发展意识不断强化

生态优先、绿色发展的理念在各级领导干部和广大群众中得到了增强，"水立方"水资源可持续利用模式也随着创新示范区建设推进不断深入市、县两级干部、群众人心，成为指导创新示范区建设的重要方向。

水资源、地下矿产资源和历史文化资源、地上生态资源在郴州市充分叠加，其社会经济发展驱动模式逐渐由矿产资源转向生态价值、水经济，矿产资源由传统的粗放式转向绿色、集约化开采，绿色矿山成为该地区的标识，通过延伸产业链条由原来的卖矿产转向卖产品，资源开采、产品加工、销售一体化的全链条矿产经济初现雏形；水安全、水生态、水环境、水资源、水产业、水科技、水文化、水管理"八水共治"稳步推进，水经济逐步成为郴州市的主要经济业态；绿水青山优势凸显，形成了"东江湖蜜桔""东江鱼""狗脑贡茶"等一批地理标志保护产品和中国驰名商标，生态价值转化成为郴州市新的经济增长点。

（一）郴州市积累了较为丰富的可持续发展先行探索经验

国家级和省级可持续发展实验区的建设是湖南省推进可持续发展的重要路径之一。自 1996 年起，湖南省已经先后创建 39 个实验区，形成了具有湖南特色的可持续发展实验区体系，在推进湖南省经济、社会和生态转型，促进实现全面协调可持续发展上取得了显著成效。郴州市作为湖南省推进可持续发展的先行区域之一，早在 1996 年就开始在资兴市探索国家可持续发展实验区建设实践，引导经济社会发展与人口、资源、环境相协调，并于 1999 年获得批复。此后，永兴县、苏仙区和宜章县相继成为国家级和省级可持续发展实验区，在循环经济、重金属污染治理和旅游资源开发等方面展开了积极尝试和有益探索，在"水资源保护与利用""有色金属循环经济""重金属污染治理"等方面积累了较为丰富的转型发展经验，为郴州市国家可持续发展议程创新示范区建设提供了坚实的基础。

水既是郴州市的优势资源，也是其可持续发展必须高度重视的制约因素。复杂的地表结构以及不当的生产生活方式对水生态环境形成了巨大的压力，加之国家生态功能区、长株潭战略水源地的双重保护压力，保护好水生态环境、修复历史遗留的环境问题以及提高水资源利用效率，解决水净与水污、水多与水少、水节约与水浪费并存的矛盾，已成为郴州市可持续发展的必经之路。破解因资源而兴、因资源而困的资源型发展路径依赖的瓶颈也是资源型城市发展普遍面临的重大命题。郴州市针对水资源和矿产资源丰富地区水环境保护形势严峻、矿山修复治理难度大、资源型产业可持续发展任重道远和创新驱动能力不强的共性问题，确定了"水资源可持续利用与绿色发展"的建设主题，既符合"节水优先、空间均衡、系统治理、两手发力"十六字治水方针要求，又契合了新发展阶段资源型城市绿色转型升级的需求，是郴州市顺应自然规律和历史发展规律的科学选择。

1. 建立可持续发展引领全局发展的指挥棒

郴州市将可持续发展作为统揽经济社会发展全局的行动指引，把创新示范区建设作为完整准确全面贯彻新发展理念的具体实践，坚持用科技创新来破解可持续发展的难题，推动经济由资源驱动向创新驱动的根本性转变；坚持人与自然和谐共生，推动经济社会发展与生态环境保护协同共进；坚持以绿色为发展底色，加快产业绿色转型；坚持内外联动，"以水为媒"加强交流合作，广泛汇聚国际国内资源，发展开放型经济；坚持发展成果更多地惠及人民群众，切实解决人民群众最关心、最直接、最现实的问题，让群众切实感受到可持续发展带来的福祉。

2. 聚焦《2030 年议程》使命任务形成推进合力

全面推进创新示范区建设要坚持高位推动、部门联动、主体发力、全民共建。湖南省委书记、省长高度重视、亲自部署，深入调研、凝聚共识，系统谋划、协调推进，结合实际、聚焦问题，强化针对性，精准制定出台"湘十条"支持政策；省直相关单位主动对接国家部委，争取政策资金项目支持，结合各自职能职责在创新示范区试点实践；郴州市积极担当建设主体责任，各市级领导结合分管工作共抓可持续发展，县市区结合实际积极探索实践。通过建立省、市、县联动齐抓共管的建设格局，不断提升各级领导干部可持续发展意识，形成以可持续发展统揽推动工作的思想自觉和行动自觉。

创新示范区建设还发挥了社会各界的作用，通过规划和政策的引导，广泛凝聚企业、社会团体、群众等社会各界力量共同参与。例如，郴州市建立有效市场参与机制，引导企业积极参与，推动生产向智能化、数字化、绿色化转型；专门成立创新示范区志愿者协会，深入开展"进基层、进企业、进社区、进学校"等宣传活动，营造浓厚的创新示范区建设氛围，持续提升群众对可持续发展的认知度、支持度、参与度。

3. 始终坚持"一条主线，三个同时"的建设原则

郴州市在创新示范区建设过程中始终坚持"一条主线，三个同时"的基本原则，努力实现发展方式、治理方式、生产方式、生活方式转变。一是坚持以生态工程调度为主线。郴州市坚持"生态优先"原则，河流上所有新建、改建、

扩建项目充分考虑对生态流量的影响，共建设生态流量泄放设施 1325 项，针对东江湖脆弱区生态环境特点，开展生态补水调度。二是坚持经济空间布局与经济结构调整同时推进。郴州市利用绿色生态转型倒逼机制，结合各区域资源禀赋、环境容量、产业基础特点，实现调整经济空间布局与结构、淘汰落后产能与培育新兴产业的有机衔接。例如，永兴县对全县有色金属优化布局，将全县 132 家稀贵金属综合回收企业整合为 30 家，实施集中入园、技术改造、循环利用等提质升级行动，促进了有色金属布局优化和结构升级。三是坚持生产方式与生活方式的转变同时推进。郴州市通过生产发展向绿色产业转型，带动生活方式向环境友好、绿色低碳转变。汝城沙洲村讲好"半条被子"红色故事，挖掘红色资源，发展红色文旅产业，引进全国行业标杆梦洁家纺，建设湖南（沙洲）红色文旅特色科技产业园，开发系列红色文旅产品，推动当地群众生产方式与生活方式同时转变，成为巩固脱贫攻坚成果、全面推进乡村振兴的典型示范。四是坚持生态环境的修复与恢复同时推进。郴州市发挥大自然原有生态系统自我调节、修复、平衡功能，借助适度的人工修复措施，为自然恢复创造条件和环境，加速恢复进程、提升恢复效能。北湖区仰天湖大草原坚持保护优先、有序开发，自然恢复与人工修复相互协调、同步推进，经过三年多的努力，仰天湖大草原生态系统得到有效恢复，草原覆盖率从 2019 年的 64% 提高到 2022 年的 91%。

4. 立足绿色发展促进产业结构转型增效

郴州市聚焦传统产业转型升级、新兴产业培育、生态产业发展三个领域，建设"三主三新三优"现代化产业体系[1]，坚持不懈抓专项、兴产业、治污染、惠民生。一是低端转向高端。郴州市建设"三主三新三优"现代化产业体系，打造新材料、装备制造、电子电池、新能源、数字经济等千亿产业集群，全市高加工度工业、高技术制造业增加值年均增幅均超过 10%。二是粗放转向集约。郴州市推进矿区整顿，矿山总量从 765 家减少到 119 家，全市建成绿色矿山 100 家，湖南省第 1 位，获评全国绿色矿业发展示范区；引进行业龙头企业和战略投资者，有色金属采选冶能力居全国前列；园区规模工业增加值占比

---

1 "三主三新三优"现代化产业体系：有色金属、电子电池、文化旅游"三大主导产业"，新材料、新能源、新一代信息技术"三大新兴产业"，现代装备制造、现代物流、现代农产品加工和食品医药"三大优势产业"。

75.3%，主导产业集聚度提升至 72%。三是黑色转向绿色。郴州市持续推进淘汰落后产能，取缔关闭高污染企业 1000 多家，万元规模工业增加值能耗年均下降超过 5%，获批第二批全国工业资源综合利用基地，永兴县打造循环经济"永兴样板"、获批国家大宗固废综合利用示范基地，嘉禾县铸锻造产业数字化改造入选全国典型案例。四是生态融合产业。郴州市坚持生态产业化、产业生态化的发展理念，全市绿色、有机、地理标志农产品认证有效总数达到 262 个，实现畜禽类、水产类绿色食品零的突破；建成粤港澳大湾区"菜篮子"产品认定基地 212 个，居全国地级市第 2。

5. 坚持以科技创新为核心的全面创新

创新示范区建设必须将创新摆在首要位置。郴州市始终坚持以科技创新为核心的全面创新，重点在技术、方式和机制等方面不断探索深化。其一，坚持以科技创新为核心，破解创新示范区建设重大难题。郴州市围绕水源地生态保护、重金属污染治理、资源产业绿色升级等方面，采用新技术、新方法、新成果，组织开展核心技术研发攻关，找到解决问题的根本出路。以东江湖农家乐规范发展为例，既要坚持生态优先原则，又需充分考虑群众的发展利益，采用投资小、成本低、效果好的分散式智能一体化污水处理技术，解决不具备集中处理条件的农家乐污水排放问题，有效破解环境保护与产业发展、群众增收难题。其二，坚持工作方法创新，以系统性思维"点面"统筹推进。郴州市聚焦制约瓶颈、关键环节，抓住重点以点带面，有效解决历史遗留难题和现实瓶颈问题：坚持系统推进，创新示范区建设与产业发展、脱贫攻坚、乡村振兴、生态文明建设、高质量发展等工作结合整体推进；坚持系统治理，东江湖保护坚持山水林田湖草系统治理思维，摒弃"头疼医头脚疼医脚"传统思路，治水治矿协同推进，从源头到流域进行全域布局；坚持系统方法，西河流域重金属污染治理及生态修复以"技术应用＋工程实施＋制度保障"为系统解决方案，把先进技术与工程项目紧密结合，工程项目设计科学合理，后期管控均有制度保障。其三，坚持机制创新，促进"绿水青山就是金山银山"的有效转化。如建立东江湖保护生态补偿机制、西河流域废弃污染土地治理和利用机制、莽山水库建设与供水使用权转让的"生态价值"水权交易机制等，郴州市充分发挥和评估生态产品价值功能，有效利用市场机制，形成了水生态保护与利用制度的"组合拳"，实现"护水、治水、用水、节水"的有机结合。

6. 推动体制机制改革，创新发展模式

创新示范区加强生态资源保护和开发利用，坚持"绿水青山样板区、绿色转型示范区、普惠发展先行区"定位，不断探索可复制、可推广的高质量、可持续发展经验。一是建立系统管护治理机制。郴州市坚持水体与水岸同治、水面与水下同治，健全河长制、林长制、田长制、检察长＋河长等联合管护机制。探索"治水先治矿"机制，全面构建"治非、治矿、治山、治污、治水＋转型"的（5+1）综合治理模式，打造"矿业整治—综合治污—绿色发展"的治理路径，三十六湾矿区流域断面氟化物、砷污染指标明显下降，三十六湾治理入选全省长江流域重金属治理典型案例。二是探索生态价值转化机制。郴州市积极探索"两山"转化机制，推进红绿融合，加快发展文化旅游、生态农业等绿色经济，推动生态产业化、产业生态化，实现产业致富、产业兴市；探索建立市场推动可持续发展、企业积极参与的有效机制，结合废弃土地综合治理，建立健全土地资源绿色化开发机制。西河流域通过采取源头治矿、流域治土、综合利用的"两治一用"模式，成功打造"美丽河湖"，通过国家湿地公园验收，让曾经的"废地"变成"绿地""宝地"。三是建立生态流域补偿机制。郴州市针对东江湖流域建立市内一市三县断面考核和补偿机制，与衡阳市签订了流域跨界断面考核补偿协议。积极与广东省对接研究，推动武水等重点流域建立生态补偿机制，形成跨省、跨市、跨县纵向衔接、横向协同的生态补偿体系。四是营造全民参与共建机制。郴州市成功举办第四届亚欧城市水管理研讨会暨湖南（郴州）水资源可持续利用与绿色发展博览会，向国际讲好郴州水故事；组建郴州可持续发展志愿者协会，在全国首倡设立"五月可持续发展宣传月"，进机关、进企业、进社区、进学校、进基层、进园区，向全市开展节水倡议和宣传，形成全民参与、共建共享的浓厚氛围。"用好红色资源 砥砺初心使命""绿色水运助力旅游发展"等经验做法经中央媒体推介，嘉禾铸锻造产业集群数字化转型案例入选工信部典型案例，"废土变沃土·矿业可持续"案例荣获"金钥匙——面向 SDG 中国行动"优胜奖。

（二）郴州市有效推进了 SDGs 进展

报告构建了由 16 项目标（郴州市不涉及 SDG14 水下生物）和 115 项指标组成的郴州市 SDGs 进展评估本地化指标体系，对标联合国可持续发展目

标（SDGs）指标，采用国际通用的 SDG 指数和指示板评估方法开展郴州市 2015 ～ 2020 年 SDGs 进展评估。结果表明：郴州市 SDG 指数得分近 6 年连续增加、呈现明显改善的态势，由 2015 年的 62.63 增加至 2020 年的 70.90，高于同期全国和湖南省平均水平（按照本书确定的评价指标和评价方法进行计算，2020 年全国、湖南省 SDG 指数分别为 65.62、64.81）。从当前经济发展水平上看，郴州市的人均 GDP、城镇居民人均收入、农村居民人均收入都明显低于全国和湖南省平均水平，这正说明郴州市在社会发展和生态建设方面的成效抵消了经济发展不足的问题。同时由于当前郴州市保持了快速稳定的经济发展态势，经济的增速和转型的效率明显较高，而生态环境质量和生态系统服务功能仍在不断改善，不断缩小的城乡居民人均收入差距也印证了当前郴州市经济发展的共同富裕特征（2021 年郴州市的城乡居民人均可支配收入比为 2.06，同期湖南省为 2.45、全国为 2.50），经过持续努力，郴州市的 SDG 得分将会有进一步提升。

从目标得分上看，2020 年郴州市在参评的 16 项 SDGs 中，SDG1、SDG2、SDG3、SDG4、SDG6、SDG7、SDG13 七项目标表现较好、评级为绿色，其中 SDG13 表现尤为突出（得分 90.68），说明已经基本实现了《2030 年议程》目标要求；SDG8、SDG9、SDG10、SDG17 四项目标表现欠佳、评价为橙色，仍存在提升空间，SDG9 是得分最低的目标，亟须进一步提升创新驱动能力、协同推进 SDGs 与绿色转型高质量发展；剩余五项目标全部为黄色，说明基本符合《2030 年议程》目标改善要求，但仍存在一定差距。从发展趋势上看，SDG1、SDG2、SDG3、SDG4、SDG6、SDG7 六项目标进步显著，实现 2030 年的目标面临的挑战较少；SDG10、SDG15 两项目标则呈现连续退步趋势，2030 年实现目标面临严峻挑战，在缩小贫富差距和改善生态方面仍需要向国际先进城市看齐。总体上看，可持续发展行动对郴州市可持续发展水平带动提升效果明显，但创新驱动社会经济发展方面仍需改善，亟须协同推进 SDGs 与绿色转型高质量发展。

在参评的 115 项指标中，评级为绿色的指标有 60 个，占参评指标的 52.17%；评级为黄色的指标有 16 个，占参评指标的 13.92%；评级为橙色的指标有 21 个，占参评指标的 18.26%；评级为红色的指标有 16 个，占参评指标的 13.91%，另有 2 项数据缺失，占参评指标的 1.74%。其中，评级为红色指标主要为：每千人口执业（助理）医师人数、单位 GDP 能耗下降率、全员劳动生产率、城镇居民人均可支配收入、存贷比、单位 GDP 货物周转量、单位 GDP 旅客周转量、每万人研究与试验发展人员全时当量、每万人口发明专利拥有量、每 10 万人拥有高新技术企业数、基尼系数、人均拥有公共文化体育设施用地面积、自然保护地与重点生态功能区面积比值、活立木蓄积量增长率、地区税收占财政预算的比例、货物进出口总额占生产总值比例，这 16 项指标距离《2030年议程》指标要求还有明显差距，是未来应重点关注的指标。在这 16 项指标中，单位 GDP 能耗下降率、存贷比、单位 GDP 货物周转量、基尼系数、自然保护地与重点生态功能区面积比值、地区税收占财政预算的比例 6 项指标得分呈现下降趋势，从趋势变化上看，尚未走上持续改善的正轨，是制约未来郴州市可持续发展的关键指标（见表 8–1）。

表 8–1　需要重点关注的目标和指标

目标	评估指标	2015 年	2016 年	2017 年	2018 年	2019 年	2020 年	趋势属性
SDG7	单位 GDP 能耗下降率	74.21	82.26	55.00	100.00	44.77	20.53	⬇
SDG8	存贷比	100.00	100.00	100.00	100.00	70.66	28.67	⬇
SDG9	单位 GDP 货物周转量	29.83	21.23	25.14	19.27	17.77	15.86	⬇
SDG10	基尼系数	56.00	56.00	40.00	34.67	26.67	18.67	⬇
SDG15	自然保护地与重点生态功能区面积比值	54.13	29.66	34.25	35.78	35.78	28.75	⬇
SDG17	地区税收占财政预算的比例	9.83	0.00	0.00	0.00	0.00	20.14	⬇

基于参与评估的 16 项目标和 115 项指标，本书针对郴州市绿水青山样板、绿色转型示范、普惠发展先行三大可持续发展愿景的内涵，分别建立绿水青山综合指数、绿色转型示范综合指数、普惠发展先行综合指数。

郴州市的绿水青山综合指数呈现平稳增长的趋势，从 2016 年的 102.63 增长到 2020 年的 113.11，表明尽管经历了新冠疫情的冲击，郴州市"绿水青山"的增长趋势并没有受到太大的影响，"绿水青山样板"的建设对于外界的冲击具有较强的承受能力并能保持良好的发展趋势。郴州市绿水青山综合指数的增长得益于生态环境指数和科技创新指数的贡献，生态环境指数从 2016 年的 102.11 增长到 2020 年的 109.29，增长 7.18 个点；科技创新指数从 2016 年的 111.74 增长到 2020 年的 180.48，增长 68.74 个点，增长幅度远高于生态环境指数，表明科技创新指数已经取代生态环境指数成为主要的贡献源。

郴州市绿色转型综合指数呈现稳步的增长趋势，从 2016 年的 105.84 增长到 2020 年的 125.26，增加 19.42 个点，增长幅度较为明显，显示出郴州市"绿色转型示范区"建设步入良性轨道。从各指数增长情况来看，郴州市的实力指数和创新指数增长幅度接近，分别由 2016 年的 104.80 和 108.67，增长至 2020 年的 127.07 和 132.61，分别增长 22.27 个和 23.94 个点；开放指数的增长幅度较大，由 2016 年的 115.76，增长到 2020 年的 178.60，增长了 62.84 个点，对绿色转型综合指数的贡献最大。郴州市倡导绿色发展理念，推动矿产资源粗放式开发利用的"矿经济"向生态资源富集的"水经济"转变，是对其传统增长方式的反思与纠错。本质上来说，郴州市过去单纯依赖资源开发利用模式已不可持续，当前郴州市"绿色转型"发展赶上并超越全国平均水平，说明郴州市实行的加大对外开放力度、增强产业绿色增长实力、激发创新活力等诸多举措，为经济增长的动力转换提供了强有力的支撑作用。

从普惠发展综合指数上看，郴州市的普惠发展综合指数呈现缓慢增长的趋势，由 2016 年的 102.28 增加到 2020 年的 107.67，增长 5.39 个点。与普惠发展综合指数增长幅度较为接近的是人本指数和产业发展指数，其中，人本指数从 2016 年的 102.74 增加到 2020 年的 108.86，增长 6.12 个点；产业发展指数由 2016 年的 102.56 增加到 2020 年的 110.07，增长 7.51 个点。相比较而言，生态指数变动很小，由 2016 年的 100.21 增加到 2020 年的 100.99，增长 0.78 个点。郴州市生态环境质量已经处于一个相对较高的水平，进一步改善的空间有限，对"普惠发展先行"建设的贡献仅仅起到基础性的支撑作用。从各指数的贡献率来看，仅产业发展指数的贡献率呈现增长的趋势，从 2016 年的 44.37 增加到 2020 年的 58.65，这表明郴州市经济增长活力的不断释放，很大程度上惠及民生福祉的改善。"共建共享、幸福和谐"是郴州市可持续发展的根本要求，横向对比的评价结果表明，郴州市的"普惠发展"一直领先于全国平均水平。

（三）郴州市可持续发展典型案例

郴州市以水为媒、以可持续发展为目标，做好治水护水节水用水文章，不断探索生态补偿、污染防治、绿色发展的机制模式，推动生产生活方式向绿色转变，形成了东江湖流域保护、仰天湖草原生态修复、西河流域的污染治理、东江湖冷水资源的可持续利用、三十六湾矿产资源可持续利用、"城乡供水一体化"以及"特色小镇"建设等一系列典型案例。这种将原本不利的条件转化为有利资源的跨越式发展模式，对于生态资源禀赋优渥、发展潜力可观，但曾因过度开发而资源被破坏的地区而言，具有重要的启示意义。对欠发达地区而言，其在选择发展道路时，完全可以避免重走发达国家"先污染后治理"的工业化老路，充分发挥自身的生态优势，引进和利用先进的技术手段，实现生态服务价值的转化，并创造经济价值，最终推动社会的公平发展。

一是污染治理和生态修复的绿水青山实践。郴州市以"既要金山银山，又要绿水青山"的可持续发展理念为指引，形成"东江湖保护"的"碧水""清水""净水""护水"等一系列整治措施、"仰天湖草原开发"的保护与开发、"西河治理"的变废为宝等案例。在东江湖流域保护方面，通过实施建立健全保护体制机制、科学推进湖区生态建设、科技助力环境综合整治和保护等举措，流域的生态环境得到了全方位、全流域、全过程的系统性保护，水质保持地表水Ⅰ类标准，达到了国家一级饮用水标准，成为我国中东部地区少有的出水稳定保持地表水Ⅰ类的大型湖泊。在仰天湖草原生态修复方面，通过多方参与共同制定保护开发规划、构建封育禁游与生态修复并重的保护机制、资本引入推动建设全域旅游格局等行动，仰天湖大草原的生态得到有效恢复，草原覆盖率从2019年的64%提高到2022年的91%，进而为仰天湖景区提供环境利益。2021年8月，仰天湖大草原景区接待游客5.3万余人次，实现旅游综合收入430万元。在西河流域的污染治理方面，郴州市采取政府科学规划、企业共同参与的形式，按照"源头治矿—流域治土"对重金属污染进行综合治理和生态修复的同时，建设大型文旅房产综合项目实现"综合利用"，挖掘提升其经济价值。通过治理，西河流域生态环境得到了彻底改善，流域中上游水质由原来的劣Ⅴ类变为如今稳定在Ⅲ类及以上的水平，河流断面水质稳定控制在国家地表水Ⅲ类水质标准以内；两岸的经济发展也得到了促进，两岸土地价格由原来的50万元/亩到 2021 年的 190 万元 / 亩以上，已出让整理出的土地 1600 亩，摘牌后土地出让收入 14.75 亿元。这体现了郴州市对改善和提升其生态价值的重视以及对生态要素的多维度综合开发利用，是其"绿水青山"实践取得成效的最好例证。

二是自然资源利用的绿色转型探索。郴州市倡导绿色发展理念，推动矿产资源粗放式开发利用的"矿经济"向生态资源富集的"水经济"转变，初步实现经济增长由矿产资源粗放消耗驱动向资源集约型生态价值驱动的切换。借助科技手段，郴州市实现了利用东江湖冷水的温差转变，为大数据中心机房制冷、医院空调制热等供应能源，构建出基于"水资源零消耗 + 能源供应低排放"的资源可持续利用驱动模式，东江湖数据中心 PUE 值基本可以稳定在 1.05 ~ 1.16，相较于传统数据中心节能 35% 以上；在"矿资源可持续利用"方面，郴州市临武县统筹协调政府介入、市场运作、公众参与等多方面力量，实施包括技术创新、制度和机制创新等在内的多项措施，开展三十六湾综合整治行动，解决矿山开采过程中因产权、利益分配等引发的社会治理问题，探索形成"打击非法矿企（治非）、整合矿产资源（治矿）、治理重金属污染（治污）、矿山植树复绿（治山）、矿区综合治水（治水）+ 发展绿色经济（转型）"的（5+1）综合治理模式，相应的资源浪费和环境污染等也降低至可接受的范围之内，为矿产资源可持续利用的动力转换提供制度保障。通过一系列的综合治理，三十六湾矿区修复总面积为 37843.67 公顷，流域尾砂淤积严重、流域生态退化、环境污染等问题得到了有效解决，pH 值恢复到正常范围，重金属污染物如砷、铜、铅、镉等指标逐年下降；水土流失问题也得到了有效治理。

三是改善人民福祉的普惠发展行动。"共建共享、幸福和谐"是郴州市可持续发展的根本要求。"城乡供水一体化""特色农业小镇"建设等措施的实施，体现了郴州市在"惠民""富民"方面所付出的努力以及取得的巨大成效。"城乡供水一体化"方面，郴州市嘉禾县着重解决人民群众在用水上遇到的难点和痛点问题，坚持规划先行，运用改革和市场参与等方式，吸引信贷资金、社会资金、民间资本等的多元化投入，按照"建管分离"原则和"政府主导、公司管理、市场运作"的思路，推行农村饮水安全项目"管理专业化、调度信息化、收费智能化"的管理模式，实施"同水源、同水质、同水价、同服务"的城乡供水一体化建设，保障所有水源并网连接、互联互通，还实现了丰枯调剂、提高了供水保证率，使得资源更加公正地分配，让人们确实感受到民生福祉实惠；

"特色小镇"方面，郴州市汝城县采用政策引导、平台推动、龙头企业支撑、市场引领基地建设、品牌打造、突出服务支撑等方式建设农旅融合的辣椒小镇，在此期间形成了"企业＋合作社＋基地＋贫困户"的产业扶贫发展模式，通过发展特色农业，为当地居民在共同富裕的发展过程中提供平等的机会，2022年汝城县辣椒种植面积达到13万亩，农户种植辣椒人均增收3500元以上。

二　未来展望

进入21世纪以来，人类正面临着从未有过的挑战。西方发达国家正经历着工业化、现代化完成之后的发展转型期，经济复苏步伐放缓。中国过去的100年里经历了从长期的衰落到新中国的成立、从物质产品极度匮乏到经济繁荣，目前正经历从经济繁荣到民族复兴的关键时期。2020年初，新冠疫情突发，成为最严重的全球性危机，甚至会影响未来40年的经济发展形势。"中国发展离不开世界，世界发展也需要中国。"全球面临百年未有之大变局，推进全球治理变革、实现全球发展转型成为一项既复杂又紧迫的艰巨任务。

（一）准确把握可持续发展面临的新挑战

历史从未像今天这样，将全人类的命运紧密连接在一起。气候变化、全球产业链延伸与产品贸易、信息技术等无不与"地球村"每一个人的利益息息相关。当前，国际社会正经历百年未有之大变局，新兴市场国家和发展中国家的崛起速度之快前所未有，正在兴起的新一轮科技与产业革命带来的冲击与激烈竞争前所未有；与此同时，全球性的热点问题、局部冲突此起彼伏，持续不断。全球治理体系正面临巨大的压力。这些变化趋势集中来看，主要体现在以下几个方面。

（1）随着贸易保护主义再抬头，经济全球化正遭遇越来越多的阻力。曾经积极倡导自由市场、自由贸易的欧美等发达国家也开始加入贸易保护主义者的行列，自2008年金融危机以来一直疲弱的世界经济正面临着更加不确定的未来。

（2）二战结束以来建立的全球治理体系呈现明显的脆弱性，与国际形势变化的不适应、不对称前所未有。长期被遵循的国际规则与规范正经受着巨大的挑战，国际社会变革全球治理体系的呼声越来越高。随着国家间力量消长和全球性挑战日益增多，改善全球治理、推动全球治理体系变革是大势所趋。

（3）过去几十年全球化快速发展，各国在经济、政治、社会、文化等方面相互渗透、相互依存日益加深的同时，全球性问题日益增多。诸如气候变化、资源短缺、网络安全、难民危机、恐怖主义等全球性问题在非传统性安全方面的威胁持续蔓延，呈现明显的跨国性、不确定性、突发性等特征，对世界和平与稳定提出了新的挑战。

（4）全球化进程使各国在经济领域的相互依赖、相互渗透持续加深，共同利益不断增加，利益冲突也在增多。全球性的收入不平衡、发展空间不平等、贫富差距日益拉大等正在破坏全球合作发展的信任基础。2021年的《不平等病毒》报告显示"新冠疫情暴露、助长并加剧了现有的财富、性别和种族不平等。数亿人被迫陷入贫困，而许多最富有的人却在蓬勃发展"。一些国家凭借其强大的经济实力，行使经济霸权、军事强权等干预手段依然大行其道。全球化过程中产生的不平衡性决定了国际政治的多极化将是一个长期而曲折的过程。

（5）技术进步的空间扩散效应远未达到预期，国家间的技术差距日益增加，进一步加剧发达国家与发展中国家之间发展的不平等。发达国家的先进技术通过促使技能溢价上涨、人力资本过剩、技术锁定与依赖等中间机制对发展中国家的人力资本积累产生"侵蚀效应"，这不仅会抑制发展中国家的人力资本水平提升，更使其自主创新和技术差距收敛之路面临挑战，"技术压制""技术壁垒"等恶性竞争有日益加剧的趋势。

（6）地球生态赤字不断扩大，人类生存的生态环境正面临巨大挑战。地球是目前唯一适合人类生存的场所，WWF发布的《地球生命力报告》显示，为满足全球人口的需求，目前需要约1.6个地球的面积和生态资源。而如果按现有趋势继续发展，到2100年以后"我们要四个地球才够"。生态超载进一步加剧气候变化、森林萎缩、渔业资源衰退、土地退化、淡水资源减少、生物多样性丧失，资源安全、生态安全已经成为国家安全的核心内容，并影响世界安全的格局。

针对当前可持续发展面临的新挑战，迫切需要有一个全球共同认可的着力点来推进全球发展转型、治理体系变革，而落实《2030年议程》正是多极化世界中少有的普遍共识，G20大阪峰会重申共同落实《2030年议程》充分体现了这一点，正如习近平主席所指出"可持续发展是破解当前全球性问题的'金钥匙'",这一重要论断为完善全球治理指明了方向。

（二）全球 SDGs 进展迫切需要变革创新

从目前趋势来看，到 2030 年将仅有一半可持续发展目标可以实现，发展中国家可用于实现发展议程的资金远远不够，气候变化速度比我们应对行动的速度要快，威胁着所有国家的生存。2022 年 7 月 7 日，联合国发布的《2022 年可持续发展目标报告》指出，气候危机、新冠疫情大流行和世界各地冲突增加，使得联合国 17 项 SDGs 的实现处于危险状态，这些相互叠加和交织的危机对人类的食物和营养、卫生、教育、环境以及和平与安全状况产生了连带影响。根据报告提供的数据，截至 2021 年底，全球直接或间接因新冠疫情导致的死亡人数达到 1500 万人。同时，世界濒临气候灾难边缘，数十亿人已经感受到气候灾难带来的后果，而温室气体的减排工作仍不乐观。2021 年与能源相关的二氧化碳排放量上升 6%，达到历史最高水平。为避免气候变化带来的最坏影响，《巴黎协定》设定全球温室气体排放必须在 2025 年前达到峰值，然而，根据目前各国对气候行动的自愿承诺，温室气体排放量仍将在未来十年增长近 14%。此外，世界见证了自 1946 年以来数量最多的暴力冲突，全球 1/4 的人口现在生活在受冲突影响的国家和地区。由于当前面临的和潜在的冲突与挑战，2022 年全球经济增长率预测下调了 0.9 个百分点，最不发达国家正面临经济增长乏力、通货膨胀率不断上升、主要供应链中断、政策不确定和不可持续的债务等多重影响。报告警告称，当前全球正处于紧要关头，国际社会必须为拯救《2030 年议程》做出新的努力。报告传达的核心信息是："现在就加快行动，否则我们将失去在未来八年内实现目标的机会。"

世界能否进行必要的变革以履行到 2030 年实现可持续发展目标的承诺——对我们所有人都有影响，人类必须从危机中吸取教训，扭转局面，为实现可持续发展目标的关键转变而采取有效的执行机制和国家举措。2021 年 7 月 13 日，联合国秘书长古特雷斯在"可持续发展高级别政治论坛"开幕式上表示："我们必须从危机中吸取教训，投资更加平等和包容的社会。这要求每一个国家为每一个人提供获得发展机遇的基础，扩大全民健康覆盖、社会保障、优质教育和网络服务。"他呼吁各方重新致力于实现强有力、可持续和包容的复苏，社会各界在三个层面上开展"行动十年"：在全球层面，采取全球行动，为实现可持续发展目标提供更强的领导力、更多资源和更明智的解决方案；在地方层面，政府、城市和地方当局的政策、预算、制度和监管框架应进行必要的转型；在个人层面，青年、民间社会、媒体、私营部门、联盟、学术界和其他利益攸关方应发起一场不可阻挡的运动，推动必要的变革。联合国大会第 75 届会议主席博兹克尔在向论坛发来的视频致辞中表示，虽然新冠疫情毫无疑问是一场重大的悲剧，但它同时也提供了一个机遇，"这是几代人以来第一次，我们拥有广泛的公众和政治支持，来实现真正变革性的转变……不仅仅是小规模的修补或调整。这一次，我们能够重整旗鼓，让我们的社会走上更加可持续、更加具有抵御力、更加公平和公正的轨道。"

尽管新冠疫情抹去了数十年的发展成果，但疫情危机也可以成为推动国际社会实施转变的重要机遇。实现 SDGs 需要成功实现六大转型：一是优质教育（SDG4）；二是获得优质和经济实惠的医疗保健（SDG3）；三是可再生能源和循环经济（SDG7、SDG12、SDG13）；四是可持续土地和海洋管理（SDG2、SDG14、SDG15）；五是可持续城市基础设施（SDG6、SDG9、SDG11）；六是普及数字服务（SDG9）。六种转型中的每一个都需要大幅增加公共投资，然而，这些 SDGs 投资的融资需求远远大于低收入发展中国家政府（LIDCs）可用的财政空间，LIDCs 缺乏财政空间资助符合 SDGs 的应急响应和投资主导的恢复计划。目前，发达国家的财政刺激方案预算占到国内生产总值的近 28%，而最不发达国家仅有 1.8%。高收入和低收入国家财政空间差异的主要短期影响是，富国比穷国更有可能从新冠疫情中迅速恢复。为了实现 SDGs，LIDCs 要大幅增加财政空间，这需要国内和全球财政政策的结合。《2022 年可持续发展报告》强调，为了使可持续发展议程重回轨道，政府、城市、企业和行业必须利用疫情后复苏的契机，走上低碳、包容和具有抵御力的发展之路，以减少碳排放、保护自然资源、创造更加体面的就业、推进性别平等，并应对日益增加的不平等，同时提出了帮助联合国改善表现的三条改革路线：将可持续发展置于联合国工作的核心，将《2030 年议程》作为变革的指导方针；调整秘书处的管理框架，以促进和支持行动，特别是实地行动；完善联合国总部和平与安全支柱的结构和运作，以更好地预防和缓解危机。

新冠疫情危机对于可持续发展所产生的严重影响充分说明发展中国家在应对重大突发性事件上的脆弱性、全球治理体系的不适应性，各国在面对疫情危机时所展现出来的抵御力、适应能力和创新合作精神明显不足，更好的复苏需要全球团结和采用多边方法——包括通过加强国际合作来支持各国的复苏努力，发展中国家需要财政空间来启动有效的复苏计划。各国政府和各利益攸关方应树立紧迫感并加强合作，深化改革措施，立即行动起来，加速推进《2030 年议程》的落实工作，加大可持续发展方面的投资，采取有效措施减少贫困和不平等，实现强劲和包容性的经济增长，同时保护生态环境。联合国副秘书长刘振民认为，只要各国采取行动应对疫情所暴露出来的系统性不足、充分利用危机期间得来不易的政策智慧，并善用日新月异的科学和技术，为实现可持续发展目标的关键转变而采取更有效的执行机制和国家举措，可持续发展目标的按时实现仍然有可能完成。

（三）中国式现代化为创新示范区建设赋予了新使命

当前，中国特色社会主义已经进入新的时代。从求温饱到求环保，从求生存到求生态，从先富带后富到共建共享，从高速增长阶段转向高质量发展阶段，日益增加的要求体现出中国当前的发展正面临巨大的需求压力，人民对美好生活的追求已然成为中国近一时期的核心目标和核心要义。2015 年以来，习近平主席多次在国际重要场合发表讲话，呼吁要把发展置于国际议程中心位置，落实《2030 年议程》，打造人人重视发展、各国共谋合作的政治共识，树立人类命运共同体意识；倡导和平、发展、合作、共赢，共同破解"世界怎么了、我们怎么办"这一时代课题，用"六个坚持"（坚持人与自然和谐共生、坚持绿色发展、坚持系统治理、坚持以人为本、坚持多边主义、坚持共同但有区别的责任原则）为今后共建人与自然生命共同体指明了方向，明确提出了中国坚持绿色发展的国家战略和履行国际环境治理责任的切实举措。党的二十大报告站在人与自然和谐共生的高度谋划了中国未来 5 年乃至更长时期党和国家事业发展的目标任务和大政方针，擘画了中国式现代化的宏伟蓝图，为落实联合国《2030 年议程》提供了新助力。

在中国式现代化之路上，城市现代化是"主战场"。中国秉持创新、协调、绿色、开放、共享五大发展理念，深入推进经济高质量发展，与可持续发展议程的要求高度契合，将可持续发展目标同"十四五"规划等中长期发展战略有机结合，把推动绿色发展、深入实施可持续发展战略等列入了"十四五"时期经济社会发展主要任务，也对地方可持续发展提出了更高要求。创新示范区作为中国落实《2030 年议程》的前沿阵地，迎来了"双碳"目标、新型城镇化、乡村振兴等可持续发展新形势，承担了探索中国式现代化城市发展新路的历史使命。在当前国内发展进入新时代，国际发展面临百年未有之大变局的新形势下，建设创新示范区对于促进中国全面发展转型将产生深远影响。在新征程上，创新示范区必须牢固树立和践行"绿水青山就是金山银山"的理念，站在人与自然和谐共生的高度谋划绿色、高质量、可持续发展，描绘人与自然和谐共生新图景，为全球可持续发展提供中国方案。深圳、桂林等已获批的国家可持续发展议程创新示范区所在省市政府，制定专门的支持政策，全面推动创新示范区建设，着力打造"绿水青山就是金山银山"的典型模式。郴州市建设国家可持续发展议程创新示范区，须抓住机遇，应对挑战，坚持创新在创新示范区建设全局中的核心地位，不断取得新进展。

从湖南省看，坚持绿色发展、建设美丽湖南是"十四五"时期的主要任务之一，加快建设郴州市国家可持续发展议程创新示范区是全省"三高四新"战略中"打造具有核心竞争力的科技创新高地"的重要内容，坚持创新引领开放崛起，奋力建设现代化新湖南，构建"一核两副三带四区"区域经济格局[1]，共建"一带一路"、自贸试验区建设等引领开放新格局，坚定不移走生态优先、绿色发展之路，为郴州市建设国家可持续发展议程创新示范区提供了发展新空间。

郴州市具有得天独厚的区位、资源、生态优势，产业转型、科技创新、改革开放、基础设施、民生保障、社会治理等方面具有巨大提升空间，"十四五"时期全市将大力实施"新理念引领、可持续发展"战略，打造包括郴州市国家可持续发展议程创新示范区在内的"一极六区"[2]，中国（湖南）自由贸易试验区郴州片区和共建湘南湘西国家承接产业转移示范区、中国（郴州）跨境电子商务综合试验区、湘赣边区域合作示范区等重大战略交汇叠加机遇的充分释放，

1　"一核两副三带四区"区域经济格局："一核"是大力推进长株潭区域一体化，打造中部地区崛起核心增长极，带动"3+5"城市群发展；"两副"是建设岳阳、衡阳两个省域副中心城市；"三带"是建设沿京广、沪昆、渝长厦通道的三大经济发展带；"四区"是推动长株潭、洞庭湖、湘南、湘西四大区域板块协调联动发展。

2　一极六区：湖南省对接粤港澳大湾区重要增长极，国家可持续发展议程创新示范区、开放程度更高的自由贸易试验区、资源型产业转型升级示范区、传承红色基因推进绿色发展示范区、湘南湘西承接产业转移示范区、湘赣边区域合作示范区。

将为郴州市国家可持续发展议程创新示范区建设注入强劲动力。

　　面向未来，郴州市应坚持问题导向，把握可持续发展国际新机遇，以高效有力措施加速推进第二阶段创新示范区建设，科学设计、超前谋划国家可持续发展议程创新示范区 2030 年后规划，打造"开放、包容、普惠、平衡、共赢"的经济全球化方案，为改写全球发展理念贡献中国的实践智慧；树立"创新、协调、绿色、开放、共享"的发展观，为解决全球发展不平衡问题、实现世界经济社会协同进步提供中国方案；坚持"开放、融通、互利、共赢"的合作观，开启新一轮共享全球化的金钥匙，探索面向国际、符合国情、彰显郴州特色的可复制、可推广的可持续发展系统方案。

附 录

附录 1 对接可持续发展目标的郴州市创新示范区建设推进行动与政策

SDGs	郴州行动与政策
 1 无贫穷	· 以光伏扶贫、重点产业精准扶贫、扶贫车间等方式使得贫困县、贫困村全部脱贫摘帽。 · 贫困人口基本实现基本医保、大病保险和医疗救助三重保障全覆盖
 2 零饥饿	· 出台《郴州市土壤污染防治工作方案》等政策，使得永久性基本农田受到严格保护。 · 以中国特色农产品优势区建设为契机，建成大坪蔬菜、泉水茶叶、文明水果、马桥生姜等农业生产基地；成功创建省级优质农产品供应基地、粤港澳大湾区"菜篮子"生产基地。 · 出台《粮食流通管理条例》《郴州市储备粮巡查制度》等各项制度条例，确保粮食储备及粮食安全
 3 良好健康与福祉	· 出台《郴州市医疗救助实施细则（试行）》，对医疗救助对象范围、救助方式和标准、救助程序等方面作出规定。 · 出台《郴州市城乡居民大病保险实施方案》，在基本医疗保障的基础上，对参保人发生高额医药费用给予进一步保障，并与医疗救助等制度紧密衔接，防止参保人因病致贫、因病返贫。 · 出台《关于全面实行基本医疗保险和生育保险市级统筹的通知》《郴州市改革完善医疗卫生行业综合监管制度的实施方案》《健康郴州行动实施方案》政策，从制度上保障群众健康。 · 率先在全省实现城乡居民医疗保险一体化管理。 · 制定《健康郴州"十四五"建设规划》，满足居民日益增长的高品质卫生健康服务需求
 4 优质教育	· 教育优先发展战略地位进一步巩固，义务教育巩固率达到98.6%，大班额全部消除。 · 先后制定了《郴州市教育扶贫专项规划》，配套制定了化解大班额、教师继续教育培训、青年农民培训、控辍保学、家庭经济困难学生资助等五个五年行动计划，确保所有儿童的教育，扩大优质教育资源的供应；促进职业教育一体化发展和高等教育深入发展，进一步强化教育对社会发展的带动作用；完善终身教育服务体系，满足多样化教育需求；加强特殊教育覆盖面，关注弱势群体的需求。 · 出台《郴州市"十四五"教育事业发展规划》，推进建设高质量教育体系。 · 加强可持续发展教育，推广绿色发展知识

SDGs	郴州行动与政策
5 性别平等	· 各学校开展"性别平等进课堂"等活动，促进构建先进的性别文化，积极贯彻落实男女平等基本国策。 · 出台实施《郴州市妇女发展规划》。拓宽妇女就业渠道，消除就业性别歧视，严厉打击侵害妇女合法权益的违法犯罪行为；增强妇女生育保障能力，促进妇女心理健康。 · 加强特殊困难妇女群体民生保障，提高农村妇女和城镇低保家庭妇女"两癌"检查覆盖率，缩小妇女发展的城乡、区域、群体差距
6 清洁饮水和卫生设施	· 修正《湖南省东江湖水环境保护条例》，编制《东江湖流域水环境保护规划（2020-2030）》《郴州市东江湖流域水环境保护考核暂行办法》等，促进东江湖流域水环境保护和治理。 · 继续推进农村饮水安全巩固提升工程，全面推进集中式饮用水水源地规范化建设。 · 推进《资兴市环东江湖民宿（农家乐）整治工作方案》工作，启动东江湖天然渔业资源生产性捕捞十年禁捕、流域公益林永久禁伐。 · 发布《湖南省郴州市水安全规划（2021-2035）》，统筹水利发展和水安全融入经济新发展格局。 · 出台《郴州市节约用水部门协调机制组织机构、主要职责和工作规则规定》，持续开展节水理念宣传，坚持生产方式与生活方式的转变同时推进
7 经济适用的清洁能源	· 加强天然气生产、供应、储备和市场体系建设（总储油量超过全省平均水平。天然气，管网覆盖率大幅提升，已接通"新粤浙"国家干线和桂阳－郴州－资兴支线）。 · 发展新能源和可再生能源，推动能效水平持续提高。 · 发布《郴州市"十四五"能源发展规划》，在保证能源安全的基础上推进能源绿色转型、降本增效和惠民利民
8 体面工作和经济增长	· 保持经济中高速增长。 · 经济结构更加优化，工业转型升级、服务业发展、重点项目建设、招商引资四个四年行动计划落地实施，促进经济高质量发展。 · 发布《郴州市国资国企"十四五"发展规划》，不断增强国有企业的生存力、竞争力、创新力、影响力和抗风险能力
9 产业、创新和基础设施	· 出台《郴州市信息通信基础设施能力提升行动计划（2018-2020年）》等计划，促进各行业提升基础设施的风险抵御能力。 · 出台《郴州市加大全社会研发经费投入行动计划（2018-2020年）》《郴州市矿业转型绿色发展改革试点工作方案》等政策，促进工业可持续能力及转型，提高产出效率。 · 出台《郴州市支持企事业单位技术交易奖补暂行办法》《郴州市助力全省打造具有核心竞争力的科技创新高地若干支持政策》，激励构建有效的创新生态系统。 · 制定《郴州市科技计划"揭榜挂帅"项目工作实施方案》，围绕重大科技攻关技术推行"揭榜挂帅"模式，突破一批"卡脖子"技术

SDGs	郴州行动与政策
10 减少不平等	· 发布《郴州市推进城乡环境基础设施建设方案（2019–2021）》等方案，对城乡各行业基础设施提出针对性对策，加强社区公共服务设施的均衡布局。 · 出台《郴州市残疾儿童康复救助制度实施细则》《关于进一步加强全市困难群众基本生活保障有关工作》等政策，确保弱势群体能公平获得服务。 · 针对城乡差异，针对性出台《关于加强村庄规划工作服务全面推进乡村振兴的实施方案》《郴州市农村双改三年行动计划（2018–2020年）》等政策，确保城乡统筹改革
11 可持续城市和社区	· 出台《郴州市居家和社区养老服务改革试点工作方案》等政策，促进集体治理和共享，推动社区共同发展，建设可持续社区。 · 出台《郴州市中心城区海绵城市专项规划（2016–2030）》，开展海绵城市建设。 · 出台《郴州市推进城乡环境基础设施建设方案（2019–2021）》等方案，培育有利于生活和商业的城乡环境
12 负责任消费和生产	· 出台《关于开展全市封山育林（禁伐）三年行动（2018–2020年）》等政策，合理整合自然资源。 · 制定《郴州市污染防治攻坚战三年行动计划（2018–2020年）》《郴州市矿业转型绿色发展改革试点工作方案》等方案，促进土地生态恢复。 · 出台《郴州市生活垃圾分类工作实施方案》《郴州市市城市规划区建筑垃圾资源化利用管理办法》等方案，促进可持续消费和环境管理。 · 发布《郴州市人民政府关于实施"三线一单"生态环境分区管控的意见》，完善生态环境分区管控体系和生态环境准入清单
13 气候行动	· 出台《郴州市环境空气质量达标规划（2019–2025年）》《郴州市污染防治攻坚战三年行动计划（2018–2020年）》等政策计划，改善空气质量。 · 出台《郴州市"十三五"节能减排综合工作方案》等方案，控制温室气体排放。 · 出台《郴州市人民政府关于加快气象现代化的实施意见》等政策，提升气候变化适应性基础设施和管理水平。 · 发布《郴州市"十四五"生态环境保护规划》，改善生态环境质量，助力绿色低碳发展，推进生态环境治理体系和治理能力现代化
15 陆地生物	· 制定《关于开展全市封山育林（禁伐）三年行动（2018–2020年）》等方案，重视森林资源保护、提高森林生态质量。 · 出台《郴州市绿线管理办法》等政策，构建城市绿色生态网络。 · 出台《湖南郴州西河国家湿地公园管理办法（试行）》等政策，保护和恢复湿地，改善湿地生态环境。 · 出台《生态郴州建设四年行动计划（2017–2020年）》，保护野生动植物，确保生物多样性

SDGs	郴州行动与政策
16 和平、正义与强大机构	· 出台《郴州加速推进"互联网＋政务服务"工作方案》等方案，搭建智慧政务平台，提高政务效率。 · 出台《郴州市高效办成"一件事"改革工作方案》等工作方案，推动政务服务更加便利高效，打造更加优质营商环境，全面提升群众办事的便捷度、体验度和满意度。 · 出台《中共郴州市委关于推进清廉郴州建设的实施意见》等政策，促进机构正义
17 促进目标实现的伙伴关系	· 成功获批郴州国家综合保税区、中国（湖南）自由贸易试验区郴州片区、国家跨境电子商务综合试验区、湘南湘西承接产业转移示范区，省际区域合作扎实推进。 · 出台《关于加快推进中国（湖南）自由贸易试验区郴州片区高质量发展的实施意见》等政策，促进对外交流。 · 制定《郴州市"十四五"商务和开放型经济发展规划》，布局开放型经济发展

附录 2　郴州市 SDGs 进展评估指标体系

目标	具体目标	全球指标框架中的对应指标	评估指标	单位
SDG1	1.1 到 2030 年，在全球所有人口中消除极端贫困，极端贫困目前的衡量标准是每人每日生活费不足 1.25 美元	1.1.1 低于国际贫穷线人口的比例	贫困发生率	%
		—	农村恩格尔系数	%
	1.3 执行适合本国国情的全民社会保障制度和措施，包括最低标准，到 2030 年在较大程度上覆盖穷人和弱势群体	1.3.1 社会保护最低标准／系统覆盖的人口比例	城乡居民最低生活保障人数占城乡人口比例	%
			社会保障卡持卡人口覆盖率	%
SDG2	2.1 到 2030 年，消除饥饿，确保所有人，特别是穷人和弱势群体，包括婴儿，全年都有安全、营养和充足的食物	2.1.2 根据粮食无保障情况表，中度或严重的粮食无保障人口发生率	每公顷面积粮食产量	公斤
		—	食用农产品抽检合格率	%

目标	具体目标	全球指标框架中的对应指标	评估指标	单位
SDG2	2.2 到 2030 年，消除一切形式的营养不良，包括到 2025 年实现 5 岁以下儿童发育迟缓和消瘦问题相关国际目标，解决青春期少女、孕妇、哺乳期妇女和老年人的营养需求	2.2.2 按类型（消瘦和超重）分列的 5 岁以下儿童营养不良发生率[1]	5 岁以下儿童低体重率	%
	2.3 到 2030 年，实现农业生产力翻倍和小规模粮食生产者，特别是妇女、土著居民、农户、牧民和渔民的收入翻番，具体做法包括确保平等获得土地、其他生产资源和要素、知识、金融服务、市场以及增值和非农就业机会	2.3.1 按农业 / 畜牧 / 林业企业规模分类的每个劳动单位的生产量	农业劳动生产率	万元 / 人
		2.3.2 按性别和土著地位分类的小型粮食生产者的平均收入	农村居民人均可支配收入	元
	2.4 到 2030 年，确保建立可持续粮食生产体系并执行具有抗灾能力的农作方法，以提高生产力和产量，帮助维护生态系统，加强适应气候变化、极端天气、干旱、洪涝和其他灾害的能力，逐步改善土地和土壤质量	—	秸秆综合利用率	%
			畜禽粪污综合利用率	%
	—		农田灌溉水有效利用系数	—
SDG3	3.1 到 2030 年，全球孕产妇每 10 万例活产的死亡率降至 70 人以下	3.1.1 孕产妇死亡率	孕产妇死亡率	每 10 万活产
	3.2 到 2030 年，消除新生儿和 5 岁以下儿童可预防的死亡，各国争取将新生儿每 1000 例活产的死亡率至少降至 12 例，5 岁以下儿童每 1000 例活产的死亡率至少降至 25 例	3.2.1 5 岁以下儿童死亡率	5 岁以下儿童死亡率	每千名活产
		3.2.2 新生儿死亡率	婴儿死亡率	每千人

---

1 营养不良：身高标准体重大于或小于世卫组织儿童生长发育标准中位数 +2 或 -2 的标准偏差。

目标	具体目标	全球指标框架中的对应指标	评估指标	单位
SDG3	3.3 到 2030 年，消除艾滋病、结核病、疟疾和被忽视的热带疾病等流行病，抗击肝炎、水传播疾病和其他传染病	3.3.1 每 1000 名未感染者中艾滋病毒新感染病例数	每千名未感染者中艾滋病毒新感染病例数	人/千人
		3.3.2 每 10 万人中的结核病发生率	每 10 万人中的结核病发生率	人
		3.3.4 每 10 万人中的乙型肝炎发生率	每 10 万人中的乙型肝炎发生率	人
		—	法定传染病发生率	人/10 万人
	3.4 到 2030 年，通过预防、治疗及促进身心健康，将非传染性疾病导致的过早死亡减少 1/3	3.4.2 自杀死亡率	自杀死亡率	人/10 万人
	3.6 到 2020 年，全球道路交通事故造成的死伤人数减半	3.6.1 因道路交通伤所致死亡率	因道路交通伤所致死亡率	每 10 万人
	3.8 实现全民健康保障，包括提供经济风险保护，人人享有优质的基本保健服务，人人获得安全、有效、优质和负担得起的基本药品和疫苗	3.8.1 基本保健服务的覆盖面[1]	每千人口医疗卫生机构床位数	人
	3.b 支持研发主要影响发展中国家的传染和非传染性疾病的疫苗和药品，根据《〈关于与贸易有关的知识产权协议〉与公共健康的多哈宣言》的规定，提供负担得起的基本药品和疫苗，《多哈宣言》确认发展中国家有权充分利用《与贸易有关的知识产权协议》中关于采用变通办法保护公众健康，尤其是让所有人获得药品的条款	3.b.1 能够享用其国家方案内的所有疫苗的目标人口比例	适龄儿童免疫规划疫苗接种率	%
	3.c 大幅加强发展中国家，尤其是最不发达国家和小岛屿发展中国家的卫生筹资，增加其卫生工作者的招聘、培养、培训和留用	3.c.1 卫生工作者的密度和分布情况	每千人口执业（助理）医师人数	人
		—	人均预期寿命	岁

---

1 基本保健服务的覆盖面：定义为以跟踪措施向普通和最弱势群体提供包括生殖健康、孕产妇健康、新生儿和儿童健康、传染性疾病、非传染性疾病和服务能力与机会的基本服务平均覆盖范围。

目标	具体目标	全球指标框架中的对应指标	评估指标	单位
SDG4	4.1 到 2030 年，确保所有男女童完成免费、公平和优质的中小学教育，并取得相关和有效的学习成果	4.1.1（a）在 2/3 年级、（b）小学结束时、（c）初中结束时获得起码的（一）阅读和（二）数学能力的儿童和青年的比例	学龄人口入学率	%
		—	小学生师比	—
	4.2 到 2030 年，确保所有男女童获得优质儿童早期发展、看护和学前教育，为他们接受初级教育做好准备	4.2.2 有组织学习（小学入学正规年龄的一年前）的参与率	普惠性幼儿园在园幼儿数占总在园幼儿数的百分比	%
	4.5 到 2030 年，消除教育中的性别差距，确保残疾人、土著居民和处境脆弱儿童等弱势群体平等获得各级教育和职业培训	4.5.1 所有可以分类的教育指标的均等指数	特殊教育学生入学率	%
	4.6 到 2030 年，确保所有青年和大部分成年男女具有识字和计算能力	4.6.1 某一年龄组中获得既定水平的实用（a）识字和（b）识数能力的人口比例	劳动年龄人口平均受教育年限	年
			15 岁以上人口文盲率	%
SDG5	5.5 确保妇女全面有效参与各级政治、经济和公共生活的决策，并享有进入以上各级决策领导层的平等机会	5.5.1 妇女在（a）国家议会和（b）地方政府席位中所占比例	市人大代表和市政协委员中女性百分比	%
			公务员中女性百分比	%
		—	小学女童入学率	%
SDG6	6.1 到 2030 年，人人普遍和公平获得安全和负担得起的饮用水	6.1.1 使用得到安全管理的饮用水服务的人口比例	城市集中式饮用水水源地水质达标率	%
			村镇饮用水卫生合格率	%

目标	具体目标	全球指标框架中的对应指标	评估指标	单位
SDG6	6.2 到 2030 年，人人享有适当和公平的环境卫生和个人卫生，杜绝露天排便，特别注意满足妇女、女童和弱势群体在此方面的需求	6.2.1 使用（a）得到安全管理的环境卫生设施服务和（b）提供肥皂和水的洗手设施的人口所占的比例	农村卫生厕所普及率	%
	6.3 到 2030 年，通过以下方式改善水质：减少污染，消除倾倒废物现象，把危险化学品和材料的排放减少到最低限度，将未经处理废水比例减半，大幅增加全球废物回收和安全再利用	6.3.1 安全处理废水的比例	城镇污水处理率	%
		6.3.2 环境水质良好的水体比例	地表水质量达到或好于 III 类水体比例	%
	6.4 到 2030 年，所有行业大幅提高用水效率，确保可持续取用和供应淡水，以解决缺水问题，大幅减少缺水人数	6.4.2 用水紧张程度：淡水汲取量占可用淡水资源的比例	万元地区生产总值用水量	立方米
			水资源开发利用率	%
		—	重要江河湖泊水功能区水质达标率	%
SDG7	7.1 到 2030 年，确保人人都能获得负担得起的、可靠的现代能源服务	7.1.1 能获得电力的人口比例	用电覆盖率	%
		7.1.2 主要依靠清洁燃料和技术的人口比例	燃气普及率	%
	7.2 到 2030 年，大幅增加可再生能源在全球能源结构中的比例	7.2.1 可再生能源在最终能源消费总量中的份额	可再生能源发电量占全部发电量的百分比	%
			非化石能源占一次能源消费比重	%
	7.3 到 2030 年，全球能效改善率提高一倍	7.3.1 以一次能源和国内生产总值计量的能源密集度	万元 GDP 能耗	吨标准煤
			单位 GDP 能耗下降率	%
			能源消费弹性系数	—
		—	大数据产业电源使用效率（PUE）	—

目标	具体目标	全球指标框架中的对应指标	评估指标	单位
SDG8	8.1 根据各国国情维持人均经济增长，特别是将最不发达国家国内生产总值年增长率至少维持在 7%	8.1.1 实际人均国内生产总值年增长率	人均 GDP	元
			GDP 年均增长幅度	%
	8.2 通过多样化经营、技术升级和创新，包括重点发展高附加值和劳动密集型行业，实现更高水平的经济生产力	8.2.1 就业人员实际人均国内生产总值年增长率	全员劳动生产率	%
	8.5 到 2030 年，所有男女，包括青年和残疾人实现充分和生产性就业，有体面工作，并做到同工同酬	8.5.1 雇员平均每小时收入	在岗职工平均工资	元
			城镇居民人均可支配收入	元
		8.5.2 失业率	城镇登记失业率	%
	8.8 保护劳工权利，推动为所有工人，包括移民工人，特别是女性移民和没有稳定工作的人创造安全和有保障的工作环境	8.8.1 致命和非致命工伤事故频率	每 10 万人安全生产事故死亡人数	人
	8.9 到 2030 年，制定和执行推广可持续旅游的政策，以创造就业机会，促进地方文化和产品	—	旅游业增加值占地区生产总值的比重	%
			第三产业生产总值占地区生产总值的百分比	%
	8.10 加强国内金融机构的能力，鼓励并扩大全民获得银行、保险和金融服务的机会	8.10.1 发展普惠金融	存贷比	—
	—		城镇恩格尔系数	—
SDG9	9.1 发展优质、可靠、可持续和有抵御灾害能力的基础设施，包括区域和跨境基础设施，以支持经济发展和提升人类福祉，重点是人人可负担得起并公平利用上述基础设施	9.1.2 客运和货运量，按运输方式分列	单位 GDP 货物周转量	吨公里 / 元
			单位 GDP 旅客周转量	人公里 / 元

目标	具体目标	全球指标框架中的对应指标	评估指标	单位
SDG9	9.5 在所有国家，特别是发展中国家，加强科学研究，提升工业部门的技术能力，包括到 2030 年，鼓励创新，大幅增加每 100 万人口中的研发人员数量，并增加公共和私人研发支出	9.5.1 研究和开发支出占国内生产总值的比例	研究与发展经费支出占地区生产总值的比重	%
		9.5.2 每百万居民中的研究员（全时当量）人数	每万人研究与试验发展人员全时当量	人
		—	每万人口发明专利拥有量	件
			技术市场成交合同金额占地区 GDP 比重	%
			科技进步贡献率	%
			每 10 万人拥有高新技术企业数	个
	9.6 支持发展中国家的国内技术开发、研究与创新，包括提供有利的政策环境，以实现工业多样化，增加商品附加值	—	战略性新兴产业增加值占地区生产总值比重	%
SDG10	10.1 到 2030 年，逐步实现和维持最底层 40% 人口的收入增长，并确保其增长率高于全国平均水平	10.1.1 最底层 40% 人口和总人口的家庭支出或人均收入增长率	基尼系数	—
	10.2 到 2030 年，增强所有人的权能，促进他们融入社会、经济和政治生活，而不论其年龄、性别、残疾与否、种族、民族、出身、宗教信仰、经济地位或其他任何区别	10.2.1 收入低于中位数 50% 的人口所占比例	城乡居民收入水平对比（农村居民 =1）	—
			城乡恩格尔系数比值	—
SDG11	11.1 到 2030 年，确保人人获得适当、安全和负担得起的住房和基本服务，并改造贫民窟	11.1.1 居住在贫民窟和非正规住区内或者住房不足的城市人口比例	城镇居民人均居住面积	平方米
	11.2 到 2030 年，向所有人提供安全、负担得起的、易于利用、可持续的交通运输系统，改善道路安全，特别是扩大公共交通，要特别关注处境脆弱者、妇女、儿童、残疾人和老年人的需要	11.2.1 可便利使用公共交通的人口比例，按年龄、性别和残疾人分列	城市公交出行分担率	%
			公路密度	公里 / 百平方公里

目标	具体目标	全球指标框架中的对应指标	评估指标	单位
SDG11	11.3 到 2030 年，在所有国家加强包容和可持续的城市建设，加强参与性、综合性、可持续的人类住区规划和管理能力	—	单位 GDP 建设用地占用面积	公顷 / 亿元
	11.6 到 2030 年，减少城市的人均负面环境影响，包括特别关注空气质量，以及城市废物管理等	11.6.1 定期收集并得到适当最终排放的城市固体废物占城市固体废物总量的比例，按城市分列	城市垃圾分类覆盖率	%
		11.6.2 城市细颗粒物（例如 $PM_{2.5}$ 和 PM_{10}）年度均值（按人口权重计算）	城市空气质量优良天数比例	%
			$PM_{2.5}$ 年均浓度	微克 / 立方米
			PM_{10} 年均浓度	微克 / 立方米
			臭氧日最大 8 小时平均浓度值	ppm
	11.7 到 2030 年，向所有人，特别是妇女、儿童、老年人和残疾人，普遍提供安全、包容、无障碍、绿色的公共空间	11.7.1 城市建设区中供所有人使用的开放公共空间的平均比例	建成区人均公园绿地面积	平方米
			人均拥有公共文化体育设施用地面积	平方米
			建成区绿化覆盖率	%
	—		污染地块安全利用率	%
	—		建成区达到海绵城市指标要求的面积占比	%

目标	具体目标	全球指标框架中的对应指标	评估指标	单位
SDG12	12.2 到 2030 年，实现自然资源的可持续管理和高效利用	12.2.2 国内物质消费、人均国内物质消费和单位国内生产总值的国内物质消费	单位面积农用化肥使用量	千克/公顷
			单位面积农药使用量	千克/公顷
			万元 GDP 废气烟（粉）尘排放量	千克
			万元 GDP 废气氮氧化物排放量	千克
			万元 GDP 废气二氧化硫排放量	千克
			万元 GDP 废水氨氮排放量	千克
			万元 GDP 废水化学需氧量排放量	千克
	12.5 到 2030 年，通过预防、减排、回收和再利用，大幅减少废物的产生	12.5.1 国家回收利用率、物资回收吨数	农村生活垃圾收集处理率	%
			危险废物处置利用率	%
			工业固体废弃物综合利用率	%
	—		绿色矿山比例	%
SDG13	13.1 加强各国抵御和适应气候相关的灾害和自然灾害的能力	13.1.1 每 10 万人当中因灾害死亡、失踪和直接受影响的人数	每 10 万人当中因灾害死亡、失踪和直接受影响的人数	人
		—	人均二氧化碳排放量	吨

目标	具体目标	全球指标框架中的对应指标	评估指标	单位
SDG13	13.3 提高在减缓、适应、减少影响和早期预警方面的教育、提高认识以及人类和机构能力	—	面向中小学生开展气候变化减缓、适应、减少影响和早期预警等方面的教育和宣传活动覆盖率	%
SDG15	15.1 到 2020 年，根据国际协议规定的义务，保护、恢复和可持续利用陆地和内陆的淡水生态系统及其服务，特别是森林、湿地、山麓和旱地	15.1.1 森林面积占陆地总面积的比例	森林覆盖率	%
		15.1.2 保护区内陆地和淡水生物多样性的重要场地所占比例，按生态系统类型分列	自然保护地与重点生态功能区面积比值	%
	15.3 到 2030 年，防治荒漠化，恢复退化的土地和土壤，包括受荒漠化、干旱和洪涝影响的土地，努力建立一个不再出现土地退化的世界	15.3.1 已退化土地占土总面积的比例	可治理沙化土地治理率	%
	—		生态环境状况指数（EI）	—
			重点生态区域生态修复率	%
			湿地保护率	%
			活立木蓄积量增长率	%
SDG16	16.3 在国家和国际层面促进法治，确保所有人都有平等诉诸司法的机会	—	乡镇（街道）公共法律服务工作站覆盖率	%
	16.6 在各级建立有效、负责和透明的机构	16.6.1 政府基本支出占初始核定预算的比例	财政自给率	%
	—		刑事案件发案率	件/万人
SDG17	17.1 通过向发展中国家提供国际支持等方式，以改善国内征税和提高财政收入的能力，加强筹集国内资源	17.1.2 由国内税收供资的国内预算比例	地区税收占财政预算的比例	%
	17.3 从多渠道筹集额外财政资源用于发展中国家	17.3.1 外国直接投资、官方发展援助和南南合作占国内预算总额的比例	实际利用外商投资额占财政预算比例	%

目标	具体目标	全球指标框架中的对应指标	评估指标	单位
SDG17	17.8 促成技术库和科学、技术和创新能力建设机制，加强促成科技特别是信息和通信技术的使用	17.8.1 使用因特网的人口比例	互联网普及率	%
	17.11 大幅增加发展中国家的出口，尤其是到 2020 年使最不发达国家在全球出口中的比例翻番	—	货物进出口总额占生产总值比例	%

附录 3　郴州市可持续发展相关荣誉称号一览

年份	荣誉称号	颁发机构
1999	国家可持续发展实验区（资兴市）	科学技术部
2008	国家可持续发展先进示范区（资兴市）	科学技术部
2013	国家园林城市	住房和城乡建设部
2013	国家可持续发展实验区（永兴县）	科学技术部
2013	湖南省可持续发展实验区（苏仙区）	湖南省科学技术厅
2014	湖南省可持续发展实验区（宜章县）	湖南省科学技术厅
2015	中国最具幸福感城市	中国城市竞争力研究会
2016	全国绿化模范城市	全国绿化委员会
2016	国家级休闲城市	全国休闲标准化技术委员会
2016	国家新型城镇化综合试点地区	国家发展改革委、中央编办等
2017	国家森林城市	国家林业和草原局
2018	全国水生态文明城市	水利部

年份	荣誉称号	颁发机构
2018	中国企业营商环境十佳城市	中国企业联合会、中国企业家协会等
2018	中国发展营商环境奖	中国发展研究院
2018	全国森林旅游示范市	国家林业和草原局
2018	湖南省环境空气质量达标示范城市	湖南省生态环境厅
2019	中国优秀旅游城市	文化和旅游部
2019	国家可持续发展议程创新示范区	国务院
2019	全国城市医疗联合体建设试点城市	国家卫健委、国家中医药局
2019	全国绿色低碳先锋城市蓝天奖	联合国工发组织
2019	"绿水青山就是金山银山"实践创新基地（资兴市）	生态环境部
2020	全国文明城市	中央精神文明建设指导委员会
2020	绿色矿业发展示范区	自然资源部
2021	第一批国家文化和旅游消费试点城市	文化和旅游部、国家发展改革委、财政部
2021	国家卫生城市	全国爱国卫生运动委员会
2022	国家节水型城市	住房和城乡建设部、国家发展改革委
2022	国家工业资源综合利用基地	工业和信息化部

参考文献

[1] Lafortune G, Kees Z, Fuller G, et al. The 2019 SDG Index and Dashboards Report for European Cities (prototype version) [R]. Sustainable Development Solutions Network (SDSN), the Brabant Center for Sustainable Development (Telos), 2019.

[2] Liu J G, Diamond J. China's Environment in A Globalizing World [J]. Nature, 2005, 435.

[3] Lynch A, LoPresti A, Fox C. The 2019 US Cities Sustainable Development Report [R]. New York: Sustainable Development Solutions Network (SDSN), 2019.

[4] Rhonda A, Andy L. Uptime Institute Global Data Center Survey 2020（UI Intelligence report 38）[R]. Uptime Institute, 2020.

[5] Sachs J, Kroll C, Lafortune G, et al. Sustainable Development Report 2022[M]. Cambridge University Press, 2022.

[6] The United Nations Development Programme, Word Bank. Transitioning from the MDGs to the SDGs [R]. The United Nations Development Programme, 2016.

[7] United Nations. Transforming our World: The 2030 Agenda for Sustainable Development [R]. New York: United Nations, 2015.

[8] Zheng Y, Hwang B S. Sustainable Development Goals in Motion: China's Progress and the 13th Five-Year Plan [R]. Beijing: United Nations Development Program China, 2019.

[9] 本刊综合 . 郴州：绿水青山才是金山银山 [J]. 发明与创新（大科技）, 2021,7.

[10] 陈军 , 彭舒 , 赵学胜 , 等 . 顾及地理空间视角的区域 SDGs 综合评估方法与

示范［J］.测绘学报,2019,4.

［11］郴州市人民政府.郴州市国民经济和社会发展第十四个五年规划和二〇三五年远景目标纲要［R］.郴州,2021.

［12］郴州市人民政府.郴州市矿产资源总体规划（2021–2025 年）［R］.郴州,2022.

［13］郴州市人民政府.郴州三十六湾及周边地区重点防控区重金属污染防治实施方案（2015–2017 年）［R］.郴州,2015.

［14］郴州市水利局,郴州市发展和改革委员会.湖南省郴州市水安全规划（2021–2035 年）［R］.郴州,2021.

［15］郴州市水利局,郴州市水利水电勘察设计研究院有限公司.湖南省郴州市"十四五"水利发展规划［R］.郴州,2021.

［16］邓小林,吴永兰,周崇松,等.郴州市西河流域土壤重金属污染及其潜在生态风险评估［J］.湘南学院学报,2013,5.

［17］董战峰,李楠.中国 SDGs 指标构建及进展评估报告［R］.北京:生态环境部环境规划院,世界自然基金会,2018.

［18］关婷,薛澜.世界各国是如何执行全球可持续发展目标 (SDGs) 的?［J］.中国人口·资源与环境,2019,1.

［19］联合国可持续发展大会.中华人民共和国可持续发展国家报告［M］.北京:人民出版社,2012.

［20］吕永龙,王一超,苑晶晶,等.关于中国推进实施可持续发展目标的若干思考［J］.中国人口·资源与环境,2018,1.

［21］邵超峰,陈思含,高俊丽,等.基于 SDGs 的中国可持续发展评价指标体系设计［J］.中国人口·资源与环境,2021,4.

［22］鲜祖德,王全众,成金璟.联合国可持续发展目标 (SDG) 统计监测的进展与思考［J］.统计研究,2020,5.

［23］薛澜,翁凌飞.中国实现联合国 2030 年可持续发展目标的政策机遇和挑战［J］.中国软科学,2017,1.

［24］寻晓燕,黄玮.大草原回归的大推力［N］.湘声报,2021–08–14(002).

［25］中共湖南省委.中共湖南省委关于制定湖南省国民经济和社会发展第十四个五年规划和二〇三五年远景目标的建议［R］.长沙,2020.

［26］中共中央.中共中央关于制定国民经济和社会发展第十四个五年规划和二〇三五年远景目标的建议［R］.北京,2020.

［27］中国国际经济交流中心,美国哥伦比亚大学地球研究院,阿里研究院.中国可持续发展评价报告（2020）［M］.北京:社会科学文献出版社,2020.

［28］周世骐,周世镕,刘洋.中国成功推动可持续发展首次作为 G20 领导人杭州峰会核心议题［J］.环境与可持续发展,2016,5.

［29］朱婧,孙新章,何正.SDGs 框架下中国可持续发展评价指标研究［J］.中国人口·资源与环境,2018,12.

［30］朱旭峰,李楠.中国可持续发展目标的地方评价和展望研究报告［R］.北京:清华全球可持续发展研究院,世界自然基金会,2018.

［31］邹小红.郴州市西河综合治理生态水利建设规划［J］.湖南水利水电,2021,2.

图书在版编目（CIP）数据

郴州市可持续发展报告. 2023 / 邵超峰主编. --北
京：社会科学文献出版社，2023.8
ISBN 978-7-5228-1745-3

Ⅰ.①郴…　Ⅱ.①邵…　Ⅲ.①区域经济-经济可持续
发展-研究报告-郴州-2023　Ⅳ.①F127.643

中国国家版本馆CIP数据核字（2023）第071613号

郴州市可持续发展报告（2023）

主　　编 / 邵超峰

出 版 人 / 冀祥德
组稿编辑 / 邓泳红
责任编辑 / 陈　颖
责任印制 / 王京美

出　　版 / 社会科学文献出版社·皮书出版分社（010）59367127
　　　　　　地址：北京市北三环中路甲29号院华龙大厦　邮编：100029
　　　　　　网址：www.ssap.com.cn
发　　行 / 社会科学文献出版社（010）59367028
印　　装 / 北京盛通印刷股份有限公司
规　　格 / 开　本：787mm×1092mm　1/16
　　　　　　印　张：19　字　数：296千字
版　　次 / 2023年8月第1版　2023年8月第1次印刷
书　　号 / ISBN 978-7-5228-1745-3
定　　价 / 198.00元

读者服务电话：4008918866